세계사의 정석

ICHIDO YONDARA ZETTAI NI WASURENAI SEKAISHI NO
KYOKASHO 一度読んだら絶対に忘れない世界史の教科書

by Keiichi Yamasaki 山﨑 圭一
Copyright © 2018 Keiichi Yamasaki
Korean translation rights arranged with SB Creative Corp., Tokyo through
Korea Copyright Center, Inc., Seoul.

역자 정문주(鄭文珠)
한국외국어대학교 통번역대학원을 졸업한 후 한국과 일본 정부, UN 산하단체, 기업, 학술 관련 통역 현장에서 활발히 활동 중이다. 엔터스코리아에서도 출판기획 및 일본어 번역가로 활동하고 있다.
옮긴 책으로 『이것이 바로 민주주의다!』, 『일상적인 것이 가장 정치적인 것이다』, 『도쿄대 리더육성 수업 : 과제설정의 사고력 편』, 『소비를 그만두다』, 『시골빵집에서 자본론을 굽다』, 『손정의 미래를 말하다』, 『거리를 바꾸는 작은 가게』 외에 아동 도서 『마법의 정원 이야기』 시리즈 등 다수가 있다.

편집, 교정_김미현(金美炫)

세계사의 정석

저자/야마사키 게이치
역자/정문주
발행처/까치글방
발행인/박후영
주소/서울시 용산구 서빙고로 67, 파크타워 103동 1003호
전화/02 · 735 · 8998, 736 · 7768
팩시밀리/02 · 723 · 4591
홈페이지/www.kachibooks.co.kr
전자우편/kachibooks@gmail.com
등록번호/1-528
등록일/1977. 8. 5
초판 1쇄 발행일/2020. 3. 20
    2쇄 발행일/2021. 3. 22
값/뒤표지에 쓰여 있음

ISBN 978-89-7291-706-9 03900

이 도서의 국립중앙도서관 출판예정도서목록(CIP)은 서지정보유통지원시스템 홈페이지(http://seoji.nl.go.kr)와 국가자료종합목록시스템(http://www.nl.go.kr/kolisnet)에서 이용하실 수 있습니다. (CIP제어번호 : CIP2020009826)

세계사의 정석

야마사키 게이치

정문주 옮김

세계사에는 '하나'의 이야기가 있다!

머리말

"선생님, 유튜브에 수업 공개해주세요! 선생님이 다른 학교로 가셔도 계속 선생님 수업 듣고 싶단 말이에요!"

이전에 몸담았던 학교의 제자에게 이런 요청을 받고, 2013년에 처음으로 유튜브에 세계사 수업 동영상 '세계사 20화 프로젝트'를 시작했다. 고등학생뿐만 아니라 대학생과 회사원, 주부, 교육 관계자 등 폭넓은 층이 그 영상을 시청했다. 지금은 일본사와 지리 동영상을 합해서 총 재생 횟수가 850만 회에 이른다.

나는 고등학교 사회 교사여서 세계사뿐만 아니라 일본사와 지리도 가르친다.

유튜브에는 세계사와 함께 일본사와 지리 수업 동영상도 올렸는데, 나는 세계사 동영상에만 '프로젝트'라는 명칭을 붙였다. 그것은 절대 일시적으로 한 것이 아니었다.

나에게 세계사 수업 영상을 올린다는 것은 일본사나 지리와는 달리 그야말로 일생일대의 프로젝트라는 포부가 있었다. 그리고 가장 반향이 컸던 것도 세계사 동영상이었다.

어째서 세계사 수업 영상이 일생일대의 프로젝트인가 하면, 본문에서도 자세히 설명하겠지만, 솔직히 일반 교과서는 '이해하기 어렵다'는 커다란 '문제'가 있기 때문이다. 이런 문제는 세계사를 이해하지 못하는 사람을 만드는 원인이 될 가능성이 있다고 생각한다.

일본사는 초등교육을 받을 때부터 고등학교 때까지 반복해서 배우기 때문에 '큰 줄기' 정도는 대부분이 아는데, 세계사의 '큰 줄기'를 아는 사람은 적지 않은가? 세계사는 글로벌 시대의 필수 교양인데 정말 안타까운 일이다.

나는 20년 가까이 사회 교사로 일하면서 수많은 학생들을 지켜보았다. 사회 과목을 어려워 하는 학생들을 어떻게든 돕고 싶었고, 그들이 역사에 흥미를 가지게 해서 교양의 폭을 넓혀주고 싶었다.

그런 바람을 품고 세계사를 가르치는 과정에서 여러 번의 시행착오를 거친 결과, 하나의 이야기를 토대로 세계사를 해설하는 이 책의 형태에 도달하게 되었다.

이 책에서 설명하는 세계사의 특징은 아래의 세 가지로 요약할 수 있다.

① 일반 교과서와 달리 모든 내용을 줄줄이 엮어서 '하나의 이야기'로 만들었다.
② '주어'의 변화를 최소화했다.
③ 연도를 쓰지 않았다.

'연도를 쓰지 않는 역사책이라니……'라고 생각하는 사람이 있을지도 모르겠다. 그러나 바로 이 세 가지 덕분에 이 책을 한번 읽기만 해도 고등학교에서 배우는 세계사의 큰 줄기를 이해할 수 있게 될 것이다.

이 책이 세계사라는 교양을 익히고 싶어하는 분들께 도움이 된다면 더 바랄 것이 없겠다. 특히 학창 시절에는 세계사 공부를 잘 하지 못했지만 다시 배우고 싶은 사회인이나, '열심히 해도 점수가 오르지 않아 일단은 평균 점수라도 받고 싶다'는 대입 수험생에게 가장 알맞은 책이 되리라고 믿는다.

세계사를 배우는 '첫걸음'을 이 책으로 내디딘 분들은 다음 단계로는 영화, 소설, 여행, 음악, 미술 등 다양한 세계사 콘텐츠에 접근해보기를 바란다. 인생이 한층 풍성해질 것이다.

야마사키 게이치

차례 Contents

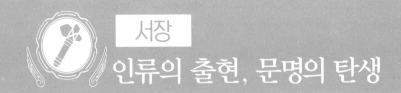

서장
인류의 출현, 문명의 탄생

제1장

유럽의 역사

제3장
인도의 역사

제4장
중국의 역사

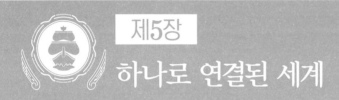

제5장

하나로 연결된 세계

제6장
혁명의 시대

제7장

제국주의와 세계대전의 시대

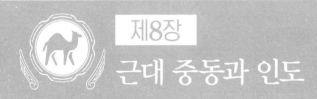

제8장

근대 중동과 인도

제9장
근대 중국

제10장
현대 세계

'이해하기 어려운' 세계사 교과서가 낳은 "폐해"

세계사에 약한 사람이 많은 이유

세계가 글로벌화되면서 세계의 역사와 문화를 배우는 것의 중요성과 의미가 매우 커지고 있다. 세계사는 그 규모가 방대하고 일화가 넘쳐나는 과목이다. 내가 이런 멋진 과목을 가르친다는 사실에 늘 마음이 뿌듯하다. 이 책을 선택한 독자들도 아마 그런 점에서 세계사를 공부하고 싶어할 것이라고 생각한다.

그런데 학생이든 사회인이든 간에 세계사 공부를 어렵고 힘들다고 느끼는 사람들이 많다. 그 이유는 대부분 세계사를 마치 영어 단어를 외우듯이 "맥락 없이 용어와 연도만 암기하는 과목이라고 생각하기" 때문이라고 본다.

나는 이와 같은 "오해"를 낳는 요인 중의 하나가 학교에서 쓰는 세계사 교과서의 구성에 있다고 생각한다.

오른쪽 그림은 고등학교에서 일반적으로 사용하는 세계사 B 교과서를 앞에서부터 순서대로 읽었을 때의 항목 흐름이다.

세로에 연대, 가로에 지역을 늘어놓고 '배울 순서'를 화살표로 나타냈다. 그림에서 볼 수 있듯이 화살표가 이리저리 마구 옮겨 다니기 때문에 교과서를 처음부터 읽어도 "전체적인 그림"이 전혀 그려지지 않는다.

물론 교과서를 만드는 사람들도 학생들을 괴롭히려고 이렇게 구성하지는 않았을 것이다. 분명 의도한 바가 있을 것이다. 그러나 이렇게 해서는 자신이 무엇을 배우고 있는지 전혀 알 수가 없다. 이렇다 보니 '암기'가 세계사 공부의 중심을 차지하고, '세계사는 재미없는 암기 과목'이라는 인상이 굳어지게 되는 것이다.

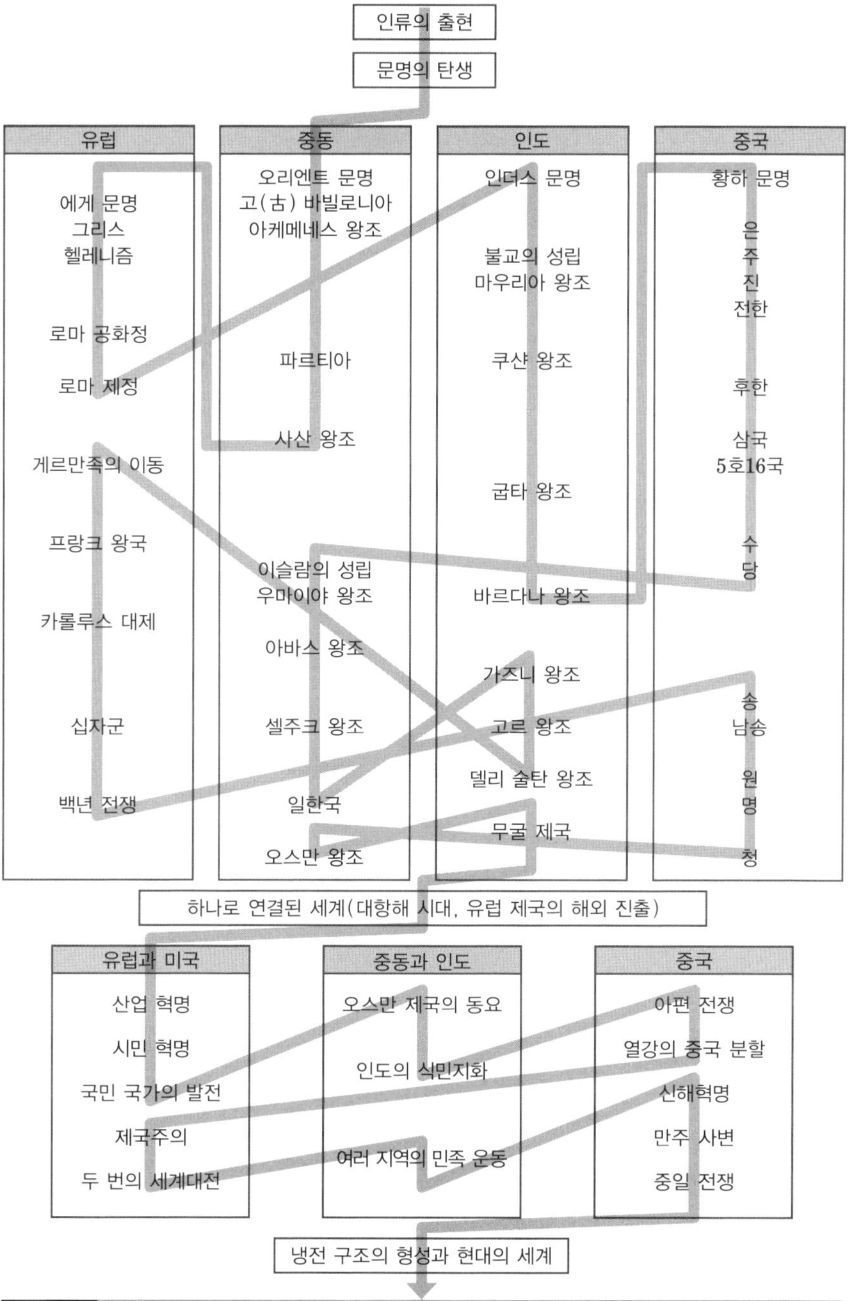

인류의 출현

문명의 탄생

유럽	중동	인도	중국
에게 문명 그리스 헬레니즘 로마 공화정 로마 제정 게르만족의 이동 프랑크 왕국 카롤루스 대제 십자군 백년 전쟁	오리엔트 문명 고(古) 바빌로니아 아케메네스 왕조 파르티아 사산 왕조 이슬람의 성립 우마이야 왕조 아바스 왕조 셀주크 왕조 일한국 오스만 왕조	인더스 문명 불교의 성립 마우리아 왕조 쿠샨 왕조 굽타 왕조 바르다나 왕조 가즈니 왕조 고르 왕조 델리 술탄 왕조 무굴 제국	황하 문명 은 주 진 전한 후한 삼국 5호16국 수 당 송 남송 원 명 청

하나로 연결된 세계(대항해 시대, 유럽 제국의 해외 진출)

유럽과 미국	중동과 인도	중국
산업 혁명 시민 혁명 국민 국가의 발전 제국주의 두 번의 세계대전	오스만 제국의 동요 인도의 식민지화 여러 지역의 민족 운동	아편 전쟁 열강의 중국 분할 신해혁명 만주 사변 중일 전쟁

냉전 구조의 형성과 현대의 세계

그림 0-1 일반 교과서는 지역과 연대를 어지럽게 오가며 설명한다

세계사는
"줄줄이 엮어서" 공부해라!

11개의 덩어리를 한 줄기로 엮어서

사실 이런 세계사 교과서의 '구조'에 관해서 문제를 느끼고 시행착오를 겪는 학교 교사는 적지 않다. 고맙게도 많은 선생님들이 내가 2016년부터 유튜브에 올린 "세계사 20화 프로젝트"를 시청하고 좋은 평가를 해주었다.

그런 후한 평가를 받은 첫 번째 이유는 내가 그 교과서의 문제에 하나의 해결책을 제시했기 때문이다.

오른쪽 그림의 화살표를 보자.

19쪽 그림과는 달리 화살표가 유럽에서 시작해서 중동, 인도, 중국, 대항해 시대, 근대, 현대까지 줄줄이 엮여 있다.

세계사를 분류한 11개의 덩어리를 한 줄기로 엮은 것이다.

'한 줄기'로 엮은 내용을 간략히 설명하면 이렇다. '처음에는 유럽, 중동, 인도, 중국의 역사를 따로 배우기. 대항해 시대를 통해서 4개의 지역을 하나로 합하기. 그후 근대와 현대를 통해서 유럽이 아시아를 비롯한 전 세계에 영향력을 키워가는 과정 배우기.'

오른쪽 그림은 세계사를 배우기 전에 머리에 넣어둘 '기본 틀'이다. 전체적인 뼈대(구조)라고도 할 수 있다. 세계사의 길 안내 지도 정도로 이해하기를 바란다.

지금까지 세계사를 확실하게 이해하지 못했거나 용어 외우기가 힘들었던 사람이라면, 이 책을 통해서 한 번만 읽어도 내용이 놀랄 만큼 선명하게 머릿속에 남는 경험을 하게 될 것이다.

인류의 출현

문명의 탄생

유럽	중동	인도	중국
에게 문명 그리스 헬레니즘 로마 공화정 로마 제정 게르만족의 이동 프랑크 왕국 카롤루스 대제 십자군 백년 전쟁	오리엔트 문명 고(古) 바빌로니아 아케메네스 왕조 파르티아 사산 왕조 이슬람의 성립 우마이야 왕조 아바스 왕조 셀주크 왕조 일한국 오스만 왕조	인더스 문명 불교의 성립 마우리아 왕조 쿠샨 왕조 굽타 왕조 바르다나 왕조 가즈니 왕조 고르 왕조 델리 술탄 왕조 무굴 제국	황하 문명 은 주 진 전한 후한 삼국 5호16국 수 당 송 남송 원 명 청

하나로 연결된 세계(대항해 시대, 유럽 제국의 해외 진출)

유럽과 미국	중동과 인도	중국
산업 혁명 시민 혁명 국민 국가의 발전 제국주의 두 번의 세계대전	오스만 제국의 동요 인도의 식민지화 여러 지역의 민족 운동	아편 전쟁 열강의 중국 분할 신해혁명 만주 사변 중일 전쟁

냉전 구조의 형성과 현대의 세계

그림 O-2 '유럽의 역사부터 현대까지' 모든 내용을 줄줄이 엮어서!

세계사의 모든 흐름을 줄줄이 엮어서 설명하기 위해서 나는 한 가지 아이디어를 냈다.

바로 지역, 왕조, 국가 등 '주어'의 변화를 최소한으로 줄여서 설명하자는 것이었다.

일반적인 세계사 교과서를 한 번이라도 읽어본 사람은 알겠지만, 글을 읽다 보면 주어가 너무나도 자주 바뀐다. 어떤 쪽에서는 유럽의 온갖 나라들이 '주어'로 등장하다가 몇 쪽만 넘기면 주인공이 중국으로 둔갑했다가, 조금만 더 넘기면 어느새 중동의 왕조가 주인공을 차지하는 판국이다.

물론 세계의 각 지역은 서로 연관되어 있고, 그렇기 때문에 다양한 관점에서 역사를 바라보려는 노력은 중요하다.

그러나 19쪽의 그림만 보아도 알 수 있듯이, 지역과 왕조 같은 '주어'가 너무 자주 바뀌면 이것을 파악하는 데만 해도 엄청난 노력을 기울여야 하므로 정작 내용에는 집중하기가 어려워진다. 그래서 교과서를 아무리 읽어도 내용이 머리에 남지 않는 것이다.

그런 이유로 이 책에서는 '주인공'의 변화를 최소화하기 위해서 기타 지역은 조연으로 등장시키는 방법을 썼다.

주인공이 다른 지역으로 바뀔 때에는 기존에 주인공이었던 지역이 조연 역할을 한다.

결과적으로는 그렇게 "일직선"으로 쭉 읽히도록 해야 지역 간, 국가 간의 '수평적 연관성'을 더 잘 이해할 수 있다는 사실을 느끼게 될 것이다.

일반적인 교과서의 서술방식

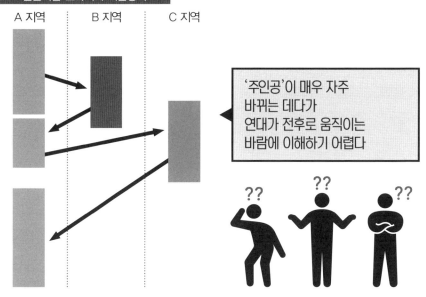

A 지역   B 지역   C 지역

'주인공'이 매우 자주
바뀌는 데다가
연대가 전후로 움직이는
바람에 이해하기 어렵다

?? ?? ??

이 책의 서술방식

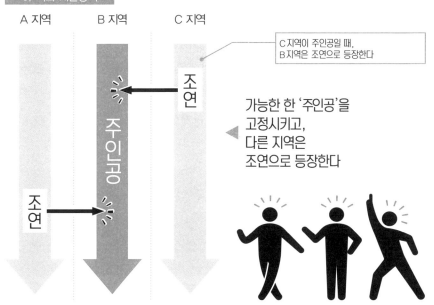

A 지역   B 지역   C 지역

C 지역이 주인공일 때,
B 지역은 조연으로 등장한다

조연

주인공

조연

가능한 한 '주인공'을
고정시키고,
다른 지역은
조연으로 등장한다

그림 0-3 가능한 한 주인공은 고정하고 기타 지역은 조연으로

세계사 공부는
"연도" 없이 해라!

 연도가 없어야 이야기가 부각된다

이 책에는 또 하나의 주요 장치가 있다. 바로 **연도를 절대로 쓰지 않는다는 것**이다. 내가 아는 한, 연도를 쓰지 않고 설명하는 세계사 교과서나 참고서는 거의 없다.

내가 연도를 쓰지 않는 이유는 '줄줄이 엮어서 한 줄기로' 만들 때 연도는 "잡음"일 뿐이기 때문이다.

나는 수업 시간에 학생들에게 전래동화 '모모타로'를 예로 들어 자주 설명한다. '모모타로'라는 동화에는 '할아버지, 할머니, 나무꾼, 빨래, 복숭아, 수수경단, 꿩' 같은 약 50개의 단어밖에 나오지 않는다. 날짜, 시간, 연도는 없다. 그래도 많은 사람들이 어린 시절에 읽은 모모타로 이야기를 어른이 되어서도 기억하지 않느냐 말이다. 옛날 이야기처럼 줄줄이 엮어내는 단순한 스토리는 머릿속에 쉽게 남는 법이다.

게다가 연도가 없어야 사건과 인물의 '관계성, 연결 고리, 인과관계'가 더욱 두드러진다는 것을 알게 될 것이다.

다만, 입시생들은 연도에 관한 지식도 어느 정도 필요하다. 사회인 중에서도 연도를 확인하고 싶은 사람들이 있을 수 있다.

나는 학교 수업에서는 일단 연도 없이 공부하게 한다. 그런 다음 입시가 두 달 앞으로 다가왔을 때 이 책의 권말 부록에 있는 입시에 필요한 84개 연도를 외우게 한다.

학생들 대부분은 4–5일 정도면 이것을 완벽하게 외운다. 모든 지식을 줄줄이 엮어서 익혀두면 연도도 머리에 쉽게 들어간다.

'세기'는 중동의 역사를 축으로

연도는 필요 없지만, 어느 정도 세로 방향의 시간 축을 파악하면 지식이 머리에 더 잘 남는다.

그렇다고 모든 용어를 연대와 세트로 외울 필요는 없다. 사실 연대를 쉽게 머릿속에 저장하는 비결이 있기는 하다. 이 책의 제2장에 해당하는 '중동'의 연대를 축으로 정리하는 것이다.

중동은 지리적으로 볼 때 서쪽의 유럽과 동쪽의 중국 사이, 딱 중간 지점에 있다. 그래서 중동은 다른 지역의 역사에 '조연'으로 자주 등장한다. 따라서 중동에 관한 지식을 한 줄기로 정리할 때 연대까지 세트로 머릿속에 넣어두면 다른 지역의 연대까지 한꺼번에 파악할 수 있다.

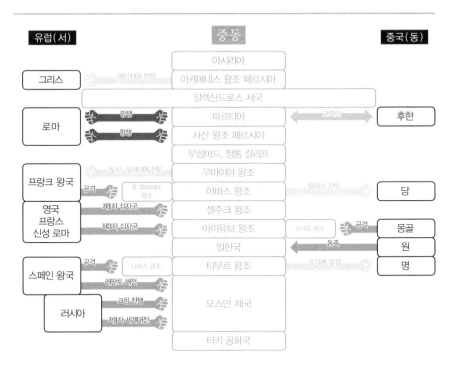

그림 0-4 연도는 지리적으로 중앙에 있는 중동을 축으로 정리한다

이 책의 구성에 관하여

제5장을 기점으로 전반부와 후반부로 나뉜다

이 책은 제5장을 기점으로 전반부와 후반부로 크게 나뉜다.

우선 서장에서는 인류의 출현과 문명의 탄생으로 이야기를 시작한다.

제1장부터 제4장까지는 유럽, 중동, 인도, 중국을 다루는데, 각 지역의 고대부터 대항해 시대에 이르는 역사를 설명한다. 제5장부터는 드디어 그 네 지역을 연결해서 말 그대로 세계사를 다룬다. 제5장은 대항해 시대, 제6장과 제7장은 근대 유럽 세계가 다양한 혁명을 거치면서 세계적으로 영향력을 키워가는 과정에 관해서 설명한다.

제8장, 제9장은 근대 유럽 세계에 큰 영향을 받은 중동, 인도, 중국 등 아시아 세계의 변천에 관해서 설명한다.

마지막으로 제10장은 제2차 세계대전부터 현대로 이어지는 세계사이다.

대항해 시대 이후, 4개 지역을 하나로 통합한다

예전에 가지고 놀던 텔레비전 게임 중에 '전반부에는 주인공들이 각자 따로 활약하다가 후반부에 가서야 모두 모여서 하나의 이야기를 만드는' 롤플레잉 게임이 있었다. 이 책도 그렇게 구성되어 있다.

일단 제1장부터 제4장까지 다루게 될 유럽, 중동, 인도, 중국 지역이 '대항해 시대' 부분에서 만나기까지 각 지역이 어떤 역사를 거쳤고, 어떤 특징을 나타내게 되었는지 여러분의 머릿속에 가능한 한 선명하게 그려질 수 있도록 설명했다.

각 지역에는 각기 다른 기후와 풍토에서 비롯된 '개성'이 존재한다. 가령 유

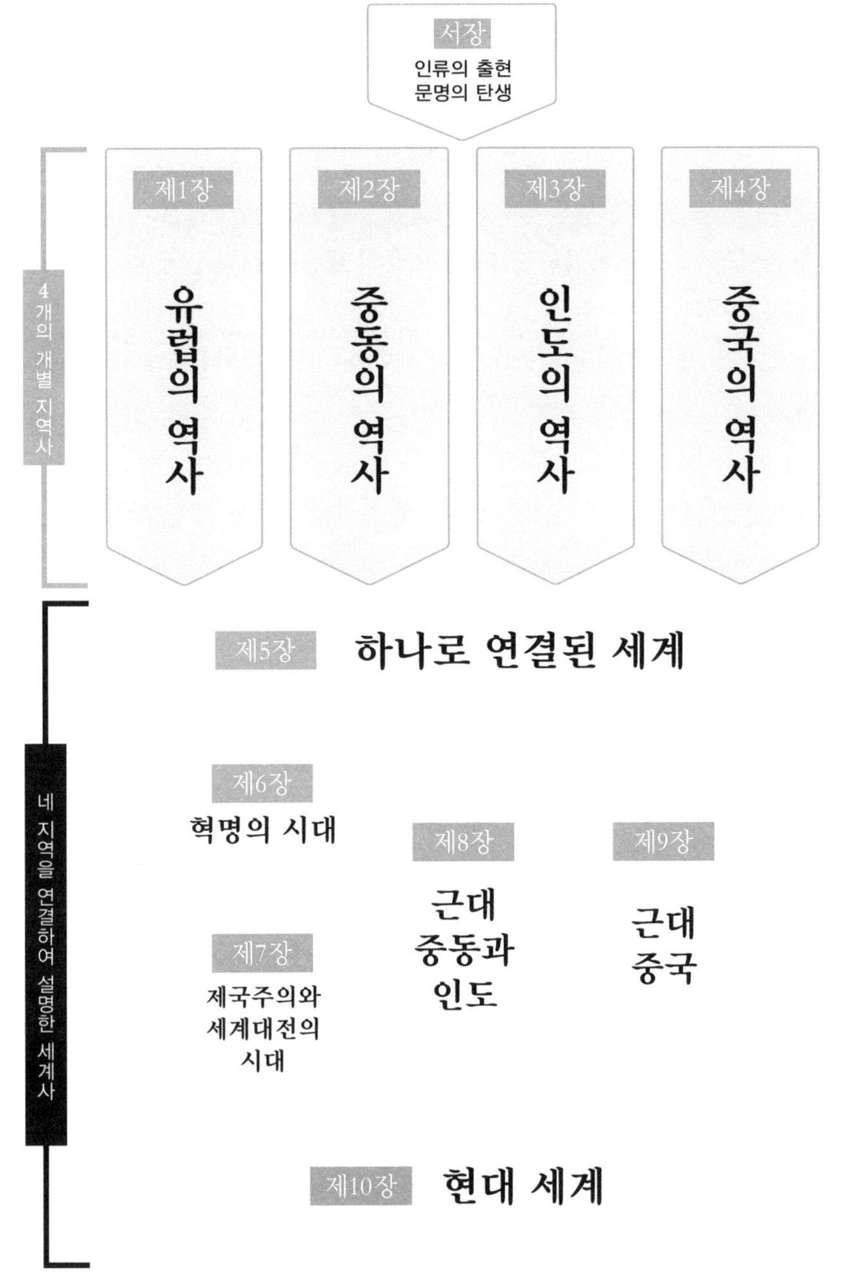

서장
인류의 출현
문명의 탄생

4개의 개별 지역사

제1장
유럽의 역사

제2장
중동의 역사

제3장
인도의 역사

제4장
중국의 역사

제5장 하나로 연결된 세계

네 지역을 연결하여 설명한 세계사

제6장
혁명의 시대

제8장
근대 중동과 인도

제9장
근대 중국

제7장
제국주의와 세계대전의 시대

제10장 현대 세계

그림 O-5 전반부에는 4개의 개별 지역사, 후반부에는 네 지역을 연결하여 설명한 세계사

럽은 온난한 기후와 높은 생산력을 바탕으로 유력 국가들이 여럿 출현해서 전 세계에 크나큰 영향을 미쳤다. 중동은 사막에 흩어져서 사는 여러 부족들을 하나로 연결하는 이슬람교를 빼놓고는 설명할 수 없다. 인도는 종교, 민족, 언어 등 그 무엇도 하나로 묶을 수 없는 '다양성'이 그 특징이다. 중국에서는 독재라고도 표현할 수 있는 강력한 지도자가 끊임없이 등장한다.

각 지역의 '개성'을 파악하면 제5장 이후의 내용을 보다 입체적으로 이해할 수 있을 것이다.

그리고 각 장의 주인공이 한데 모인 제5장부터는 드디어 세계가 하나의 흐름을 이루는 '세계사'가 펼쳐진다. 지역사를 따로 해설한 제4장까지와는 달리 제5장부터는 각 지역의 연결 고리가 보다 밀접하고 복잡하게 얽힌다.

이 책은 그런 이야기까지 가급적이면 한 줄기로 파악할 수 있도록 했다.

책에서 다루지 않은 지역에 관하여

마지막으로 한 가지 더 짚고 넘어갈 것이 있다. 이 책에는 가급적 평이하게 기술하기 위해서 생략한 용어가 많으며, 미국과 동남 아시아, 한반도, 일본 등 다루지 않은 지역도 있다. 또한 각국의 문화사에 관해서도 생략했다.

이것들이 세계사에서 배울 필요가 없다고 생각했기 때문은 아니다. 가능한 한 간결하게 엮고자 한 의도이며, '줄줄이 하나로 엮은 세계사'를 정해진 지면 안에서 보다 이해하기 쉬운 형태로 설명하는 데 중점을 둔 결과라는 점을 밝힌다.

이번에 다루지 않은 지역의 역사와 문화사는 다른 기회에 소개하고자 한다.

서장

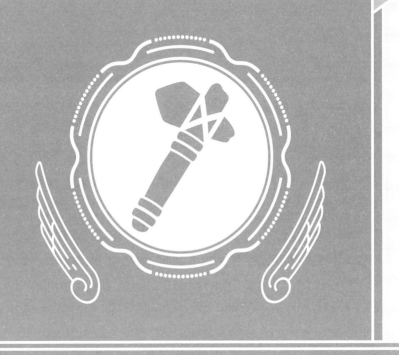

인류의 출현,
문명의 탄생

화석이 알려준 인류 탄생의 역사

전 세계에 파문을 일으킨 남아프리카의 화석!

본격적인 내용에 들어가기 전에 이 장대한 세계사의 출발점, 다시 말해서 '인류는 언제, 어디에서 탄생했는가?' 하는 인류의 기원에서부터 이야기를 시작하려고 한다.

「혹성 탈출」이라는 영화를 본 적이 있는가? 원숭이를 닮은 생물이 이족보행을 하고 인간을 지배한다는 내용이다. 흥미로운 설정 덕분에 속편과 리메이크가 계속된 명작이다.

지금으로부터 약 100년 전, 「혹성 탈출」에나 나올 법한 생물의 화석이 남아프리카에서 발견되었다. 화석을 발견한 해부학자는 원숭이도, 사람도 아닌 그 생물을 오스트랄로피테쿠스(남쪽의 원숭이)라고 불렀고, 이미 유럽에서 발견된 네안데르탈인이나 크로마뇽인보다 훨씬 오래된 지층에서 발굴되었다는 이유를 들어 오스트랄로피테쿠스야말로 인류의 조상이라고 주장했다.

'인간은 본디 신께서 당신의 모습을 본떠 만드셨다'고 믿은 기독교도나 인류의 기원이 유럽이라고 믿었던 유럽인들은 이 주장을 결코 받아들일 수 없었다. 더욱이 당시 유럽인들은 아프리카를 '지배하고' 있었다. 사람과 원숭이 그 중간에 있는 생물을 인정한다는 것은 「혹성 탈출」에 그려진 세계를 인정하는 것만큼 어려웠을 것이다.

인류의 기원을 단숨에 과거로 끌고 간 화석인류 원인

그러나 '오스트랄로피테쿠스' 같은 화석들은 아프리카에서 잇달아 발견되었다. 게다가 이 종에는 '직립 이족보행'과 간단한 뗀석기인 '냇돌석기를 사용

30

하는 등' 유인원과는 명백히 다른 특징이 있다는 사실이 밝혀졌다.

이렇게 되자 처음에는 이 종을 인류로 받아들이지 않던 사람들도 이것을 가장 오래된 인류로 인정할 수밖에 없었다.

그 결과 이 종은 원인(猿人)이라고 불리게 되었다. 약 400만−250만 년 전에 살았을 오스트랄로피테쿠스가 대표적인 예이다. 지금은 700만 년 전의 원인 화석도 발견된 상태이다. 이 단계에서는 뇌의 용적이 작고 뇌가 덜 발달된 상태이기 때문에(현 인류의 3분의 1 정도)「혹성 탈출」에 등장하는 원숭이들과 달리 언어나 불을 사용하지 않았다.

아프리카에서 각 지역으로 흩어진 원인

약 240만 년 전에는 원인(原人)이 등장했다. 원인은 석기를 더욱 예리하게 만들어 용도를 확장시켰고, 동굴에 거주하는 등 주위 환경에 대한 적응력이 급속도로 높아진 모습을 보였다. 이들은 **아프리카를 벗어나 세계 각지로 퍼져나갔다.**

중국의 베이징 원인과 인도네시아의 자바 원인 등이 대표적인 예이다. 또한 이때부터 언어(어린아이 수준의 간단한 언어)를 사용했다. 베이징 원인은 불도 사용했다고 한다.

'인간다움'을 갖추기 시작한 구인

약 60만 년 전에는 한층 진화한 구인(舊人)이 등장했다. 그 대표적인 예는 유럽에 분포했던 네안데르탈인이다.

네안데르탈인의 유적에서는 뼈 화석 주위에서 꽃가루 화석이 발견되었다. 죽은 사람을 꽃으로 둘러싸서 매장했다는 사실을 통해서 이들에게 '**망자를 애도하는 정신문화**'가 있었다는 사실을 알 수 있다.

도구도 진화했다. 돌덩이에서 커터 칼 같은 얇은 뗀석기를 만드는 기법을 점차 발전시킨 것이다.

인류사에서 가장 오래된 전투의 흔적도 남아 있으니, 앞으로 끝없이 이어질 '인류 전투의 역사'는 여기에서부터 시작되었다고 할 수 있다.

지금으로부터 약 20만 년 전부터 살았다는 신인(新人) 단계에 와서는 **체형과 뇌의 용적이 현대의 인류와 거의 같아졌다.** 만약 '신인'이 정장을 입고 스마트폰을 들고 여러분 직장의 옆자리에 앉아 있다고 해도 전혀 부자연스럽지 않을 것이다.

그래서 그들과 우리를 구분하기 위해서 '지금의 우리'를 '현생 인류'라고 부른다(체형은 우리와 같으나, 첫째, 그들은 '구석기 시대'에 살았다는 점이 다르고, 둘째, 농경과 목축이 생산의 중심인 우리와 달리 그들은 주로 수렵과 채집을 했다는 점에서 생활양식이 크게 다르기 때문에 '신인'이라는 이름으로 우리와 구별한다).

그 대표적인 예가 유럽의 크로마뇽인이다. 이들은 용도에 따라서 뗀석기와 동물의 뼈로 만든 골각기를 구분하여 사용하며 풍요를 누렸다. 프랑스의 라스코, 스페인의 알타미라 같은 동굴 벽에 놀랄 만큼 사실적인 그림을 그린 '동굴 미술'이 그들이 남긴 흔적이다.

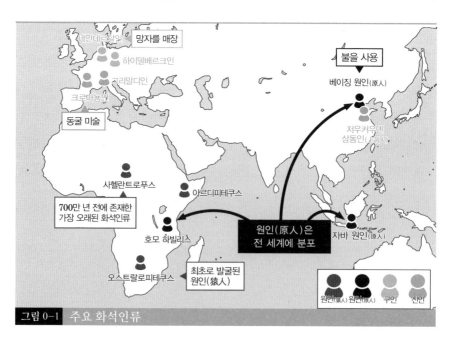

그림 0-1 주요 화석인류

문명은 언제, 어디서, 어떻게 탄생했나?

현대 생활양식의 출발점

추운 북쪽 지방에 사는 사람과 따뜻한 남쪽 지방에 사는 사람의 생활양식이 다르듯이 사람은 기후에 맞춰 생활할 수밖에 없다.

지금으로부터 1만 년 전, 그때까지 춥고 차가웠던 지구의 날씨는 온난화로 인해서 오늘날과 매우 비슷해졌다. 인류는 따뜻해진 기후에 맞춰 생활하게 되었다.

그 '1만 년 전'의 시기가 바로 현재 인류의 '생활양식이 시작된 출발점'이라고 할 수 있다.

날씨가 따뜻해지면서 동물의 몸집이 줄어들고 어패류와 식물의 종류가 늘어나자 활과 화살, 그물을 이용한 수렵, 채집 등의 획득경제 기술이 발달되어 갔다.

그리고 안정적인 온난한 기후를 이용해서 '음식을 스스로 만들어 먹기 시작한' 사람들이 등장하면서 생산경제라는 생활양식이 시작되었다.

생산경제가 시작되자, 사냥감을 찾아 이동하기보다는 생산이 이루어지는 장소에서 사는 것이 생존에 유리해졌다. 사람들은 마을을 이루어 정착했고, 인구도 늘어났다.

도구도 변했다. 우선 기존에 수렵, 채집 과정에서 살점을 가르고 사물을 자르기 위해서 썼던 뗀석기가 진화했다. 뿐만 아니라 곡물을 갈아서 가루로 만들거나 경작에 쓸 괭이의 날을 만들기 위해서 돌을 문질러 평평하게 만드는 간석기가 등장했다. 그야말로 농경에 적합한 '새로운' 석기 시대가 시작된 것이다.

문명은 최적이 아닌 땅이기 때문에 발달한 것

지구의 온난화는 특히 중위도 지역에 커다란 영향을 끼쳤다. 중위도 지역은 강수량보다 증발량이 많아서 서서히 건조해졌다. 이런 건조한 땅에서 살려면 생활과 농경에 필요한 물을 큰 강에서 끌어와야 했기 때문에, 큰 강 부근으로 사람들이 몰려들었다.

다시 말해서 농업에 적합하지 않은 건조한 땅이었기 때문에 사람들은 물을 찾아 큰 강 유역에 밀집했고, 많은 인구를 먹여 살리기 위해서 밭을 만들고 수로를 내는 기술이 발달한 것이다. 그러다 보니 메소포타미아나 황하 유역 등 건조한 지역을 중심으로 세계에서 가장 오래된 문명이 탄생했다.

건조지역 외에도 문명이 탄생한 곳이 있다. 영토가 좁아 교역의 거점이 특정 장소에 몰려 있었던 탓에 인구가 밀집했던 에게 해 주변, 인구를 먹여 살릴 만한 쌀과 옥수수의 경작이 가능했던 양쯔 강 유역 그리고 멕시코 같은 지역이다. 농경과 목축 등으로 말미암아 인구가 증가하고 도시가 탄생하자 그곳으로 부와 기술이 몰려들었고, 문자와 금속기구 등이 나타났다.

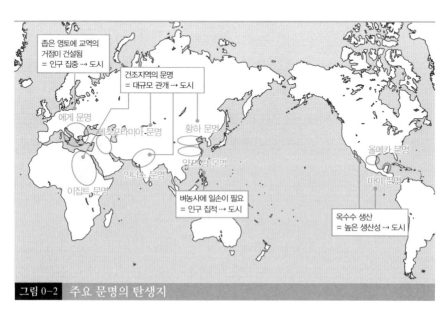

그림 0-2 주요 문명의 탄생지

제1장

유럽의 역사

제1장 유럽의 역사 큰 줄기

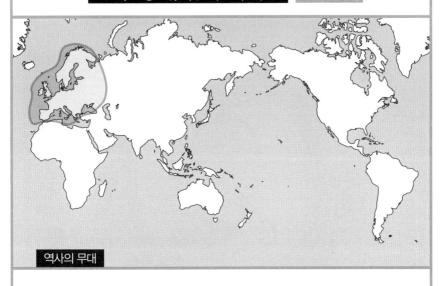

역사의 무대

'다양성'과 '통일성'이라는
상반된 "얼굴"을 가진 유럽

유럽의 특징은 온난한 기후와 높은 생산성 덕분에 예로부터 인구 밀집 지역이었다는 것이다. 전 세계에 지대한 영향을 미친 강국이 다수 출현했고, 국가와 민족의 흥망성쇠가 어지럽게 반복되면서 다양한 언어와 문화가 발생했다.

한편 유럽은 공동체라는 측면도 가지고 있다. 종파는 다르지만, 같은 기독교를 믿으며 그리스 문자에서 파생된 알파벳을 사용하는 등 공통된 문화를 가지고 있기 때문이다.

이처럼 유럽의 역사는 '다양성'과 '통일성'이라는 상반된 두 가지 "얼굴"을 동시에 보여준다.

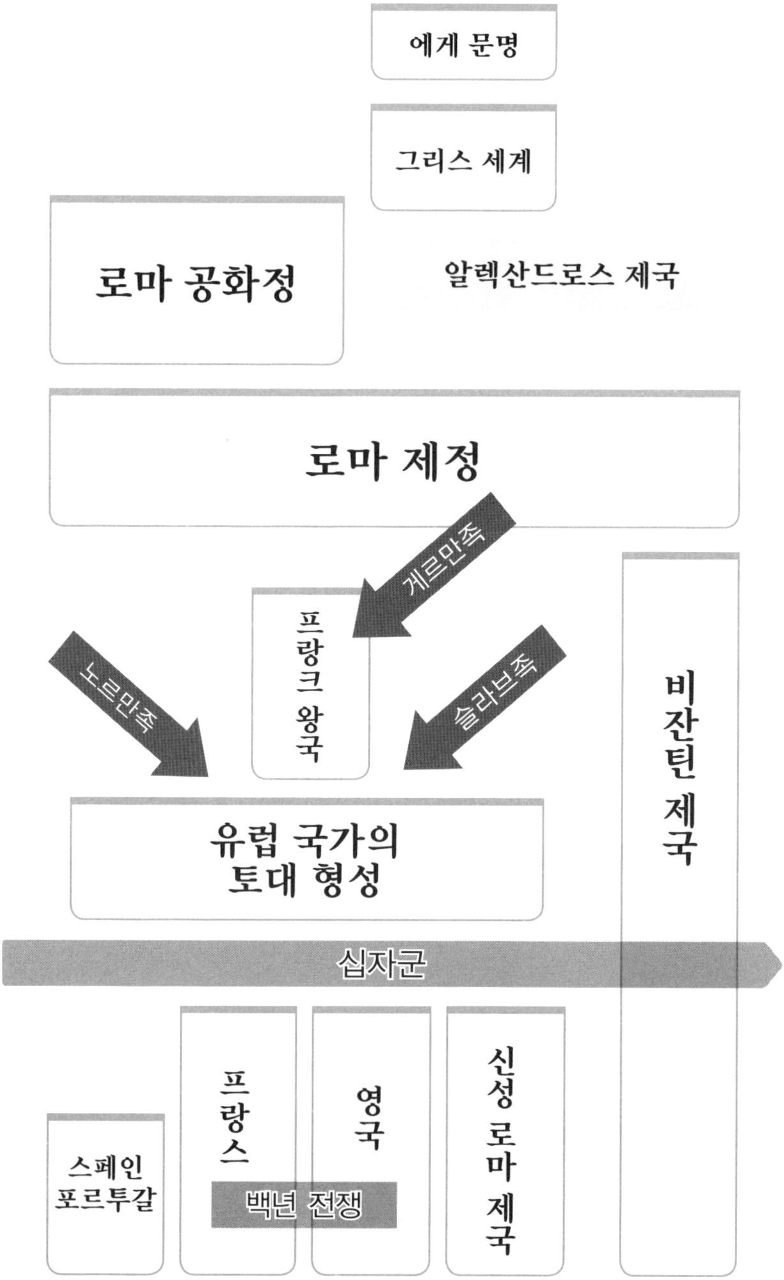

에게 문명

그리스 세계

로마 공화정

알렉산드로스 제국

로마 제정

게르만족

프랑크 왕국

노르만족

슬라브족

비잔틴 제국

유럽 국가의 토대 형성

십자군

스페인 포르투갈

프랑스

영국

백년 전쟁

신성 로마 제국

신화와 전설에 휩싸인 유럽의 기원

 크레타 섬에서 그리스 본토로

모든 문화나 문명에는 '기원'이 있다. 유럽 문화의 기원은 고대 그리스 문명이다. 예컨대 영어나 프랑스어에는 그리스어가 어원인 단어들이 많다('역사'를 뜻하는 영어 단어 'history'는 그리스어 'ιστορια[히스토리아]에서 왔다).

고대 그리스 문명의 원류는 동지중해의 에게 해에서 탄생한 에게 문명이다. 해상 교역이 활발한 에게 해 주변은 지형이 복잡하고 평지가 좁았기 때문에 교역의 거점이 좁은 평지에 건설되었고, 여기에 인구가 밀집했다. 그래서 일찍부터 도시가 발달했다. 에게 문명은 '크레타 문명'과 '미케네 문명'이라는 두 개의 시대로 나눌 수 있다. 전기 에게 문명을 크레타 문명이라고 부르는 이유는 이것이 에게 해의 크레타 섬에서 번성했기 때문이다.

크레타 문명을 '밝은 해양 문명'이라고 이야기하는데, 궁전에 성벽이 없는 등 경계심이 없는 평화로운 문명이었기 때문이다. 그러나 이것이 단점으로 작용해 외적의 침입에 저항하지 못하고 멸망했다는 설도 있다. 중심지 크노소스에는 궁전 터가 남아 있는데, 유적의 거대한 규모로 미루어보아 그리스 신화에 나오는 괴물 '미노타우루스'가 살았던 미궁이었을 것으로 추정된다.

후기 에게 문명에 이르러 문명의 중심이 그리스 본토로 이동하는데, 이를 미케네 문명이라고 한다. 미케네 문명은 '호전적인 문명'이라고 이야기된다. 끊임없이 격렬한 전투가 이어졌고, 대부분의 유적에 거석을 쌓아올린 성벽이 남아 있다.

영화 「트로이」의 모티프가 된 트로이 전쟁은 미케네 문명 시대에 일어났다. 역사적 사실과 같다고 볼 수는 없지만, 연이은 전투 장면만 보더라도 '호전적인 문명'의 단면을 엿볼 수 있다.

올림픽은
폴리스의 제전이었다

 올림픽과 그리스 신화의 탄생

크레타 문명과 미케네 문명이 곧바로 고대 그리스 문명으로 이어진 것은 아니다. 세계사에서는 미케네 문명이 멸망한 뒤 약 400년 동안을 '암흑 시대'라고 부르는데, 이는 아직 그 실체를 명확히 규명할 수 없기 때문이다. 암흑 시대가 끝날 무렵, 곳곳에 폴리스라고 불리는 도시 국가가 나타났다. 이 폴리스를 만든 사람들이 바로 '고대 그리스인'이다.

고대 그리스인들은 높은 언덕을 중심으로 모여 살았다. 그들은 폴리스의 한가운데에 위치한 언덕을 아크로폴리스(높은 언덕)라고 부르며 권력자의 주도로 그곳에 신전과 성채를 세웠다. 아크로폴리스의 기슭에 형성된 아고라(광장)는 재판과 회의, 상업 활동의 장으로서 생활의 중심적인 역할을 했다.

고대 그리스인이 탄생시킨 폴리스는 사용하는 언어(방언)에 따라 이오니아인, 도리아인 등 몇몇 부류로 나뉘었는데, 서로 경쟁심이 강했던 탓에 종종 전쟁도 일어났다. 그러나 그들 모두 '그리스 신화'에 등장하는 신들을 섬기며 올림피아에서 체육 대회(고대 올림픽)를 함께 거행하는 등 같은 그리스인이라는 일체감을 공유했다.

인구가 늘어나면서 평야가 적은 그리스는 토지 부족에 시달릴 수밖에 없었다. 그래서 고대 그리스인들은 지중해를 무대로 활발한 해상 교역을 펼쳤고, 각지에 식민지를 건설했다.

예를 들면, 현재 이탈리아의 나폴리는 '네아폴리스', 프랑스의 마르세유는 '마살리아'라고 불렸던 고대 그리스 식민지였다. 그리스 문화는 이런 식민지들을 통해서 이탈리아와 프랑스로 전파되었다.

민주주의에 "눈뜬" 아테네 사람들

 귀족에 맞선 민중!

지금과는 형태가 조금 다르지만, 고대 그리스는 민중이 국가의 의사를 결정하는 '민주주의'의 원형이 태동한 곳이다.

그 역사적 움직임은 수많은 폴리스 중에서도 핵심적인 존재였던 이오니아인의 폴리스, 아테네에서 일어났다. 시민 전체(성인 남성만을 의미)의 뜻으로 국가적 의사결정을 내리는 직접 민주정치라는 정치 체제를 채택한 것이다.

처음에는 귀족들이 정치를 독점했기 때문에 민중에게는 참정권이 없었다. 그러나 아테네에서 상공업이 발전하면서 일반 시민의 경제력이 높아지자 스스로 무기를 사서 중장 보병으로 전쟁터에 나가는 시민들이 등장했다. 이는 시민들이 참정권을 요구하는 계기가 되었다. "우리도 국가를 위해 목숨을 걸고 싸우는데, 귀족이 정치를 독점하는 것은 옳지 않다!" 시민들은 이렇게 참정권을 요구하며 귀족을 상대로 신분 투쟁에 나섰다.

아테네의 민주정치는 단계적으로 그 기반을 다졌다.

우선 드라콘이라는 인물이 성문법(누구나 읽을 수 있는 문장으로 기록된 법)을 만들어 '귀족에 의한 법의 독점'을 막았다.

이어서 솔론이라는 인물은 납세액에 따라 시민을 네 부류로 나누고, 그에 따라 참정권을 부여하는 금권정치를 개시했다. 현대인의 관점에서 보면 여전히 불평등한 시스템이지만, 재산만 있으면 참정권을 가질 수 있다는 점에서 참정권이 크게 확대되었다고 볼 수 있다.

그후 무력으로 아크로폴리스를 점거한 페이시스트라토스가 한동안 아테네의 실권을 장악했다.

귀족의 정치 독점

① **드라콘의 입법** ◀ 귀족들이 마음대로 법을 해석하지 못하게 하자!

② **솔론의 금권정치** ◀ 부자가 되면 참정권을 얻을 수 있다!

③ **페이시스트라토스의 참주정치** ◀ 귀족이든 평민이든 모두 내 지시에 따르라!

④ **클레이스테네스의 도편추방제** ◀ 독재를 할 것 같은 인물을 추방하자!

⑤ **페리클레스 시대** ◀ 성인 남자 시민은 모두 정치에 참여하자!

신분 투쟁의 시대

민주정치의 완성!

그림 1-1 조금씩 확대된 아테네 시민의 권리

그는 스스로 지배자의 자리에 오르고 자신을 독재자라는 의미의 '참주(僭主)'라고 칭했기 때문에 그의 정치를 참주정치라고 부른다. 독재 체제하에서는 귀족, 평민 등 신분의 구별이 무의미하기 때문에 결과적으로는 시민의 지위가 향상되었다고 할 수 있다. 그러나 페이시스트라토스 이후로는 "나쁜" 독재 권력을 행사하는 참주들이 연달아 등장했다.

지도자 **클레이스테네스**는 그런 억압적인 참주의 등장을 막기 위해서 도편추방제를 시행했다. 도기의 파편에 참주가 될 것으로 예상되는 인물을 쓰게 한 뒤, 득표수가 많은 자를 아테네에서 10년간 추방하는 '역투표' 같은 제도였다. 또 혈연을 중심으로 형성되던 부족제를 없애고, 거주 지역별로 민중을 구분했다. 이런 개혁에 의해 '귀족 혈통'이라는 혈연의 이점이 점차 옅어지고 민주정치의 기반이 다져졌다.

페리클레스 장군의 시대가 되자 아테네의 민주정치는 완성형에 이르렀다. 성인 남자 시민이 민회를 열어 다수결로 국가 정책을 결정했고, 관리도 추첨으로 정했다.

노예와 이민족, 여성에게는 참정권이 없었지만, **시민이라면 모두 정치에 참여하는 직접 민주정치였다는** 점이 고대 그리스 민주정치의 특징이다.

'스파르타 교육'의 비밀은 인구 구성에 있었다

 5,000명이 7만 명을 지배하다

아테네의 라이벌로 알려진 스파르타는 도리아인이 세운 폴리스로, '스파르타 교육'이라는 명칭으로 유명한 엄격한 교육 제도와 군국주의로 뭉친 리쿠르고스 체제를 갖추고 있었다. 스파르타는 강력한 군사력을 바탕으로 원정에 힘을 쏟은 결과, 광대한 지배 영역과 수많은 전쟁 노예를 거느렸다. 주변 민족을 정복해서 획득한 노예가 많다는 점은 스파르타 인구 구성의 특징이었고, 그 덕분에 군국주의를 강화할 수 있었다.

스파르타의 남성 시민은 모두 도리아인으로 5,000명 정도였다. 노예의 수

그림 1-2　스파르타의 사회 구조

는 훨씬 많았다. 정복지에서 끌고 온 비자유 농노(헤일로타이)가 5만 명, 이민족을 예속해 상공업에 종사시킨 반자유민(페리오이코이)이 2만 명 정도였다. 즉 시민 5,000명이 노예 7만 명을 지배한 것이다. 만약 7만 명이 한꺼번에 반란을 일으킨다면 5,000명은 버틸 수 없었을 것이다.

스파르타 시민이 엄격한 훈련과 군국주의를 중시하는 리쿠르고스 체제를 표방하여 평상시에도 헤일로타이와 페리오이코이가 "지배층을 우습게 보지 못하게" 했던 이유가 여기에 있다.

페르시아에 승리한 뒤 내부로부터 무너진 그리스

 오리엔트의 패권자, 그리스를 덮치다!

아테네나 스파르타 같은 폴리스 사회가 발전하고 있을 때, 동쪽에서는 아케메네스 왕조 페르시아라는 국가가 거대제국을 건설하고 있었다.

고대 그리스가 폴리스, 다시 말해 '점'과 같은 도시 국가였다면, 페르시아 제국은 강력한 군대를 바탕으로 광대한 영토를 장악한, '면'에 비유할 만한 국가였다. 바로 그 페르시아 제국이 고대 그리스를 덮친 전쟁을 '페르시아 전쟁'이라고 부른다.

전쟁이 발발한 경위는 이렇다. 페르시아 제국 내의 그리스인들이 페르시아의 지배로부터 벗어나고자 반란을 일으키자 아테네가 이를 돕는다. 이에 분노

그림 1-3   **페르시아와 고대 그리스**

한 페르시아는 아테네를 도발하여 전면전에 돌입한다.

아테네는 고전했지만, '마라톤'의 어원으로 알려진 마라톤 전투와 테미스토클레스 장군의 절묘한 전술이 빛난 살라미스 해전, 라이벌인 스파르타와 연합한 플라타이아이 전투를 승리로 이끌며 강적 페르시아를 물리치는 데에 성공한다.

그리스는 페르시아 전쟁에서 승리를 거두었지만, 그후에는 역설적으로 아테네와 스파르타 사이에 주도권 다툼이 일어났다. 아테네는 페르시아의 습격에 대비하여 주위의 폴리스와 델로스 동맹을 맺었는데, 스파르타는 이를 아테네가 '다른 폴리스를 끌어들여 주도권을 잡으려고 한다'고 해석한 것이다. 스파르타는 펠로폰네소스 동맹을 통해서 아테네에 맞섰고, 그 결과 아테네와 스파르타 사이에서 펠로폰네소스 전쟁이 시작되었다. 여기에 테베라는 도시 국가까지 뛰어들자 전쟁은 삼파전이 되었다. 전쟁은 장기화되었고 그리스는 점차 황폐해졌다. 결국 폴리스 사회는 멸망의 길을 걸었다.

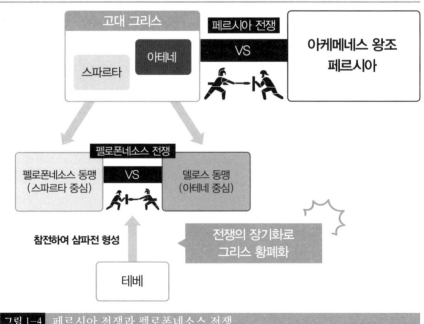

그림 1-4 페르시아 전쟁과 펠로폰네소스 전쟁

영웅 알렉산드로스, 세계를 질주하다!

 마케도니아의 "어부지리"

펠로폰네소스 전쟁으로 혼란을 겪던 고대 그리스의 북쪽에 마케도니아라는 국가가 있었다. 마케도니아는 펠레폰네소스 전쟁 덕에 '어부지리'를 얻은 나라이다.

마케도니아 사람들도 혈통은 그리스 쪽이었지만, 폴리스를 만들지 않는 등 생활방식의 차이로 말미암아 다른 그리스인들에게 이민족 취급을 받으며 "무시당하는" 처지였다.

펠로폰네소스 전쟁이 터져 그리스가 혼란에 빠지자, 줄곧 군사력 증강에 힘써온 마케도니아의 왕 필리포스 2세는 카이로네이아 전투에서 아테네와 테베의 연합군을 격파했다.

그런 다음 그는 그리스의 여러 폴리스를 코린토스 동맹이라는 형태로 통합하여 주도권을 완벽히 장악하는 데 성공했다. 그야말로 어부지리를 얻은 셈이었다.

 유럽을 넘어 인도까지 지배한 거대제국

필리포스 2세의 아들이 바로 유럽에서 인도에 이르는 거대제국을 건설한 인물, 세계 역사에 뚜렷한 발자국을 남긴 **알렉산드로스** 대왕이다.

알렉산드로스는 고대 그리스를 위협한 동방의 아케메네스 왕조 페르시아 제국을 무너뜨리기 위해서 마케도니아와 그리스의 군사를 이끌고 동방 원정에 나섰다.

'중장한 보병으로 적군 주력부대의 발목을 잡은 뒤, 자신은 기마병을 이끌고 멀리 우회하여 상대의 심장부를 치는' 기동 전술 덕분에 알렉산드로스는

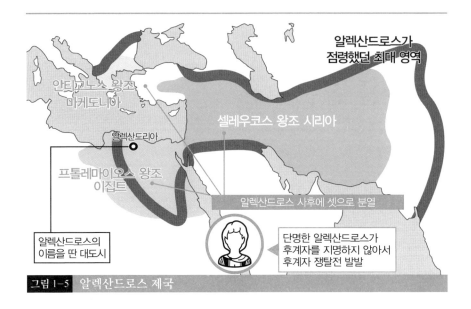

알렉산드로스가
점령했던 최대 영역

안티고노스 왕조
마케도니아

셀레우코스 왕조 시리아

알렉산드리아

프톨레마이오스 왕조
이집트

알렉산드로스 사후에 셋으로 분열

알렉산드로스의
이름을 딴 대도시

단명한 알렉산드로스가
후계자를 지명하지 않아서
후계자 쟁탈전 발발

그림 1-5 알렉산드로스 제국

이소스 전투 및 가우가멜라 전투에서 페르시아를 상대로 완승을 한다. 나아가 인도의 북서부까지 공격한 알렉산드로스는 파죽지세로 대제국을 건설했다.

그러나 그리스에서 인도까지 오랫동안 행군한 군대는 피로도가 극에 달한 상황이었다. 결국 인더스 강 유역까지 침공하고 난 뒤에 화려했던 진격은 멈춰 섰고, 마침내 고향 마케도니아로 돌아가게 되었다. 안타깝게도 알렉산드로스 대왕은 고향 땅을 밟기도 전에 바빌론 땅에서 32세의 젊은 나이에 숨을 거두고 말았다.

 후계자 쟁탈전이 부른 분열

알렉산드로스의 갑작스러운 죽음은 새로운 분쟁의 씨앗이 되었다.

"가장 강한 자가 내 뒤를 이어라!"라는 지극히 모호한 유언 때문에 **후계자 쟁탈전**이 벌어진 것이다.

치열한 후계자(디아도코이) 쟁탈전 끝에 알렉산드로스 제국은 안티고노스 왕조 마케도니아, 셀레우코스 왕조 시리아, 프톨레마이오스 왕조 이집트라는 3개의 나라로 분열되고 말았다.

유럽을 하나로 묶은 거대국가의 탄생

 평민들이 신분 투쟁을 일으키다!

'고대 그리스'와 함께 유럽 문화의 원류로 꼽히는 것이 바로 '로마 제국'이다. 로마 제국은 서유럽에서 지중해 전역에 이르는 거대한 제국이었기 때문에, 도로와 건축, 언어 등에서 유럽이 '통일성'을 갖추게 한 중요한 요인이 되었다.

로마의 전반기(최초 시기는 제외)는 왕이나 황제가 없는 '공화정'의 시대였다.

로마 공화정도 고대 그리스와 마찬가지로 귀족과 평민, 노예 사이에 신분 차이가 있었다. 국가의 지도권을 행사한 원로원과 최고 관직이었던 두 명의 집정관도 귀족이 독점했다.

로마가 강대해지자, 고대 그리스 때와 마찬가지로 중장 보병으로 참전하던 평민들이 "목숨을 걸고 싸우는 우리에게 참정권이 없는 것은 이상하다!"라며 귀족에 대항해 신분 투쟁을 벌인다.

그리하여 로마도 고대 그리스처럼 단계적으로 평민의 참정권이 확대되었다. 일단 평민의 권리를 지키는 호민관이라는 제도와 평민으로 구성한 회의인 평민회를 설치했다. 이어서 글로 기록된 법률인 12표법(성문법)을 제정하여 귀족에 의한 법의 독점을 막았다.

또한 집정관 2명 중의 1명은 평민 중에서 뽑는다는 리키니우스 법이 만들어져 평민의 권리가 크게 확대되었다.

 평등이 오히려 대립을 낳고

'평민회에서 결의된 내용이 원로원의 승인 없이도 국가의 법률이 되는' 호르텐시우스 법이 제정되는 시기에 이르자, 평민의 권리와 귀족의 권리가 거의 평등해지고 신분 투쟁은 막을 내렸다.

그러나 '평등'은 '평화'와는 다른 의미이다. 평민들이 평민회에서 자신들에게 유리한 법을 만들 수 있게 되었다고는 하지만, 국가의 지도권은 여전히 귀족들의 원로원이 장악하고 있었다.

원로원 귀족들은 법을 자신들에게 유리하게 운용했다. '법을 만드는' 평민과 '법을 운용하는' 귀족이 대등한 입장이 되면서 양자 간의 대립이 점차 심각해졌다. 고대 그리스의 아테네는 '신분 차이를 해소하여 민주정을 이루었지만', 로마는 '평등을 확보함으로써 오히려 대립이 심각해지는' 결과를 낳은 것이다.

 ## 지중해의 패권을 건 포에니 전쟁

평민과 귀족의 신분 투쟁 같은 내분을 겪으면서도 군사 면에서 로마는 순조롭게 힘을 키웠고 이탈리아 반도를 통일해갔다.

이 단계에서 로마와 충돌한 국가가 있었으니 바로 페니키아인들이 세운 카르타고였다. '지중해를 사이에 두고 마주 보고 있었던' 북아프리카 연안의 카르타고와 이탈리아 반도의 로마는 서로에게 '언젠가는 쓰러뜨려야 할 경쟁국'이었다.

그러다 지중해의 패권을 걸고 세 차례의 전쟁을 치르게 되는데 그것이 바로 포에니 전쟁이다.

제1차 포에니 전쟁 때 카르타고로부터 시칠리아 섬을 쟁취함으로써 로마는 처음으로 '장화' 밖의 영지를 확보했다(이런 '해외 식민지'를 속주[屬州]라고 부른다).

제2차 포에니 전쟁 때에는 '세계 역사상 최고의 명장'이라는 평가를 받는 카르타고의 장군 한니발이 등장했다. 한니발은 강적 로마에 맞서 묘안을 생각해냈다.

코끼리 부대를 편성하여 이베리아 반도에서 알프스 산맥을 넘어 북쪽에서 로마를 덮친 것이다. 누구도 '코끼리가 알프스 산맥을 넘어올 것'이라고는 생

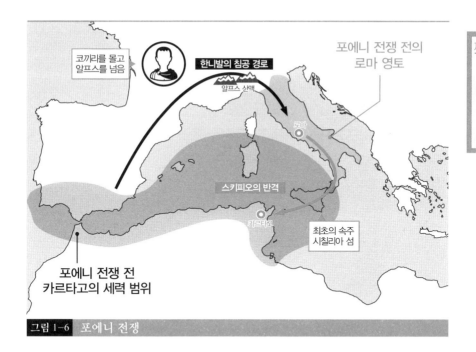

코끼리를 몰고
알프스를 넘음

한니발의 침공 경로

알프스 산맥

포에니 전쟁 전의
로마 영토

로마

스키피오의 반격

카르타고

최초의 속주
시칠리아 섬

포에니 전쟁 전
카르타고의 세력 범위

그림 1-6   포에니 전쟁

각하지 못했다.

　의표를 찔린 로마는 큰 혼란에 빠졌고 멸망의 위기에 몰렸다.

　그러나 로마에도 스키피오라는 명장이 있었다. 그는 시종일관 방어만 하던 로마의 군대를 이끌고 스페인과 카르타고로 쳐들어갔다.

　본국이 위기에 처하자 한니발은 로마 공격을 멈추고 귀국길에 올랐다가 스키피오의 유인책에 휘말려 결국 패배하고 만다. 이로써 제2차 포에니 전쟁도 로마의 승리로 끝이 났다.

　로마는 이어진 제3차 포에니 전쟁에서도 승리하여 카르타고의 지배 영역을 정복하고 **지중해의 패권을 장악하게 된다.**

 전쟁에 이기고도 침체된 분위기

　포에니 전쟁이 끝난 뒤, 로마는 연전연승의 파죽지세로 영토를 확장했다. 그런데 바로 이것이 로마 사회에 생각지도 못한 악영향을 끼쳤다. 전장으로 내몰렸던 농민들이 오랜만에 집으로 돌아왔을 때, 농지는 이미 아무런 쓸모도 없는 황무지로 변해 있었다.

여기에 더해 부자들은 로마의 몸집이 불어나면서 로마로 속속 흘러들어온 노예들을 잔뜩 사서 대규모 농원에서 부렸다.

농민들이 소유한 농지는 황폐해졌는데, 부자들은 대규모 농원에서 값싼 농작물을 대량 생산했다. 농민들은 버틸 재간이 없었다. 실업자가 된 농민들은 먹고 살기 위하여 도시로 향했다.

대량의 실업자들은 반란 세력으로 변모할 가능성이 있었다.

이런 사태를 우려한 로마의 정치인과 황제들은 대량의 실업자들에게 '빵과 서커스', 다시 말해서 음식과 격투기장에서의 검투와 같은 오락을 제공하여 필사적으로 그들의 불만을 피하고자 했다. 그러나 전쟁에서 이기면 이길수록 로마 내부의 기운은 침체되었다.

 "내란의 세기"에 일어난 세 번의 내란

한동안 로마 사회는 '군사적 승리'와 '침체된 분위기'가 만나서 빚어내는 부작용에 시달리게 되었다.

국내의 '침체된 분위기'는 군사 충돌을 수반한 잦은 반란으로 이어지는데, 기원전 2세기부터 기원전 1세기까지는 '내란의 한 세기'라고 불릴 만큼 혼란이 극심했다. '내란의 한 세기'에는 크게 세 번의 내란이 일어났다.

첫 번째 내란은 평민파와 벌족파의 대립이었다.

신분 투쟁의 결과 제도적 평등은 정착되었지만, 갈수록 사이가 나빠진 평민과 귀족 간의 다툼은 좀처럼 잦아들지 않았다.

두 번째 내란은 검투사 노예들이 일으킨 대규모 반란인 스파르타쿠스의 난이다. 격투기장의 구경거리가 되어 목숨을 걸고 싸워야 했던 검투사 노예를 주축으로 그밖의 노예들이 합세해 대규모 반란을 일으킨 것이었다.

세 번째 내란은 이탈리아 반도 내 로마의 동맹 도시들이 로마를 상대로 일으킨 동맹시 전쟁이라는 전란이었다.

소수의 지배가 시작되고 카이사르가 등장

혼란에 직면한 로마 사람들은 격렬한 내란을 수습할 수 있는 강력한 리더십을 원하게 되었다. 그래서 왕이 없는 로마 '공화정' 시대가 끝나고 삼두정치라는 '과두제(寡頭制 : 소수가 국가를 지배하는 체제)'가 시작되었다. 이 시기가 '공화정'에서 '제정'으로 옮겨가는 이행기에 해당한다.

폼페이우스와 **크라수스**, 그리고 민중의 절대적인 인기를 얻은 **카이사르**가 제1차 삼두정치를 열었다. 카이사르는 갈리아(오늘날의 프랑스)로 원정을 떠나서 눈부신 성과를 이룩하며 명성을 쌓았다.

경쟁자인 폼페이우스가 원로원과 손을 잡고 카이사르를 무너뜨리려고 했지만, 카이사르는 이 힘겨루기에서도 이기고 마침내 절대 권력자가 되었다.

그러나 공화정을 지키려는 사람들은 임시 최고직이었던 '독재관'을 종신직인 '종신 독재관'으로 바꾸고 스스로 그 자리에 앉은 카이사르에 대하여 그가 사실상의 '왕'이 되려고 한다며 반발했다.

결국 카이사르는 자신이 신뢰하던 브루투스라는 인물의 배신으로 암살당했고, 로마의 정치는 다시 혼란에 빠졌다.

 공화정에서 황제의 시대로

혼란의 와중에 이번에는 카이사르의 양자 **옥타비아누스**, 부하인 **안토니우스** 그리고 명문가 출신의 **레피두스**가 정치 동맹을 맺고 제2차 삼두정치를 시작했다.

그러나 이들은 곧 대립했고, 세 사람의 협력은 오래가지 못했다. 주도권을 쥔 옥타비아누스에게 맞서기 위해, 안토니우스는 절세의 미인이라 칭송받던 프톨레마이오스 왕조 이집트의 여왕 **클레오파트라**와 손을 잡고 옥타비아누스에게 싸움을 걸었다.

이에 맞선 옥타비아누스는 악티움 해전에서 안토니우스와 클레오파트라의 연합군을 무찌르고 대승을 거두었다.

5현제가 일군
'로마의 평화'

 로마에서 '로마 제국'으로

'공화정'과 '삼두정치'를 거친 로마는 드디어 막강한 리더십을 가진 한 명의 황제가 나라를 다스리는 '제정'이라는 단계로 들어섰다.

지금도 러시아, 중국, 미국처럼 영토가 넓은 나라를 다스리는 통치자에게는 '독재'에 빗댈 만한 강한 통치권이 있다.

역사에는 국가의 규모가 크면 클수록 권력이 집중되는 경향이 있다.

안토니우스를 제거하고 권력의 정점에 선 **옥타비아누스**는 원로원으로부터 **'아우구스투스(존엄한 자)'**라는 칭호를 얻으며 로마의 초대 '황제' 자리에 올랐다(그래서 '옥타비아누스'라고 부를 때도 있고 '아우구스투스'라고 부를 때도 있다).

그러나 이름은 '황제'라도 옥타비아누스는 '독재자'가 아닌 '제1인자(프린켑스)'를 자처하며 '시민의 지도자'라는 입장을 강조했다(이런 유형의 제정을 '원수정[元首政]'이라고 한다). 스스로 '종신 독재관'의 자리에 앉았다가 암살된 카이사르를 본 옥타비아누스가 원로원의 존재 등 공화정의 전통을 지키고 싶어 하는 사람들을 배려한 것이다. 그러나 아무리 '제1인자'라고 해도 실질적으로는 유일한 권력자였으므로 그는 분명히 '황제'였다. 따라서 이때부터는 로마를 '로마 제국'이라고 부른다.

 황금기의 도래

초대 황제인 옥타비아누스 이후 5명의 뛰어난 황제가 통치한 '5현제' 시대까지의 약 200년 동안은 로마가 전무후무한 번영을 일군 황금기였다. 5현제란

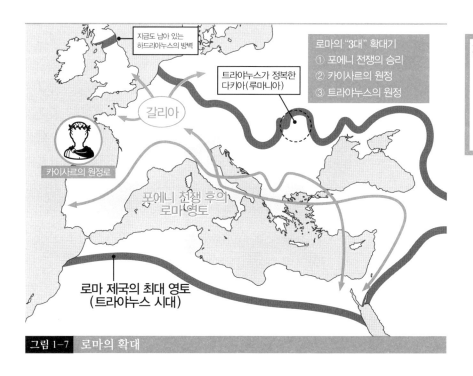

지금도 남아 있는
하드리아누스의 방벽

트라야누스가 정복한
다키아(루마니아)

로마의 "3대" 확대기
① 포에니 전쟁의 승리
② 카이사르의 원정
③ 트라야누스의 원정

갈리아

카이사르의 원정로

포에니 전쟁 후의
로마영토

로마 제국의 최대 영토
(트라야누스 시대)

그림 1-7 로마의 확대

12대 황제인 네르바부터 16대 황제인 마르쿠스 아우렐리우스 안토니누스까지
의 다섯 명의 황제를 가리킨다.

첫 번째 인물은 유능한 트라야누스를 차기 황제로 발탁하여 '우수한 인물을
계승자로 삼는' 선례를 남긴 **네르바** 황제. 두 번째는 다키아(오늘날의 루마니
아)를 정복하여 로마에 최대 영토를 선사한 '공격형' 황제 **트라야누스**. 세 번째
는 각지에 방벽을 쌓은 '수비형' 황제 **하드리아누스**. 네 번째는 로마 역사상 가
장 평화로운 치세로 유명하며 '경건한 자'라고 불렸던 **안토니누스 피우스** 황
제. 마지막 다섯 번째는 스토아 학파 철학자로도 유명한 '철인 황제' **마르쿠스
아우렐리우스 안토니누스**이다.

지중해 일대가 압도적인 힘을 가진 로마 제국의 통치를 받은 시기를 팍스 로
마나(Pax Romana, '로마의 평화'라는 뜻)의 시대라고 부른다. 이 시기에는 로
마 제국 내의 모든 사람이 평화를 누렸다. 상업도 활발히 이루어졌는데, 계절
풍(몬순)을 활용하여 멀리는 동남 아시아, 중국과도 교역했다.

5현제 중에서 마지막 황제인 마르쿠스 아우렐리우스 안토니누스의 시대가 끝나자 로마 초기의 기운은 쇠락하고, 그 뒤로는 '3세기의 위기'라고 불리는 혼란의 시대가 이어졌다. 5현제의 시대에 최대 영토를 자랑하던 로마는 재정이 어려워졌다. **카라칼라 황제**는 제국 내의 모든 자유민에게 로마 시민권을 주는 대신 세금을 징수하려고 했지만, 당시 그의 치세는 '로마 역사상 최악의 폭군'이라고 불릴 정도로 평판이 나빴던 터라 뜻대로 되지 않았다.

3세기 중반부터는 군인 황제 시대가 시작되었다. 재정 부진과 이민족의 침입은 계속되었고, 로마 제국의 통솔력도 점차 저하되기 시작했다.

각 속주의 군단은 독자적으로 황제를 세우기 시작했다. 황제가 툭하면 암살되거나 전사하는(33년간 황제가 14명이나 교체) 그야말로 대혼란의 시대가 전개되었다.

 황제와 신을 결합

3세기 말에 등장한 **디오클레티아누스 황제**는 더욱 강한 리더십을 발휘하기 위해 황제를 신으로 숭배하고 절대 권력자로 받드는 전제군주정치를 시행했다. 또 영토가 지나치게 커진 로마 제국을 동서로 나누어 정제(正帝) 두 명, 부제(副帝) 두 명이 협력해서 다스리는 사분통치(四分統治)를 통해서 제국을 다시금 안정적으로 지배하고자 힘썼다.

디오클레티아누스는 로마의 안정에 기여했지만, '황제를 신으로 숭배하는' 데에 반발하는 **기독교도들을 박해했기** 때문에 후세의 유럽 사회에서 그다지 좋은 평판을 얻지는 못했다.

한편 디오클레티아누스의 정책을 이어받아 황제의 전제적 정치 체제를 강화하려고 한 **콘스탄티누스 황제**는, 디오클레티아누스와는 반대로 밀라노 칙령이라는 명령을 발표하여 기독교를 공인했다. 이 무렵에는 기독교의 신자가 많이 늘어나서 무시할 수 없는 세력으로 성장했기 때문에, 탄압하기보다는 기독교의 힘을 빌려서 제국을 하나로 모으려고 한 것이다.

기독교를 보호한 덕분에 콘스탄티누스는 후세의 유럽 사회에서 대단히 후한 평가를 받는다. 또한 그는 제국의 동방 통치를 중시하여 비잔티움(오늘날의 이스탄불)으로 수도를 옮긴 뒤에 도시의 이름을 콘스탄티노플로 바꾸는데, 이는 자신의 이름을 따서 지은 것이었다.

 게르만족의 유입으로 인한 제국의 붕괴

디오클레티아누스와 콘스탄티누스의 개혁 덕분에 로마는 일시적으로나마 안정을 되찾았다. 그러나 거대한 국경선을 유지할 군사비용과 관료에 대한 지원비용이 크게 상승하여 재정은 바닥을 드러냈고, 속주들은 반란을 일으키기 시작했다.

엎친 데 덮친 격으로 게르만족이 대이동을 하면서 이민족이 제국으로 한꺼번에 유입되기 시작했다. 제국은 몰락의 조짐을 보이고 있었다.

로마 제국의 마지막 황제인 **테오도시우스 황제**는 제국을 동서로 분할해서 자신의 두 아들에게 나눠주었다. 아쉽게도 테오도시우스가 사망한 뒤로 로마는 두 번 다시 하나로 합쳐지지 못했다.

테오도시우스는 일찍이 기독교 세례를 받았고, 원로원에도 기독교를 지지하는 이가 많다는 것을 근거로 하여 기독교를 국교로 삼고 그외의 종교를 엄금했다.

로마 제국의 시대는 그렇게 막을 내렸다. 곧이어 '중세' 유럽이 시작될 것이다.

 유럽의 토대를 만든 로마 제국

라틴어(로마어)와 알파벳이 유럽의 말과 글의 토대를 이루게 된 것은 그 언어를 사용한 로마가 유럽 전역을 아우르는 거대제국을 형성했기 때문이다. 또한 유럽 종교의 바탕이 기독교인 것도 로마의 국교가 기독교였기 때문이다. 다시 말해서 로마 제국은 유럽이 '통일성'을 띠게 된 가장 큰 이유를 제공한 것이다.

로마 제국 시대에 기독교가 탄생한 이유

 삼중고 속의 백성에게 손을 내민 예수

앞에서 기독교가 '탄압'의 대상이었다가 '공인'을 받는 단계를 거쳐 '국교'로 지정된 과정을 설명했다. 이제 시간을 조금 되돌려서 기독교가 어떻게 세상에 출현하게 되었는지를 살펴보자.

아우구스투스의 로마 제정 시대 초기, 세계 역사에 크나큰 영향을 미칠 인물이 로마 지배하의 팔레스타인(오늘날의 이스라엘과 요르단)에서 태어났다. 바로 예수였다.

당시 이 지역의 사람들은 주로 유대교를 믿었다.

팔레스타인은 땅이 척박하기 때문에 민중의 삶이 곤궁한 데다가 로마 제국이 유대교도를 강압적으로 다스린 탓에 수많은 유대교도가 굶주림으로 고통받으며 신음하고 있었다. 그들을 돕고 구원해야 할 유대교 사제들은 엄격한 계율과 그것을 어길 때에 신이 내릴 벌만 강조했고, 신도들의 고통은 거들떠보지도 않았다.

'처음부터 가난한 데다가 로마 제국의 통치는 가혹하고 유대교 사제들은 엄격한 요구만 하는' 절망적인 상황이 팔레스타인 유대인의 현실이었다.

바로 그때 예수가 등장하여 '신은 벌이 아니라 사랑을 주신다', '신이 사랑을 베풀듯이 이웃에 사랑을 베풀어라'라는 가르침, 즉 신의 사랑과 이웃에 대한 사랑을 설파했다.

그때까지 유대교에 없었던 '사랑'이라는 개념은 절망 속에서 고통받던 유대인들에게 위안을 주었다. 민중은 예수를 따랐고, 그를 구세주(그리스어로 크리스트)라고 불렀다.

한편 '손님을 빼앗긴' 꼴이 된 유대교의 사제들은 예수를 위험한 인물로 간주하고 로마의 반역자라는 죄를 씌워 고발했다. 결국 예수는 십자가에 못 박혀 처형되고 말았다. 이렇게 '예수를 십자가에 매단 민족'이라는 사실은 훗날 유대교도를 박해하는 원인이 되기도 했다.

 제자들에 의해 기독교로 발전한 예수의 가르침

예수는 어디까지나 '한 사람의 유대교도'로서 유대교의 현실에 대해서 의문을 품었을 뿐, 자신이 새로운 종교를 창시하고자 하는 생각은 없었다. 그러나 예수의 제자들은 스승의 생각과 행동을 토대로 '크리스트교(기독교)'를 내세웠고 이에 따라서 유대교와 분리된 기독교가 등장했다. 예수의 가르침은 **베드로**나 **바울**과 같은 '사도들'의 포교 활동으로 로마 제국에 서서히 퍼져나갔다.

 탄압으로부터 공인, 그리고 국교 지정까지

당시 로마는 다신교 국가였다. 황제도 일종의 '신'으로 숭배했다. 그래서 절대적인 유일신을 섬기는 기독교도들은 네로 황제, 디오클레티아누스 황제와 다신교를 믿는 일반 로마 민중에게 극심한 박해를 받았다. 공개적으로 예수를 믿을 수 있는 상황이 아니었다(골조만 있는 지하 묘지와 같은 곳에서 몰래 신앙생활을 이어갈 수밖에 없었다).

그러나 기독교는 물밑에서 서서히 로마의 민중 속으로 파고들었다. '기독교 신앙을 금지하면 로마 제국은 산산이 조각날 것'이라는 말이 나올 정도로 퍼지자 콘스탄티누스 황제는 갑자기 태도를 바꾸었다. 밀라노 칙령을 공표하여 기독교를 공인한다며 보호하고 나선 것이다. 이를 계기로 기독교는 폭발적으로 퍼져나갔다.

마지막 황제인 테오도시우스의 통치시기에는 '로마 제국에는 기독교 외의 종교를 허용하지 않는다'고 선언하는 단계에 이른다. 이렇게 해서 오늘날 유럽 대부분의 지역에서 기독교를 믿는 종교적 '통일성'의 바탕이 완성되었다.

민족 이동과 혼란 속에 시작된 '중세'

 훈족에 밀려난 게르만족

　로마 제국이 동서로 나누어진 후부터 대항해 시대와 르네상스가 시작되기 전까지 약 1,000년 동안의 시기를 중세라고 부른다. 이 시기에 나타난 여러 번의 민족 이동과 소규모 국가의 분립은 훗날 유럽에 '다양성'을 부여하는 요인이 된다.

　민족 이동은 게르만족으로부터 시작되었다. 로마 제국 말기, 알프스 산맥 북쪽에 게르만족이라고 불리는 사람들이 수렵과 목축 생활을 하며 살았다. 로마 국경 근처에 살던 게르만족은 때로는 로마를 침략하는 침입자로, 때로는 용병이나 소작인으로 로마 사회에 서서히 이주했다.

　이와 같은 상황을 완전히 뒤바꾼 변화는 4세기 후반에 일어났다. 동쪽에서 나타난 아시아계 민족인 훈족이 갑자기 게르만족의 근거지를 압박하기 시작한 것이다.

　게르만계의 여러 부족들은 훈족에게 밀려서 마치 당구공이 튕겨 나가듯이 근거지를 벗어나게 되었는데, 이것이 그 유명한 게르만족의 대이동이다.

　게르만족은 기존에 북서유럽에 살던 켈트족이나 로마 제국의 라틴족(로마인)을 압박하면서 새로운 거주지를 찾았고, 새로 정착한 곳에서 차례로 국가를 건설했다.

　예컨대 '프랑스'의 어원이 된 프랑크족, '잉글랜드'의 어원이 된 여러 앵글로색슨족 등('앵글로랜드'가 '잉글랜드'로 바뀐 것이다)이 민족 이동 후에 국가를 건설했다. 이 혼란스러운 이동의 시대에 로마 제국의 뒤를 이은 '서로마 제국'은 명운을 다하고 사라졌다.

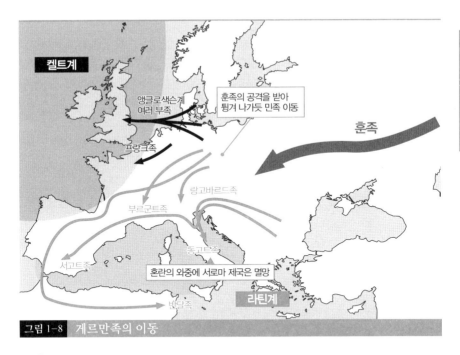

켈트계

앵글로색슨계
여러 부족

훈족의 공격을 받아
튕겨 나가듯 민족 이동

훈족

프랑크족

랑고바르드족

부르군트족

동고트족

서고트족

혼란의 와중에 서로마 제국은 멸망

라틴계

반달족

그림 1-8 게르만족의 이동

 프랑크 왕국의 대두

대이동을 시작한 게르만계 여러 부족들이 만든 국가들 중에서 가장 강력한
국가는 프랑크족이 세운 프랑크 왕국이었다. 서유럽 내의 유일한 곡창지대인
오늘날의 프랑스에 자리를 잡았기 때문이다. 이 나라는 풍족한 생산 능력 덕분
에 게르만족이 세운 여러 국가들 중에서 가장 안정적인 면모를 자랑했다(다른
게르만족 국가들은 대부분 단명했다). 5세기에는 메로빙거 가문의 **클로비스**
가 메로빙거 왕조를 세우고 주변 민족을 복종시킨 뒤, 기독교의 정통파인 가톨
릭으로 개종했다.

게르만족은 대부분 이단으로 여겨지는 아리우스파였지만, 클로비스는 로마
제국에서 정통파로 인정받는 가톨릭으로 재빨리 개종했다. 로마 제국의 귀족
또는 시민이었던 사람들도 이를 보고는 '게르만족의 통치도 받아들일 만하겠
다'는 생각을 하게 되었고, 프랑크 왕국이 서유럽의 중심 세력으로 자리를 잡게
되는 탄탄한 기반이 되어주었다.

궁재 카롤루스 마르텔의 등장

메로빙거 왕조는 자식의 수만큼 영지를 분할해서 상속했기 때문에 왕의 영지가 점점 줄어들었다. 그러자 대신 궁재(宮宰)라는 최고 행정직이 권력을 장악했다.

궁재 중에서 가장 유명한 인물인 **카롤루스 마르텔**은 메로빙거 왕조의 실권을 장악하고, 이베리아 반도에서 프랑크 왕국을 압박하던 이슬람 세력을 투르-푸아티에 전투에서 격파했다(마르텔이 '쇠망치'라는 뜻이어서 카롤루스 마르텔이라고 하면 '쇠망치 카롤루스'라는 용맹스러운 이름이 된다는 설도 있다).

로마 교황이 공인한 쿠데타로 새 왕조가 성립되다

카롤루스 마르텔은 메로빙거 왕조를 쓰러뜨릴 수 있는 실력을 갖추고 있었지만 궁재의 지위에 머물러 있었다. 그러나 그의 아들인 **피핀**은 메로빙거 왕조의 왕에게서 권력을 빼앗아 카롤루스 왕조를 열게 된다. 단순한 쿠데타로 왕위를 찬탈했다는 오명을 남기기 싫었던 피핀은 종교 세력을 활용했다. 후원자를 찾던 로마 교황에게 토지를 바치고 쿠데타를 승인받은 뒤, **교황청이 공인한 왕으로서 프랑크 왕국을 계승**한 것이다.

동서남북으로 세력을 확장한 카롤루스 대제

피핀의 아들이 **카롤루스 대제**이다(독일식으로 '카를 대제', 프랑스식으로 '샤를마뉴'라고 부르기도 하는데 모두 일반적으로 쓰인다). '대제'라는 호칭에서 드러나듯이 그는 프랑크 왕국을 크고 강력한 나라로 만들었다. 동쪽의 아바르인과 서쪽의 이슬람 세력, 남쪽의 랑고바르드 왕국, 북쪽의 작센인과 싸워서 차례로 승리를 거둔 끝에 **오늘날의 독일, 프랑스, 북이탈리아에 이르는 광활한 영토를 손에 넣었다.** 카롤루스 대제는 넓은 영토를 몇 개의 주로 나누고, 백('백작'이라는 단어의 어원)을 임명하여 그곳을 다스리게 했다. 로마 교황은 피핀에 이어서 그의 아들인 카롤루스 대제와도 밀접한 관계를 유지했다.

로마 교황 **레오 3세**는 멸망한 지 300년이 넘게 지난 서로마 제국의 황제의 관(冠)을 카롤루스 대제에게 수여하고(카롤루스 대제의 서로마 황제 대관식), **프랑크 왕국을 새로운 서로마 제국이라고 선언**하며 기독교의 세력 확대를 도모했다.

 ## 셋으로 분열된 프랑크 왕국

카롤루스 대제가 획득한 광활한 영토는 아들의 통치시기까지는 유지되었지만, 손자들의 시대에 들어서 분쟁이 일어나고 만다.

손자들은 베르됭 조약, 메르센 조약이라는 두 개의 조약을 맺고 왕국을 동프랑크 왕국, 서프랑크 왕국, 그리고 이탈리아로 나누었다. 이것이 **오늘날의 독일과 프랑스, 이탈리아의 기원**이다.

 ## 독일의 기원이 된 동프랑크 왕국

동프랑크 왕국(독일)은 분리되어 나온 후에 100년도 지나지 않아서 카롤루스 대제의 피를 이어받은 카롤루스 가문이 단절되었다. 이에 제후들은 선거로 왕을 선출했는데, 여기서 선출된 왕 중에서 **오토 1세**라는 인물은 슬라브족 및 아시아계인 마자르인과의 전투에 승리하며 명성이 높아졌다.

그러자 로마 교황은 카롤루스 대제에 이어 오토 1세에게도 접근했다. 그는 카롤루스 대제에게 했던 것처럼 오토 1세에게도 서로마 황제의 지위와 관을 수여하며 교회와 동프랑크 왕국의 관계를 돈독히 다졌다.

교회와 관계를 맺은 동프랑크 왕국은 나중에 신성 로마 제국으로 불리게 된다.

그러나 독일에 있는 나라가 '로마'라는 이름을 쓰는 것이 신경이 쓰였는지, 신성 로마 제국은 로마를 차지하기 위해서 이탈리아로 쳐들어갔다가 물러나기를 한동안 반복했다.

프랑스의 기원이 된 서프랑크 왕국

서프랑크 왕국(프랑스)에서는 카롤루스 가문이 단절되자 파리를 다스리던 **위그 카페**라는 백이 왕위에 올라 카페 왕조를 열었다. 그러나 왕의 힘이 약해 아랫사람인 제후들이 왕보다 더 넓은 영지를 소유하는 등 불안정한 상황이 한동안 지속되었다.

 ## 제노바와 베네치아의 성장

이탈리아에서도 카롤루스 가문은 곧 사라졌다.

그후, (이름 때문에 여러 번 쳐들어온) 신성 로마 제국과의 항쟁이 이어진 데다가 이슬람 세력도 남쪽으로 침입해온 탓에 분열에 가까운 뒤숭숭한 상황이 이어졌다. 이처럼 통일감이 없는 상황 때문에 '지방은 거의 방치되었는데', 오히려 그 덕에 제노바와 베네치아, 피사 같은 유력한 지방 도시가 이탈리아의 주역으로 두각을 드러내게 되었다.

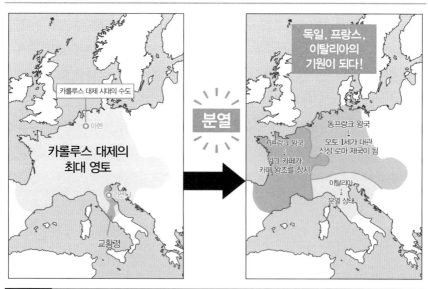

그림 1-9　프랑크 왕국의 분열

유럽의 북쪽과 동쪽으로부터 시작된 제2, 제3의 민족 이동

 민족 이동 제2탄 노르만족

게르만족의 대이동과 그에 이은 프랑크 왕국의 분열은 유럽의 '다양성'을 만들어내는 첫 번째 움직임이었다.

한편 두 번째 움직임인 새로운 민족 이동은 북유럽에서 일어났다. '제2차 민족 이동'이라고도 불리는 노르만족(해적 및 상업 교역으로 잘 알려진 '바이킹')의 이동이다.

노르만족은 북유럽 국가 및 프랑스 북서부(노르망디 공국), 남이탈리아(양시칠리아 왕국), 영국(노르만 왕조)과 러시아(노브고로드 공국) 등으로 점차 국가를 건설해나갔다. 그중에서도 프랑스의 노르망디 공이기도 했던 영국 노르만 왕조의 창시자, 정복왕 윌리엄 1세는 영국을 정복하고 새로운 왕조를 세웠다. 그 이후로 영국 왕의 혈통은 현재까지 모두 동일하니 윌리엄 1세야말로 영국 왕가의 원류인 셈이다.

 민족 이동 제3탄 동유럽의 슬라브족

서유럽 민족 이동의 중심은 게르만족과 노르만족이었지만, 동유럽 민족 이동의 중심은 슬라브족이었다.

게르만족의 이동이 잠잠해지고 훈족의 제국이 무너지자 슬라브족은 그 공백 지대를 메우듯이 이동을 시작했고, 각지에 국가를 건설했다.

동슬라브족이라고 불리던 사람들은 이른바 '러시아족'이 되어 앞서 형성된 노르만계 노브고로드 공국 사람들과 동화되었다. 러시아는 그리스 정교를 수용하고 이를 '러시아 정교'라고 불렀다.

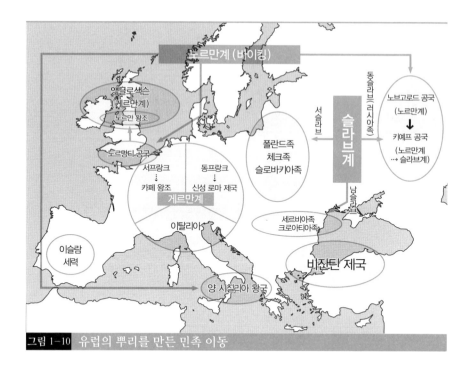

그림 1-10 유럽의 뿌리를 만든 민족 이동

　서쪽으로 흩어진 사람들은 폴란드족과 체크족(오늘날 체코의 기원)이라고 불렸는데, 그중에서도 폴란드는 동유럽에서 일대 강국으로 성장했다. 남쪽의 세르비아족과 크로아티아족 등은 훗날 오스만 제국의 지배를 받게 된다.

　이들 슬라브계 국가들은 그리스 정교를 수용한 러시아족 및 세르비아족과 가톨릭을 수용한 폴란드족 및 크로아티아족, 신성 로마 제국의 지배를 받은 체크족과 오스만 제국의 지배를 받은 세르비아족 등 종교 및 국가에 의해서 다양하게 나뉘면서 동유럽에 여러 국가들이 밀집하는 요인이 되었다.

　게르만족, 노르만족, 슬라브족 등의 움직임은 다양한 국가의 '뿌리'를 만들었다. 예를 들면 프랑스는 '라틴족 바탕에 게르만족이 합쳐진 데다가 북서쪽에는 노르만족이 섞인' 나라이고, 독일은 '대부분이 게르만족인' 나라이다. 이처럼 중세 전반의 민족 이동은 오늘날 국가의 민족 구성과 언어, 문화에 커다란 영향을 미쳤다.

1,000년을 이어간 로마 제국의 정식 계승국

 1,000년을 이어간 비잔틴 제국

오늘날 유럽 국가의 '뿌리'에 관한 이야기 중 마지막 주인공은 비잔틴 제국이다. 유럽의 동남쪽 구석에 있었던 이 나라는 오늘날 그리스의 기원이기도 하다.

비잔틴 제국은 로마가 동서로 분열된 후의 '동로마 제국'을 가리키는 말로, 비잔틴이란 비잔티움(콘스탄티노플)을 수도로 삼았기 때문에 붙은 별명이다. 서로마 제국은 100년도 지나지 않아 멸망했지만, 비잔틴 제국(동로마 제국)은 **1,000년 이상 번성했다.** 서유럽이 게르만족과 노르만족의 이동으로 혼란을 겪는 동안에도 비잔틴 제국은 '유럽의 한구석'에 위치한 덕분에 안정된 통치를 할 수 있었고, 수도 콘스탄티노플을 중심으로 상업과 화폐 경제를 크게 번성시켰다.

비잔틴 제국의 최고 전성기를 이끈 황제는 **유스티니아누스 대제**였다. 그는 북아프리카의 반달 왕국과 이탈리아의 동고트 왕국을 점령하고, 지중해를 완전히 에워싸는 대제국을 건설했다. 서로마 제국이 멸망한 뒤에는 로마 제국의 정식적인 계승국으로서 『로마법대전』을 편찬하고 세계 유산이 된 비잔틴 양식의 성 소피아 대성당을 짓는 등의 업적을 남겼다.

그러나 유스티아누스 대제 이후 비잔틴 제국은 사산 왕조 페르시아와의 항쟁으로 국력이 쇠하다가 7세기 이후에는 이슬람 세력이라는 더욱 강력한 적을 맞아 점차 세력권이 줄어들었다.

11세기가 되자 이슬람 세력인 셀주크 왕조의 공격을 받으면서도 십자군의 원정에 힘입어 세력을 회복하지만, 13세기에는 십자군에게 수도인 콘스탄티노플을 점령당하는 등 쇠락의 양상이 오랫동안 이어졌다. 결국 비잔틴 제국은 오스만 제국에 의해서 멸망했다.

교회 간의 대립으로
2개의 종파가 탄생하다

 동서 교회의 주도권 싸움

기독교에 관해서는 앞에서 '가톨릭'과 '그리스 정교'라는 두 개의 종파를 언급한 바 있다. 같은 기독교인데 두 종파로 나뉜 이유는 무엇일까? 그 답은 로마 제국의 분열이라는 사건과 깊은 관련이 있다.

로마 제국 말기, 기독교를 탄압하던 로마 제국은 갑자기 태도를 바꾸어 기독교를 보호하고 나선다. 그리고 5대 교구가 기독교의 중심으로 성장하게 된다. 그중에서도 로마 교회와 콘스탄티노플 교회는 각각 로마 제국의 새로운 수도와 옛 수도를 대표하는 교회였기 때문에 기독교의 주도권을 다투는 관계가 되었다.

로마 제국이 동서로 분열되자 로마 교회는 서로마 제국, 콘스탄티노플 교회는 동로마 제국(비잔틴 제국)의 보호를 받게 되었다. 교회가 국가의 보호를 받은 이유는 간단하다. 교회는 어디까지나 '정신적인 권위자'였기 때문에 실제로 교회를 세우거나 포교를 하려면 '현실 세계의 권위자'의 "후원"이 필요했기 때문이다.

그런데 로마 교회를 보호하던 서로마 제국은 게르만족의 이동을 막아내지 못하고 멸망했다. 후원자를 잃은 로마 교회는 이민족인 게르만족이 세운 국가들에 포위되고 말았다.

 금지된 방법을 쓴 로마 교회

로마 교회는 당장 게르만족에게 포교를 해야 하는 입장이 되었다. 이것저것 가릴 상황이 아니었던 로마 교회는 기독교에서 원칙적으로 금지하던 방식인 '성

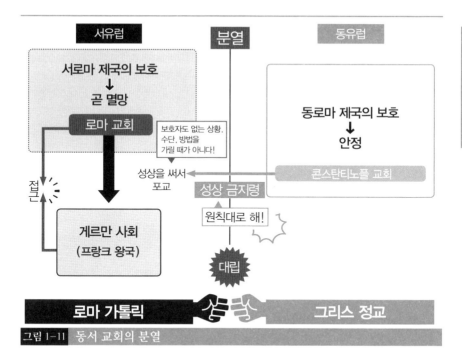

그림 1-11 동서 교회의 분열

상'을 사용한 포교를 시작했다(성상의 '형상'이 신도의 신앙심을 좌우할 수 있
다는 이유로 성상 숭배는 금지되고 있었다). 언어와 문화가 다른 이민족인 게
르만족에게 포교하기 위해서는 십자가 위의 상처 입은 예수의 성상이나 자애
로운 표정을 짓고 있는 마리아상을 보여주는 것이 효과적이라고 판단했기 때
문이다.

 경쟁자인 로마 교회가 '금지된 방법'을 쓴다는 사실을 알게 된 콘스탄티노플
교회는 '주도권을 쥘 절호의 기회이다!'라고 쾌재를 부르며 로마 교회를 비난
하고 나섰다. 먼저 비잔틴 제국의 황제인 **레오 3세**가 성상 숭배 금지령을 내리
며 로마 교회의 성상 포교에 제동을 걸었다. 그러자 로마 교회와 콘스탄티노
플 교회의 대립은 절정에 달했고 결국 분열에 이르렀다. 이런 상황이 이어지
다가 어느덧 로마 교회는 가톨릭(보편, 모두의 기독교라는 뜻), 콘스탄티노플
교회는 그리스 정교(올바른 기독교라는 뜻)를 내세우게 되면서 별개의 종파로
존재하게 된 것이다.

교황, 신의 권위를 업고 최고 권력자로

 급성장하는 가톨릭 교회

그리스 정교는 종파가 분열된 후에도 비잔틴 제국 황제의 보호를 받았지만, 가톨릭 교회는 스스로 서로마 제국을 대신할 후원자를 찾아야 했다.

바로 그때, 게르만 국가 중에서 급격한 성장을 이루고 메로빙거 왕조를 창시한 프랑크 왕국의 클로비스가 가톨릭으로 개종을 했다.

가톨릭 교회 입장에서는 이보다 더 환영할 일이 없었다. 이들은 재빨리 프랑크 왕국에 접근하여 피핀에게서 교황령을 받아냈다. 그리고는 카롤루스 대제와 동프랑크의 오토 1세에게 서로마 황제의 관을 수여했다. 프랑크 왕국과 신성 로마 제국을 '서로마 제국'의 후계자로 내세움으로써 교회의 후원자를 확보하고, 그들에게서 보호를 받으려고 한 것이다.

 서유럽 최고 권위자가 된 로마 교황

그러나 황제 대관식까지 치른 프랑크 왕국은 분할되었고, 신성 로마 제국도 국내를 깔끔하게 통일하지 못하는 상황이었다. 다른 나라도 왕권이 약하기는 마찬가지였다. 든든한 후원자를 원하던 가톨릭 교회는 결국 스스로 서유럽 최고의 권위자가 되었고, 왕국들은 모두 로마 교황 앞에 무릎을 꿇었다.

가톨릭 교회는 서유럽 전체의 농민으로부터 십일조라는 세금을 징수했다. 이로 인해서 경제력을 갖추게 된 고위급 성직자는 제후와 견줄 만한 대영주가 되었다. 가톨릭 교회가 정신 세계뿐만 아니라 현실 세계에서도 지배자의 자리에 올라선 것이다.

그러나 절대적인 권위를 가지게 된 가톨릭 교회는 점차 돈과 권력에 한없이 빠져들었다.

'주교', '대주교'라고 불리는 고위급 성직자가 되면 왕보다도 더 좋은 삶을 살 수 있었기 때문에 뇌물을 받고 성직자가 되려는 사람들이 끊이지 않았다. 교회의 부패는 점차 심각해졌다.

 ### 눈밭에서 교황에게 사죄한 황제

로마의 교황이었던 **그레고리우스 7세**는 부패와 타락이 횡행한 가톨릭 교회를 바로잡고자 했다. 그는 성직 매매와 성직자의 결혼을 금하고, 성직자의 임명권은 교회에만 있음을 천명했다.

신성 로마 제국의 황제 **하인리히 4세**는 이에 반발했다. 국내 정세가 불안정했던 신성 로마 제국에서는 황제가 성직자를 임명함으로써 성직자가 은혜를 입었다는 생각을 하게 했고, 이를 통해서 국내의 정세를 안정시켰다. 그렇기 때문에 임명권을 금지할 경우 황제의 권력 기반이 위협을 받는다고 생각한 것이다.

그리하여 로마 교황(기독교의 수장)과 신성 로마 제국의 황제(독일 왕) 사이에서 서임권 투쟁이 일어났다.

그레고리우스 7세가 하인리히 4세에게 파문을 선고하자 하인리히 4세는 그동안 자신이 지배하던 제후들의 지지를 순식간에 잃게 되었다. 그도 그럴 것이 당시에 교회로부터 파문을 당한다는 것은 '사회에서 추방된다'는 의미였기 때문이다. 제후들은 '파문당한 자를 따를 생각은 추호도 없다!'며 하인리히 4세의 폐위를 결의했다.

궁지에 몰린 하인리히 4세는 파문을 철회해달라고 그레고리우스 7세를 찾아갔다. 그리고 눈 내리는 카노사 성의 문 앞에서 맨발로 사흘이나 사죄한 끝에 겨우 사면을 받았다. 이 사건이 바로 카노사의 굴욕이다.

카노사의 굴욕 이후 사람들은 로마 교황의 절대적인 권위를 재인식하게 되었다. 이후의 교황들은 자신들의 뜻을 거역하려는 왕이 나타날 때마다 권위를 과시하기라도 하듯이 '파문 전술'을 쓰곤 했다.

모자이크 모양의 국가들이 유럽의 다양성을 낳다

 복잡한 영토 경계는 복잡한 계약관계를 보여준다

기독교 교회, 특히 **가톨릭 교회**의 성장은 유럽에 통일성을 가져왔다. 한편 중세 유럽 사회를 대표하는 또 하나의 요소인 '**봉건 사회**'의 성립은 유럽에 '다양성'을 부여했다. '봉건 사회'란 '토지를 줌으로써 주종관계를 맺는 사회'라는 의미이다.

아래의 그림을 보자. 왕은 제후에게, 제후는 기사에게 토지를 주어 주종관계를 맺는다. 토지를 받은 신하는 그 대가로 군역, 즉 주군의 요구에 따라 전쟁에 참여할 의무를 가진다.

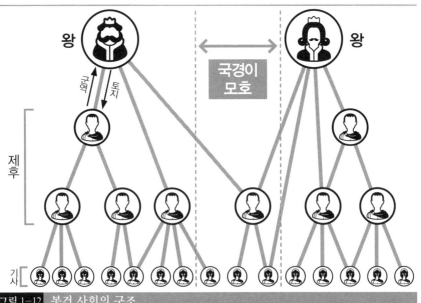

그림 1-12 봉건 사회의 구조

그러나 다시 한번 그림을 자세히 보면 이상한 부분이 있다. 동시에 두 명의 주군을 따르는 경우가 있는가 하면, 선을 따라가다 보니 그 끝이 두 명의 왕에게 이르는 경우도 있다.

이런 일이 발생하는 이유는 유럽의 봉건 사회가 쌍무적 계약관계로 이루어졌기 때문이다. 주군이 신하에게 토지를 주는 것도, 신하가 군역을 수행하는 것도 서로의 합의에 따른 '계약관계'인 것이다. 계약관계이기 때문에 상황에 따라서 주군이 여러 명이 될 수도 있고, 기사 계급이라도 왕과 직접 주종관계를 맺을 수도 있다.

또 계약관계이기 때문에 신하가 계약을 해지할 수도 있다. 드물게는 한 나라의 왕이 다른 나라 왕의 신하가 되기도 했다.

신하에게 주군이 여럿 있는데, 그 주군끼리 전쟁을 일으키면 어떻게 될까? 그럴 때에는 한쪽 주군에게 받은 토지를 반납하고 자신이 지지하고 싶은 쪽의 군역을 수행하면 된다.

그렇기 때문에 국경이 명확한 현재와는 달리 이때는 '이 부근까지는 (다른 나라의 영향도 있지만) 대략 이 나라의 영향력이 크다'라고 하는 '왕과의 계약관계가 미치는 범위'를 '국가'로 인정했다. 국경이 상당히 모호했던 것이다.

봉건 사회가 성립된 결과, 유럽은 '이 사람의 땅', '저 사람의 땅', '여기까지는 이 왕의 영향력이 크고, 여기부터는 저 왕의 영향력이 크다'는 식으로 각 영토가 모자이크 모양으로 자리를 잡게 되었다. 바로 이 모자이크 모양의 영토가 오늘날 유럽의 '다양성'을 낳았다고 할 수 있다.

 영주가 농노를 지배하다

봉건 사회에서 주군에게 토지를 받은 신하는 영주가 되어 그 토지('봉토')를 경영했다.

농민들은 농노라고 불렀는데, 영주의 혹독한 지배(영주가 재판권마저 가지고 있어서 무소불위의 지배력을 가지고 있었다)를 받으며 온갖 세금의 부담을 안고 착취를 당했다(농노는 영주뿐만 아니라 교회에도 세금을 내야 했다).

성지의 탈환을 노린
대규모 원정군

 이슬람 세력의 압박

길고 긴 유럽의 '중세' 기간 중에서 중반 즈음에 일어난 사건이 십자군 전쟁이다. 이는 거의 200년에 가까운 시간 동안 기독교 세계가 이슬람 세계를 상대로 감행한 대대적인 군사행동을 말한다.

'십자군'이라는 말을 들으면 멋진 이미지가 떠오를 수도 있지만, 후반에 가서는 연패의 늪에 빠져 '원정을 처음 주장했던' 교황의 권위마저 추락하는 등 군사적으로는 '성공적'이었다고 볼 수 없는 사건이다.

십자군 전쟁의 계기는 유럽의 민족 이동이 잠잠해지고 국가들이 어느 정도 '기반'을 잡았을 때 동쪽에서 일어난 거대한 움직임이었다. 이슬람교 국가인 셀주크 왕조가 힘을 키워 비잔틴 제국을 압박한 것이다. 그뿐 아니었다. 그들은 기독교와 이슬람교 공통의 성지였던 예루살렘을 점령하더니 곧 독점해버렸다.

압박을 받던 비잔틴 제국은 서유럽 세계에 지원을 요청했다. 요청을 받은 로마 교황 **우르바누스 2세**는 클레르몽 공의회를 열고 이슬람 세력을 타도하고 예루살렘을 탈환하기 위해 십자군을 파견하기로 결정했다.

 '1승 3패 1무'의 참패

십자군은 로마 교황이 주도하고 프랑스 국왕, 영국 국왕, 신성 로마 제국 황제 등이 군대를 차출하는 형태로 7차례에 걸쳐서 실행되었다. 그 결과는 '1승 3패 1무'라는 대실패였다(나머지 두 번은 승패를 따지지 않는다).

제1차 십자군 전쟁에서는 예루살렘 탈환에 성공했지만, '승리한 십자군 전쟁'은 이때뿐이었다. 제2차 십자군 전쟁은 아무런 성과도 올리지 못하고 실패

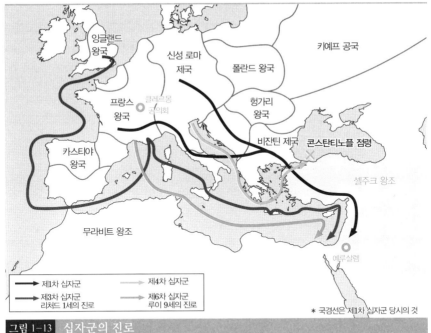

잉글랜드
왕국

신성 로마
제국

키예프 공국

폴란드 왕국

프랑스
왕국

클레르몽
공의회

헝가리
왕국

카스티아
왕국

비잔틴 제국

콘스탄티노플 점령

셀주크 왕조

무라비트 왕조

예루살렘

→ 제1차 십자군

→ 제4차 십자군

→ 제3차 십자군
리처드 1세의 진로

→ 제6차 십자군
루이 9세의 진로

* 국경선은 제1차 십자군 당시의 것

그림 1-13 십자군의 진로

로 끝났다. '십자군 전쟁의 꽃'이라는 제3차 십자군 전쟁 때에는 '사자의 마음'
을 가졌다는 영국의 **리처드 1세**, 프랑스의 '존엄왕' 필리프 2세, 신성 로마 제
국의 '빨간 수염 왕' 프리드리히 1세가 이슬람 세력의 맹주였던 아이유브 왕조
의 **살라딘**과 사투를 벌였지만, 전투는 무승부로 끝났다.

제4차 십자군 전쟁에서는 베네치아 상인의 농간으로 십자군이 베네치아의
경쟁국이었던 비잔틴 제국의 수도 콘스탄티노플을 공격하여 약탈하고 함락시
키는 일이 벌어졌다. 그리스 정교라는 다른 종파를 믿는다고 해도 같은 **기독
교도들이 사는 도시를 공격한 것에 대해 교황은 격노했고**, 십자군 전체가 파문
되는 지경에 이르렀다. 그래서 앞에서 '승패를 따지지 않는다'는 표현을 썼던
것이다.

뒷거래가 이루어져 실제 전투는 없었던 제5차 십자군 전쟁도 승패를 따질
수 없다. 프랑스의 국왕 루이 9세가 주축을 이루었던 제6차와 제7차는 모두
대실패로 끝났다.

십자군이 중세 유럽에 미친 두 가지 영향

 십자군의 영향 ① 상업의 발전

십자군의 원정은 실패로 끝났지만, 유럽에는 '상업의 발전'이라는 결과가 남았다.

십자군 이전의 유럽은 거듭되는 민족 이동으로 인한 혼란의 한가운데에서 각국이 자국을 지키는 데 필사적이었다. 십자군 원정이 시작될 무렵에는 그런 혼란이 대부분 잦아든 상태였다. 십자군은 유럽 국가들이 멀리 서아시아와 이집트로 군대를 파견할 수 있을 만큼 여러 가지 측면에서 안정되었다는 증거이기도 하다.

또 십자군의 이동 경로가 된 곳에서는 도로가 정비되고 인근 도시에서는 군수 물자가 활발히 거래되었다. 이 같은 안정과 물자 및 인적 자원의 교류는 유럽의 상업을 크게 발전시켰다.

십자군이 이동했던 경로의 덕을 가장 크게 본 곳은 북이탈리아를 비롯한 상업권이었다. 베네치아, 제노바와 같은 항구도시는 아시아의 향신료나 비단 등을 교역하여 비약적인 발전을 이루었다.

그리고 내륙의 밀라노나 피렌체도 수공업 및 금융이 번성했다. 북이탈리아의 도시들은 롬바르디아 동맹이라는 도시 동맹을 맺었다.

북독일의 뤼베크, 함부르크, 브레멘과 같은 도시들은 한자 동맹을 맺어 목재나 곡물 등의 생활필수품을 생산했고, 브뤼주 등을 중심으로 한 플랑드르 지방은 모직물의 생산지로서 한자 동맹 및 잉글랜드 등과의 거래가 활발했다.

남북의 중계 지점으로 떠오른 중부 프랑스와 남부 독일의 도시들도 크게 번영을 누렸다.

그림 1-14 중세 도시의 발전

 십자군의 영향 ② 가톨릭의 권위 추락

절대적이었던 가톨릭 교회와 로마 교황의 권위는 십자군 전쟁 이후에 볼품없이 추락했다.

'신이 우리의 편이니 반드시 승리할 것이다!'라며 기세등등하게 등을 떠밀었던 십자군이 패배를 거듭하자 그들을 내보낸 로마 교황의 말에도 힘이 실리지 않게 된 것이었다.

교황의 권위가 추락했음을 드러내는 상징적인 사건이 발생했으니 그것이 바로 아나니 사건이다.

십자군 전쟁 후에 등장한 프랑스의 국왕 **필리프 4세**는 국내 성직자를 대상으로 세금을 거두려고 했다. 그러자 교황 **보니파키우스 8세**가 '기독교 교회에 세금을 부과하다니 이 무슨 짓이냐!'며 로마 교황들의 단골 전술에 따라 필리프 4세를 파문에 처했다.

그런데 필리프 4세는 사죄는커녕 오히려 신하들을 보내 보니파키우스 8세를 습격했다. 그들은 교황을 마구 폭행한 다음 프랑스로 끌고 가서 감금까지 했다. 교황은 겨우 로마로 탈출하지만, 심한 굴욕감에 화병으로 세상을 떠났

75

다고 전해진다.

십자군 전쟁 전의 '카노사의 굴욕' 때에는 국왕이 교황에게 모욕적인 사죄를 했지만, 십자군 전쟁이 끝난 뒤에는 국왕이 교황을 굴복시키는 역전 현상이 일어난 것이다.

 몰아붙이는 프랑스 국왕, 궁지에 몰리는 교회

프랑스의 국왕 필리프 4세는 이후로도 로마 교황에 대해 지속적인 압박을 가했다.

로마 교황 자리에 자국의 백성인 프랑스인이 선출되자 교황청을 프랑스의 아비뇽으로 옮겨 가톨릭 교회를 자신의 감독하에 두고자 한 것이다.

그후로 약 70년 동안 로마 교황은 프랑스에 거주하게 되었다. 교황을 빼앗긴 꼴이 된 이탈리아인들(특히 로마 시민)은 분노를 금치 못했다. 나중에는 로마 측도 자체적으로 교황을 세워 프랑스의 교황과 로마의 교황이 정통성을 겨루는 상황이 벌어졌다.

훗날 프랑스가 백년 전쟁으로 세력이 약해져 교황청이 다시 로마로 넘어갈 때까지 이어진 교황의 아비뇽 유수, 교회 대분열 같은 복잡한 분쟁은 교회의 권위 추락을 보여주는 사건으로 남아 있다.

 터무니없는 탄압에 비판은 커지고

이런 상황 속에서 교회의 권위를 회복하자는 운동이 일어나지만, 교회는 그런 운동을 오히려 '교회에 대한 비판'으로 받아들이고 이단에 대한 심판 및 마녀 사냥을 강화하여 탄압을 가했다. 그리고 성직 매매 등 부패가 심각한 가톨릭 교회에 대해서 합당한 주장을 제시하며 바로잡으려고 하는 사람들도 탄압했다.

교회에 대한 비판의 목소리는 날로 높아졌고, 이는 결국 훗날의 종교 개혁으로 이어지게 되었다.

영국 국왕의 실정 덕분에
시작된 의회정치

 프랑스 왕실의 신하가 영국의 왕조를 계승하다

십자군 원정은 실패로 끝났지만, 왕이 제후와 기사들을 이끌고 이슬람교도와 전투를 치르다 보니 결과적으로 주군과 신하 간의 결속력은 탄탄해졌다. 왕권이 강화되면서 중세 후반의 국가들은 '왕국다운' 모습을 갖추며 성장했다.

그런 중세 후반의 유럽 국가들을 영국, 프랑스, 스페인, 독일, 이탈리아 순으로 살펴보자.

먼저 영국이다. 윌리엄 1세가 창시한 노르만 왕조는 100년도 지속되지 못하고 대가 끊어졌다. 그래서 혈연관계를 따져서 왕위를 이을 사람을 찾아야 했는데, 그 주인공이 프랑스 왕실에서 앙주 백작으로 불리던 **헨리 2세**였다. 참고로 이때부터 영국의 왕조는 플랜태저넷 왕조라고 불린다.

헨리 2세는 백작 시절부터 프랑스에 넓은 영지를 소유하고 있었기 때문에, 그가 영국 국왕이 되면서 영국이 프랑스의 서쪽 반을 차지하게 되었다.

헨리 2세의 아들은 '사자의 마음'을 가졌다고 알려진 **리처드 1세**이다. 그는 제3차 십자군 전쟁에서 살라딘과 사투를 벌인 영웅이지만, 재위 기간의 대부분을 전장에서 보낸 탓에 영국 왕으로서 남긴 업적은 거의 없다.

 의회정치의 토대를 확립하다

리처드 1세의 다음 왕은 그의 동생인 **존 왕**이다. 실정을 거듭한 끝에 프랑스의 국왕 필리프 2세와의 전투에서도 패배하여 프랑스 내의 영국령까지 잃은 인물이다. 그뿐만 아니라 그는 교황 인노켄티우스 3세에게 파문당했고, 국민들에게 무거운 세금을 매겨 국내의 지지 기반을 모두 잃었다. 이에 귀족들이 결속하여 존 왕에게 마그나 카르타(대헌장)를 내밀며 왕이 마음대로 권력을 휘두르지 않겠다는 약속을 받아냈다.

존이 그렇게 한심한 왕이었기 때문에 그후로 영국 왕가에서는 '징조가 나쁜' 존이라는 이름을 쓰지 않는다는 것이 통설이다. 그래서 존이라는 왕명에는 '○세'가 붙지 않는다.

다음 왕이었던 **헨리 3세**도 마그나 카르타를 무시한 독선적인 정치를 펼친 탓에 **시몽 드 몽포르**라는 인물이 반란을 일으켰다. 그는 의회가 정치를 논의하는 것을 왕이 인정하도록 했다(시몽 드 몽포르 의회).

그 다음 왕인 **에드워드 1세**는 '어차피 귀족들이 왕의 정치에 의견을 내고 반발할 것이라면 처음부터 의회를 열어 공동으로 나라를 다스리는 것이 좋겠다'고 생각했다. 그래서 사회 각층의 대표를 모아 모범의회를 만들고 의회와의 협력을 통해 국가를 운영했다.

헨리 3세 시대의 '시몽 드 몽포르 의회'나 에드워드 1세 이후의 '모범의회'는 영국 의회정치의 기초가 되었다. 이는 왕권보다 의회의 힘이 비교적 강한 영국의 특징으로 자리잡게 되었다.

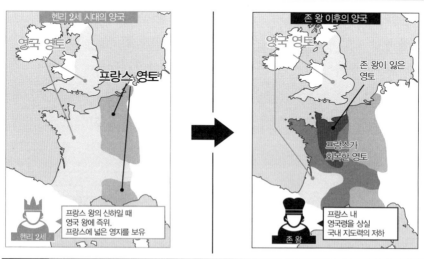

그림 1-15 영국과 프랑스의 관계

잔 다르크,
프랑스의 위기에 맞서다!

 서서히 강화된 왕권

한편 프랑스에서는 위그 카페가 창시한 카페 왕조가 오랫동안 이어졌다. 카페 왕조의 왕권은 처음에는 약했지만, 제3차 십자군 전쟁에 참전한 '존엄왕' **필리프 2세**가 영국의 존 왕에게 승리하고 프랑스 내 영국령을 탈환하면서 왕의 권위가 높아졌다.

필리프 2세의 손자이자 '성왕'이라고 불린 **루이 9세**는 제6, 7차 십자군 전쟁의 중심인물이었다. 십자군 전쟁은 실패로 끝났지만, 루이 9세는 이슬람 세력을 상대로 분투하는 과정에서 '성왕'이라는 칭호를 받으며 국왕으로서의 리더십을 충분히 발휘했다.

그리고 그의 손자인 '미남왕' **필리프 4세**는 교황 보니파키우스 8세와 대립한 끝에 교황을 붙잡아 감금하는(아나니 사건) 등 교황을 뛰어넘을 정도의 권위를 가지고 있었다. 그는 교황을 납치하기 전에 성직자, 귀족, 평민의 대표로 구성되는 삼부회를 열어 확고한 국민의 지지를 끌어냈는데, 이 역시 왕권이 강화되는 계기가 되었다.

 영국과 프랑스의 사투

영국과 프랑스가 중세 유럽의 패권을 두고 100년 넘게 벌인 싸움이 백년 전쟁이다. 양국 사이에 있던 양모의 생산지 플랑드르 지방(오늘날의 벨기에) 때문에 늘 쟁탈전이 벌어졌다.

프랑스의 카페 왕조가 단절되고 발루아 왕조가 들어설 무렵, 영국이 프랑스의 왕위 계승 권리를 주장하며(정략결혼으로 인한 혈연관계가 있었다) 프랑스

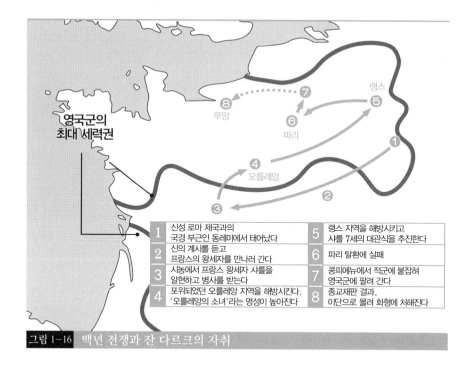

1 신성 로마 제국과의 국경 부근인 동레미에서 태어났다	**5** 랭스 지역을 해방시키고 샤를 7세의 대관식을 추진한다
2 신의 계시를 듣고 프랑스의 왕세자를 만나러 간다	**6** 파리 탈환에 실패
3 시농에서 프랑스 왕세자 샤를을 알현하고 병사를 받는다	**7** 콩피에뉴에서 적군에 붙잡혀 영국군에 팔려 간다
4 포위되었던 오를레앙 지역을 해방시킨다. '오를레앙의 소녀'라는 명성이 높아진다	**8** 종교재판 결과, 이단으로 몰려 화형에 처해진다

그림 1-16 백년 전쟁과 잔 다르크의 자취

왕가를 가로채려고 하자 양국 간의 갈등은 더욱더 깊어졌다.

백년 전쟁의 결과는 '**전반은 영국의 승리, 후반은 프랑스의 승리**'라고 할 수 있다. 전반은 에드워드 3세의 아들인 에드워드 흑태자가 이끄는 영국군이 연전연승을 하여 프랑스가 무너질 위기에 몰렸다. 그러나 후반에는 열여섯 살밖에 되지 않은 '오를레앙의 소녀' **잔 다르크**가 등장하여 프랑스의 국왕 **샤를 7세**를 돕는다. 결국 프랑스는 역전에 성공하고 영국 세력의 대부분을 대륙에서 몰아내면서 전쟁을 끝냈다.

그러나 영국에서는 백년 전쟁이 끝난 뒤에도 전쟁이 계속되었다. 랭커스터 가문과 요크 가문이라는 두 가문 사이에 왕위 쟁탈전이 일어난 것이다. 이를 장미 전쟁이라고 한다. 이 전쟁은 랭커스터 가문의 **헨리 7세**가 즉위하면서 요크 가문의 딸과 결혼하는 극적인 결말을 보여주며 막을 내렸다.

헨리 7세 이후의 영국 왕조는 튜더 왕조라고 부르는데, 엘리자베스 1세 시대에 크게 번성했다.

이슬람 세력을 몰아내고
대서양으로 진출하다

 연애 결혼으로 세운 나라 스페인

스페인으로 가보자. 오랫동안 이슬람 세력의 지배를 받은 중세 이베리아 반도에서는 이슬람 세력으로부터 이베리아 반도를 되찾자는 기독교도들의 국토 회복 운동(레콩키스타)이 지속되었다.

이 전투에서는 카스티야 왕국과 아라곤 왕국이 두각을 나타냈다. 카스티야 왕국의 왕녀 **이사벨**과 아라곤 왕국의 왕자 **페르난도**는 결혼(연애 결혼)하여 스페인이라는 나라를 세웠다.

힘을 모아 나라를 공동 통치했던 이 '부부 가톨릭 왕'은 이슬람 세력의 마지막 보루였던 나스르 왕조의 그라나다를 함락하여 이슬람 세력을 이베리아 반도에서 몰아내는 데 성공했다.

포르투갈은 카스티야 왕국의 일부였다가 카스티야에서 독립하여 국왕 주앙 2세의 주도로 성장했다.

레콩키스타가 완성된 뒤, 스페인과 포르투갈은 유럽의 서쪽 끝이라는 지리적 이점을 살려 대서양의 항로를 개척하는 대항해 시대의 선두 주자가 되었다.

혼인을 통한 합병
스페인 왕국

카스티야 왕국

아라곤 왕국

포르투갈 왕국　국토 회복 운동

13세기의
이슬람 세력권

14세기의
이슬람 세력권
(나스르 왕조)

그림 1-17　국토 회복 운동과 스페인의 성립

"체면" 차리다가
공중분해된 국내

 로마에 집착하다가 국내를 놓친 독일

중세 독일, 다시 말해 '신성 로마 제국'의 역대 황제들은 국가명 '로마'에 집착했다. 그들은 신성 로마 제국에 로마가 없다는 사실을 용납하지 못했는지 가톨릭의 보호자가 되겠다며 끊임없이 이탈리아로 쳐들어가는 이탈리아 정책을 펼쳤다. 그러나 매번 지고 돌아오기 일쑤였다.

그런 탓에 국내의 통일은 요원했고, 제후들과 각 도시는 제각기 살길을 찾아야 했다. 이에 더해 황제까지 제대로 정해지지 않아 황제 자리가 비어 있는 대공위 (大空位) 시대가 오래 지속되었다.

그런 가운데 7명의 유력한 선제후(選帝侯)가 선거로 황제를 선출한다는 원칙을 정한 '금인(金印) 칙서'를 카를 4세가 공포한다.

'제후가 황제를 뽑는다'는 점만 보아도 제후보다 황제의 권위가 조금 약하다는 것을 알 수 있다. 중세 말기에는 오스트리아의 합스부르크 가문이 황제에 취임하여 황제 자리를 독점했다.

 독일을 어찌할까?로 옥신각신한 이탈리아

이탈리아도 독일과 마찬가지로 여러 나라와 제후, 도시들로 제각각 분열되어 통일을 이루지 못하고 있었다. 그런 데다가 신성 로마 제국의 황제들은 '이탈리아 정책'을 내세우며 매번 출병을 감행했다. 이에 대해 '차라리 신성 로마 제국의 일부가 되는 것은 어떠냐?'는 의견(황제당)과 '아니다. 끝까지 이탈리아를 지켜내야 한다'는 의견(교황당)이 맞섰고 갈등은 점점 더 심해졌다.

제2장

중동의 역사

제2장 중동의 역사 큰 줄기

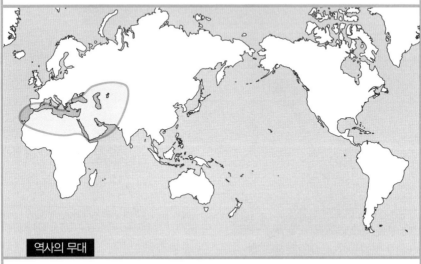

역사의 무대

유럽의 경쟁국이 되다
"초"거대국가가 다수 탄생한 중동

　드넓은 사막이 펼쳐진 중동에서는 곳곳에 흩어진 오아시스 주변에 부족 사회가 생겨났다. 그리고 각 부족 사회 사이를 교역로가 이어주는 '점과 선'의 세계가 형성되었다.

　여러 민족이 통합되어 새로운 국가가 생겼다가 사라지는 역사가 반복되는 와중에 강한 힘을 가진 국가가 나타나기도 했다. 그런 강대국은 이동로를 따라서 순식간에 영토를 확장하여 '초'거대국가로 성장했다. 이슬람교는 다양한 민족을 통합하는 정신적 지주의 역할을 하며 영향력을 키워나갔다. 중동에서 탄생한 '초'광역 국가는 종종 유럽 세계와 충돌하며 유럽 세계의 '가장 큰 경쟁국'이 되었다.

이집트 문명 / 시리아 팔레스타인 / 메소포타미아 문명

오리엔트의 통일

알렉산드로스 제국

파르티아

사산 왕조

이슬람의 등장

정통 칼리프 시대

우마이야 왕조

아바스 왕조

파티마 왕조 / 부와이흐 왕조 / 튀르크인

셀주크 왕조

십자군

아이유브 왕조 / 일한국

맘루크 왕조 / 티무르 왕조 / 노예 왕조

오스만 제국 / 사파비 왕조

제2장 "중동의 역사" 개요도

가장 오래된 문자를
만든 민족은?

 가장 오래된 문자를 만든 수메르인

지금으로부터 약 6,000년 전, 오늘날의 이라크 티그리스 강과 유프라테스 강 사이에 있는 메소포타미아에 인류 역사상 가장 오래된 문명 중의 하나인 메소포타미아 문명이 형성되었다.

고등학교 세계사 교과서에서 초반부에 메소포타미아 문명을 소개하는 책이 많은 이유는 이 문명의 쐐기문자가 현재까지 발견된 것 중에서 가장 오래된 문자이기 때문이다.

문자가 존재한다는 것은 당시의 국가명이나 인명, 지명 등의 고유 명사를 알 수 있다는 의미이다.

그런 고유 명사 중에서 이름이 밝혀진 가장 오래된 민족이 메소포타미아 문명이 생기고 나서 1,000년 정도 지났을 때 나타난 수메르인이다. 그들이 살았던 마을 이름이 우르와 우루크라고 불렸다는 사실도 밝혀졌다. 수메르인은 고도로 발달한 토목 기술을 가지고 있었기 때문에 도시 안에 높이가 20미터나 되는 '지구라트(성탑)'라는 신전을 지을 수 있었다.

그외에도 마을의 모습을 놀랄 만큼 정확하게 옮겨놓은 지도도 남아 있다. 역사상 가장 오래된 문명임에도 불구하고 그 문명의 수준이 대단히 높았음을 알 수 있다.

 '점의 국가'에서 '면의 국가'로

수메르인 다음으로 등장한 민족은 아카드인이다.

수메르인이 '도시 국가', 다시 말해 '점'의 국가였다면 아카드인이 세운 아카

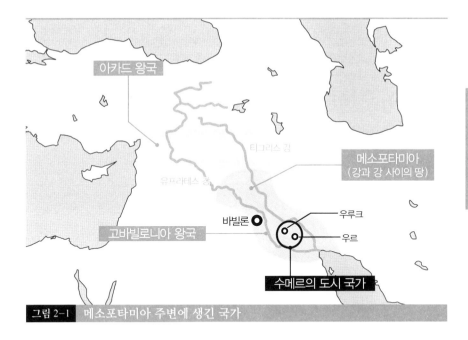

아카드 왕국

메소포타미아
(강과 강 사이의 땅)

티그리스 강

유프라테스 강

우루크

바빌론

고바빌로니아 왕국

우르

수메르의 도시 국가

그림 2-1 메소포타미아 주변에 생긴 국가

드 왕국은 메소포타미아를 '면'으로 지배했다.

수메르인과 아카드인 다음으로 메소포타미아에 나타난 민족은 아모리인이다. 이들이 세운 나라는 바빌론이라는 도시를 수도로 삼았기 때문에 '바빌로니아'라고 불리고, 바빌론을 수도로 삼은 메소포타미아 국가들 중에서도 오래된 왕조에 속하기 때문에 고(古)바빌로니아 왕국이라고 부른다.

이 왕국의 **함무라비 왕**은 그전까지 수메르인 등이 만들어 각지에서 사용한 법을 정리하여 글로 기록한 함무라비 법전을 만들었다. 이 법률은 '만약 누군가가 남의 눈을 멀게 했다면 그의 눈도 멀게 해야 한다'는 내용의 '눈에는 눈, 이에는 이' 식의 복수법 원칙으로 알려져 있다.

'당한 만큼 돌려주라!'는 의미로 받아들이기 쉽지만, 사실은 그렇지 않다. 당시에는 과도한 복수가 많았기 때문에 '정당한 정도의 복수를 하라', '남에게 가한 피해는 자신에게 돌아오는 법이니 남에게 피해를 주지 않도록 하라'는 의미라고 한다. '눈에는 눈'의 진짜 의미는 복수를 막으려는 목적의 "억지력"을 담고 있는 것이다.

피라미드를 만든 문명은 무려 2,000년 동안 번성했다

 해마다 일어나는 대홍수 덕분에 발전하다

이번에는 시선을 메소포타미아에서 서쪽으로 돌려서 이집트를 살펴보자.

이집트에는 세계에서 가장 긴 나일 강이 흐른다. 이 나일 강이 키워낸 문명이 이집트 문명이다.

나일 강은 해마다 때가 되면 강물이 불어나기로 유명하다. 지금은 대규모의 댐이 생겨서 홍수가 나지 않지만, 고대 이집트 문명의 시대에는 나일 강 하류의 대부분이 물에 잠길 정도로 큰 홍수가 매년 발생했다.

'농민들이 참 힘들었겠다'라는 생각이 들겠지만, 사실 그 당시 농민들은 오히려 홍수를 반겼다.

상류에서 물과 함께 비옥한 흙이 떠내려와 나일 강 하류에 흩어지니 물만 빠지고 나면 물과 땅이 모두 최적의 상태가 되기 때문이었다. 이런 '천혜의 홍수'는 고도의 문명이 발전하는 기반이 되어주었다.

 피라미드를 만든 고왕국

파라오라고 불리는 이집트 왕이 통치한 시기 중에서, 가장 오래된 시대를 고왕국(古王國)이라고 한다. 고왕국은 피라미드를 만든 것으로 유명한데, 이중에서도 쿠푸 왕의 피라미드를 필두로 기자 지방의 3대 피라미드가 가장 잘 알려져 있다.

쿠푸 왕의 피라미드는 높이 137미터로 규모가 가장 크고, 사각뿔의 네 변이 정확하게 동서남북을 가리키며, 평균 2.5톤의 돌이 약 300만 개나 사용되었다.

이 같은 고도의 기술이 집적된 건축물이 이집트 문명의 초반, 고왕국 역사의 전반부에 만들어졌다니 놀라울 따름이다.

이민족의 지배를 받았던 무력한 중왕국

중왕국(中王國) 시대의 파라오는 지방 호족의 세력이 컸던 탓에 고왕국보다 권위가 높지 않았다. 말기에는 말과 전차를 앞세워 들이닥친 이민족 힉소스의 침입을 받아서 오랫동안 그들의 지배를 받았다.

 이집트 '개성파' 파라오의 종교 개혁

힉소스를 몰아내고 세운 신왕국(新王國)은 이집트 왕조 중에서도 가장 넓은 지배 영역을 자랑하며 고대 이집트 문명의 전성기를 이루었다. '왕가의 계곡'이라는 왕릉 유적과 아부심벨 신전 등 유명한 세계 유산은 이 신왕국의 대표적인 유적들이다.

신왕국의 파라오 중에는 **아멘호테프 4세**라는 '개성파' 왕이 있었다. 그는 다신교를 믿던 **이집트 사회를 '일신교'로 바꾸고 그 신앙을 강제로 믿게 하여 자신의 권위를 강화하려고 했다.** 또 그 신의 이름 아톤을 따서 자신을 '아크나톤(아톤의 마음에 든 자)'이라고 부르게 하고 수도도 옮겼다. 그러나 급격하게 개혁을 추

진한 탓에 반대 세력이 많아졌고 급기야는 사후에 무덤까지 파손되었다. 아멘호테프 4세의 아들은 황금 가면으로 유명한 투탕카멘 왕이다. 그는 반대파 귀족의 의견에 밀려 아멘호테프 4세의 개혁을 백지화하고 다신교를 회복시켰다. 몸이 허약하고 왕권도 약했으며 젊은 나이에 사망했다는 이유로 묘의 규모가 작았다. 그러나 역설적으로 그 덕분에 도굴을 피할 수 있었고 그의 수많은 보물이 지금까지 남게 되었다.

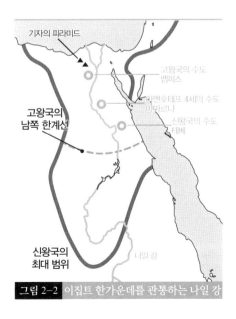

기자의 피라미드

고왕국의 수도 멤피스

아멘호테프 4세의 수도 아마르나

신왕국의 수도 테베

고왕국의 남쪽 한계선

신왕국의 최대 범위

나일 강

그림 2-2 이집트 한가운데를 관통하는 나일 강

철, 알파벳,
일신교가 시작된 곳

 최초로 철을 실용화한 소아시아의 민족

현대인에게는 메소포타미아나 이집트만큼 친숙하지는 않을지 모르지만, 후세에 미친 영향력은 엄청나게 큰 민족이 바로 소아시아와 시리아, 팔레스타인 등지의 민족이다.

먼저 세계 최초로 '철'을 본격적으로 사용한 민족인 소아시아의 히타이트인에 대해 살펴보자. 이들은 기존에 쓰던 청동 무기보다 이가 잘 빠지지 않고, 잘 부러지지도 않는 철제 무기를 사용했기 때문에, 주변 국가들에게 큰 위협이 되었다.

히타이트는 메소포타미아와 이집트로 진격하여 고바빌로니아 왕국을 무너뜨리고 이집트 신왕국과 전쟁을 벌이는 등 막강한 힘을 자랑했지만, '해양 민족'이라고 불리는 정체불명의 세력에 의해서 갑자기 멸망하고 말았다.

 아랍 문자, 알파벳의 원류를 만든 시리아 민족

'해양 민족'은 히타이트를 멸망시켰을 뿐만 아니라 이집트에도 침입하여 이집트 신왕국의 세력을 약화시켰다.

히타이트와 이집트 신왕국 사이에는 시리아와 팔레스타인 지방이 있었는데, 두 나라가 쇠퇴하면서 그 일대가 조용해지자 몇몇 민족들이 이곳에 자리를 잡기 시작했다. 이중에서 아람인과 페니키아인은 상업 수완이 뛰어나서 먼 나라와도 교역을 벌였다. 두 민족의 말과 글은 멀리까지 퍼져 오늘날 여러 나라의 말과 글의 뿌리가 되었다.

먼저 시리아 '내륙'에 살던 민족인 아람인에 대해 살펴보자.

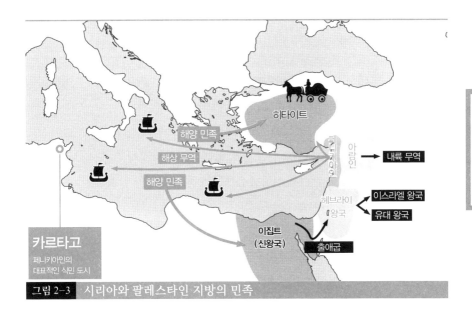

카르타고

페니키아인의
대표적인 식민 도시

그림 2-3 시리아와 팔레스타인 지방의 민족

아람 상인들은 내륙에서 폭넓은 교역을 벌였는데, 그들이 사용하던 언어는 서아시아의 '공통어'나 다름없었다. 또한 그들의 문자는 오늘날 아랍 문자나 동남 아시아의 문자처럼 우리가 보기에 '꼬불꼬불한 느낌'이 강한 문자들의 원류가 되었다.

페니키아인은 '바다 쪽' 민족이었다. 페니키아인은 지중해 동쪽에서 교역을 하면서 지중해 각지에 여러 도시를 세웠다.

페니키아인이 세운 도시들 중에서 가장 힘이 강했던 곳이 로마와 전쟁을 벌였던 카르타고이다. 페니키아 문자는 그리스로 전해져 유럽과 아메리카 대륙의 많은 나라에서 쓰는 알파벳의 기원이 되었다.

참고 삼아서 소개하자면, 페니키아 문자의 첫 번째 문자는 '알레프(aleph)'라고 읽고 두 번째 문자는 '베트(beth)'라고 읽으므로 연달아 읽으면 '알레프베트'가 된다. 이 문자가 그리스 세계에 전해졌을 때에는 그리스 문자의 α가 '알파', β가 '베타'였으므로 연달아 읽으면 '알파베타'였다.

이 '알레트베트'와 '알파베타'가 '알파벳'의 어원이다. 다시 말해서 알파벳은 'A와 B'라는 뜻이다.

이번에는 팔레스타인 땅에 나라를 세운 헤브라이인에 관한 이야기이다. '헤브라이인'은 훗날 '유대인'이라고 불리는 민족을 말한다.

팔레스타인 땅에서 등장한 헤브라이인은 이집트인의 침략을 받고 이집트로 끌려가서 노예나 다름없는 취급을 받았다. 이때 등장한 지도자 **모세**는 이집트인의 눈을 피해서 헤브라이인들을 모아 이집트 땅을 탈출한다. 영화 「십계」의 클라이막스 장면처럼 그는 '홍해를 가르고' 헤브라이인들을 이끌어 시나이 반도로 향했다. 팔레스타인 땅에 당도한 후에는 헤브라이 왕국을 건설했다(이집트 탈출부터 헤브라이 왕국 건설에 이르는 일련의 사건들을 출애굽이라고 한다). 헤브라이 왕국은 다윗 왕과 솔로몬 왕 시대에 번성기를 맞지만, 나중에 분열된다.

시간이 흘러 북쪽의 이스라엘 왕국은 아시리아에, 남쪽의 유대 왕국은 신바빌로니아 왕국의 공격을 받아 멸망하고, 헤브라이인은 신바빌로니아로 끌려가서 노예로 전락한다(바빌론 유수).

신바빌로니아가 멸망한 뒤에는 헤브라이인이 일시적으로 팔레스타인 땅에 돌아오기도 했지만, 아케메네스 왕조, 로마 제국, 이슬람 세력에 줄곧 지배당하는 바람에 '헤브라이인에 의한 헤브라이인의 국가'는 20세기가 되어서야 들어설 수 있었다. 이스라엘이 바로 그 주인공이다.

유대교는 이집트의 노예부터 '바빌론 유수'에 이르기까지 수많은 민족적 고난을 겪은 헤브라이인들이 일으킨 민족 종교이다.

이 종교의 특징으로는 엄격한 계율과 일신교, 구세주의 도래에 대한 믿음, 유대인이 '선택받은 민족'이라고 생각하는 선민사상이 있다. 단적으로 말하자면 '지금은 온갖 고난을 겪고 있지만, 계율을 지키며 단 한 분의 신을 믿으면 세계 종말의 때에 신이 나타나서 유대 민족"만"을 구원한다'는 것이 그들의 주장이다. 이런 선민사상과 높은 자긍심 때문에 여러 나라와 마찰을 빚고 박해도 많이 받았지만, 그 배경에는 그들의 민족적 고난이 있다.

관대한 통치로 몸집을 키운 페르시아인의 제국

 거세고도 잔인한 정복 활동

앞에서는 메소포타미아, 이집트, 시리아 등 각 지역의 작은 나라들에 관해서 설명했다. 이제 그 지역을 주름잡았던 거대국가를 살펴볼 차례이다.

바로 메소포타미아와 이집트, 시리아와 팔레스타인을 하나로 통일한 '오리엔트의 통일 왕조'에 관한 이야기이다.

최초로 통일을 이룬 국가는 아시리아이다.

아시리아는 아슈르바니팔 같은 왕들의 정복 활동에 힘입어 '오리엔트 최초의 통일 왕조'라는 영광을 얻었다. 그러나 저항하는 국가는 철저히 파괴할 정도로 이들의 통치방식은 무서울 만큼 잔인했다.

자신들의 지배에 따르지 않는 민족을 가차 없이 학살하는 억압 정책은 각 지역에서 반란을 불러일으켰다. 결국 아시리아는 넷으로 분열되었고 짧은 시간 내에 역사의 무대에서 사라졌다.

 '관대한 통치'로 거대제국을 건설

아시리아는 '이집트', 소아시아의 '리디아', 메소포타미아의 '신바빌로니아', 이란의 '메디아'라는 4개의 나라로 분열되었다.

그중에서도 리디아는 세계에서 가장 오래된 금속 화폐를 만든 것으로 후세에 이름을 남겼다. 이때부터 인류의 '돈'의 역사가 시작되었다.

이 4개국을 정복하고 다시 오리엔트를 통일한 나라는 아케메네스 왕조 페르시아이다.

페르시아(이란) 땅에서 일어난 아케메네스 왕조는 눈 깜짝할 사이에 오리엔

그림 2-4 아시리아와 아케메네스 왕조 페르시아의 통치방식 차이

트를 통일하고 3대 왕인 **다리우스 1세** 시대에는 인도 북서부에서 그리스 북
동쪽에 이르는 대제국을 세웠다.

아시리아는 잔인한 '강압적' 통치 탓에 단명하고 말았지만, 아케메네스 왕조
는 납세와 군역을 지키는 민족에게는 각 지역의 통치를 일임하는 관용 정책을 펼
쳤다. 이른바 '유화적인' 통치를 한 것이다.

아케메네스 왕조는 전국을 주(州)로 나누고 사트라프라는 관직이 다스리게
한 다음, 사트라프가 제대로 일하는지 부정을 저지르지는 않는지를 왕의 눈,
왕의 귀라는 이름의 관리에게 감시하게 했다. 또 왕의 길이라는 도로망을 정비
하여 거대제국을 효과적으로 통치했다.

거대제국을 통치한 아케메네스 왕조는 유럽 원정과 유럽 세계에 대한 개입
에도 활발히 나섰다. 그리스와 맞붙은 페르시아 전쟁에서는 패배했지만, 그
후에도 펠로폰네소스 전쟁에 개입하는 등 적극적으로 그리스를 향한 세력 확
장을 노리기도 했다.

그러나 아케메네스 왕조는 국내의 사트라프들이 반란을 일으키는 등의 문제
때문에 쇠퇴의 길을 걷다가 결국 알렉산드로스의 동방 원정으로 멸망했다.

로마의 '경쟁자'였던 이란인의 왕조

 오리엔트의 계보

오리엔트 거대제국의 계보는 알렉산드로스 제국을 시작으로 광활한 오리엔트의 영토를 물려받은 셀레우코스 왕조, 이란계 유목민이 세운 국가 파르티아, 그리고 이란계 농경민이 세운 사산 왕조 페르시아로 이어진다.

파르티아는 '로마 공화정'의 동쪽, 사산 왕조 페르시아는 '로마 제정'과 '동로마 제국(비잔틴 제국)'의 동쪽에 있던 강국이었으며 오랫동안 로마의 경쟁자로서 수많은 항쟁을 벌였다.

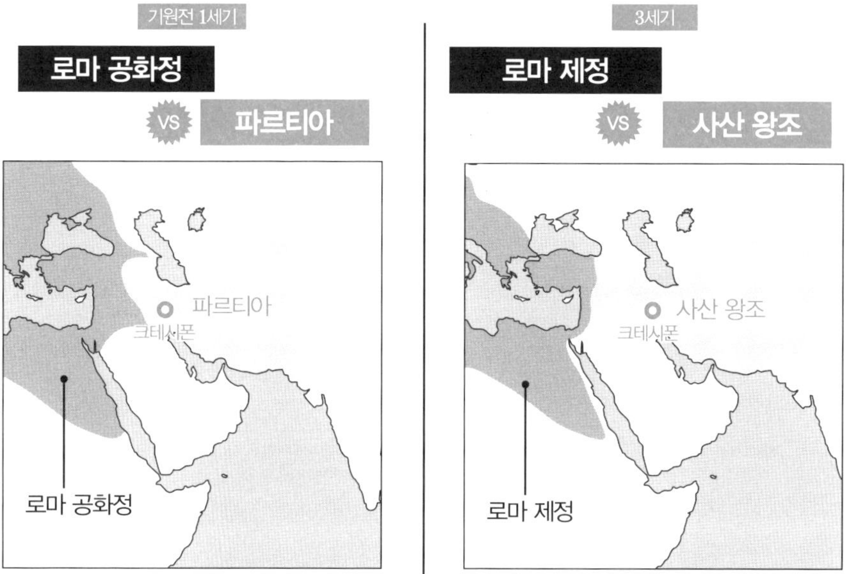

기원전 1세기	3세기
로마 공화정 VS **파르티아**	**로마 제정** VS **사산 왕조**

파르티아
크테시폰
로마 공화정

사산 왕조
크테시폰
로마 제정

그림 2-5 로마의 경쟁자였던 파르티아와 사산 왕조

'신 앞의 절대 평등'을 내걸고 급성장하다

 양대 제국의 항쟁이 이슬람교를 낳다

사산 왕조와 비잔틴 제국이 항쟁을 거듭한 7세기 전반의 서아시아 상황을 살펴보자.

이 양대 제국의 항쟁 과정에서 세계사에서 가장 중요한 사건 중 하나로 꼽히는 일이 일어난다. 바로 세계 종교 이슬람의 등장이다.

아래의 그림과 같이 7세기 초기의 중동은 사산 왕조와 비잔틴 제국의 대결 무대였다. 그 시대에 상인들은 전장에서의 위험을 피해 아라비아 반도를 멀리 돌아서 교역 활동을 벌였다.

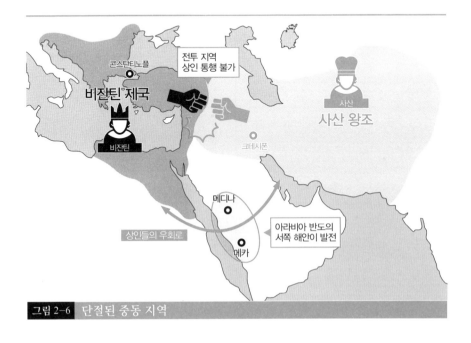

그림 2-6 단절된 중동 지역

96

그러다 보니 상인들은 아라비아 반도의 홍해 연안 도시를 거치게 되었고, 그 덕분에 메카, 메디나 같은 도시가 경제적으로 번성하게 되었다.

이런 경제적 발전에는 좋은 면도 많았지만, 동시에 '빈부 격차의 확대'라는 나쁜 면도 있었다.

가난했지만 힘들어도 조화롭던 사회는 조금씩 돈을 벌면서 대립과 단절이라는 문제를 겪게 되었다.

이런 가운데 메카에 등장한 인물이 이슬람의 창시자인 **무함마드**였다. 메카의 빈부 격차에 따른 대립을 고민하던 그는 어느 날 명상 중에 천사 가브리엘을 만나 '유일신'의 가르침을 얻게 된다.

그후에도 명상에 들 때마다 무함마드는 신의 가르침을 받았다. 이런 일이 반복되는 과정에서 무함마드는 자신이 예언자(신의 가르침을 받은 자)임을 자각했고 그 가르침, 즉 이슬람을 세상에 펼치기로 결심하게 되었다.

 이슬람의 원년은 '성스러운 이주'가 기점

무함마드가 설파한 가르침의 중심은 '유일신 앞의 절대 평등'이다. '모든 사람은 평등하다'는 무함마드의 설교를 듣고 가난한 사람들은 맞장구를 치고 흥분하며 무함마드를 따랐다.

반대로 돈이 많은 사람들은 그런 평등의 가르침이 자신들을 공격하는 위험한 사상이라고 간주하고 무함마드를 박해했다(당시 메카의 종교는 다신교였기 때문에 더욱 받아들이기가 어려웠다).

메카에서 극심한 박해를 받아 신변의 위험을 느낀 무함마드는 메디나라는 도시로 피신하여 그곳에서 전도에 힘을 쏟았다. 그 이주를 헤지라(성스러운 이주)라고 부르고 이슬람 세계에서는 이것을 무함마드 활동의 '원점'으로 여긴다(이슬람력은 '헤지라'를 원년으로 삼는다).

메디나에서 안전을 확보하고 힘을 비축한 무함마드는 직접 메카를 공격하여 새 성지로 정한 다음 신자를 늘리는 동시에 아라비아 반도의 대부분을 지배하는 데 성공했다.

이슬람이 세계 인구의 4분의 1을 신도로 거느릴 수 있는 이유

 이슬람교, 기독교, 유대교의 신은 '같다'

무함마드가 창시한 이슬람에 관해서 '돼지고기를 먹으면 안 된다', '단식을 해야 한다'는 등 단편적인 지식을 가진 사람들이 많은 것 같다. 또 뉴스에 등장하는 '이슬람 극단주의' 같은 표현을 듣고 '좀 무섭다'라고 생각하는 사람들도 있을 것이다.

그러나 이슬람이라는 종교에 아무런 매력도 없다면 세계 인구의 4분의 1이나 되는 사람이 이슬람교를 따를 이유가 없다. 이슬람은 어떻게 그 많은 사람의 마음을 사로잡을 수 있었을까?

앞에서도 언급했던 것처럼 이슬람의 가장 큰 교리는 '유일신 앞의 절대 평등'이다. 이슬람에서는 '알라'라는 하나뿐인 절대신을 믿으며 다른 신을 인정하지 않는다. 이것은 같은 일신교인 기독교나 유대교도 마찬가지인데, 이렇게 되면 결국 기독교의 '여호와', 유대교의 '야훼', 이슬람교의 '알라'는 모두 동일한 신이라는 말이 된다. 만약 다른 종교의 신을 전혀 다른 신이라고 하면 '일신교'의 원칙이 무너지기 때문이다. 즉 이 세 종교는 동일한 개념을 가진 이른바 '형제'인 것이다.

세 종교의 차이는 '신'의 말씀을 받은 자가 '모세'뿐인지 아니면 여기에 '예수'와 '무함마드'를 포함하는지의 여부이다.

이슬람에서는 무함마드를 인류의 가장 마지막이자 가장 중요한 예언자이며, 신의 말씀을 '완전히' 전하기 때문에 자신들이 '참된 종교'라고 말한다. 한편 유대교에서는 무함마드를 '신의 선택을 받은 백성'으로 인정하지 않고, 기독교에서는 신과 예수를 동일시한다는 차이가 있다.

쿠란의 율법을 지키는 한 누구나 평등하다

무함마드가 받은 신의 가르침을 기록한 것이 이슬람의 경전인 『쿠란』이다. 이 책은 하루 다섯 차례의 예배와 단식, 성지 메카 순례, 또는 돼지고기 금기, 금주 등 이슬람의 종교적 의식과 '신도들의 평등'을 위한 여러 계율들이 적혀 있다.

이런 엄격한 규율을 동등하게 지킴으로써 신도들 사이에는 연대와 평등 의식이 생긴다. 비록 '아랍의 석유왕'이라고 할지라도 단식 기간에는 다같이 금식을 하기 때문에 빈부의 격차를 넘어선 평등 의식이 있다.

그렇기 때문에 이슬람 신도라면 인종이나 민족, 빈부의 격차 없이 '평등하게' 대접을 받는다는 것이다.

다만 『쿠란』에 나와 있는 내용을 완벽하게 지키기는 매우 어렵다. 특히 현대 사회에서 1,400년 이전의 가르침을 엄격하게 지키기는 무척 힘들 것이다.

그렇다 보니 그 가르침을 철저하게 지키려는 사람과 오늘날의 상황에 맞추려는 사람 사이에 갈등이 생기기 시작했다.

무함마드 시대의 이슬람 계율을 엄격히 지키지 않는 이슬람교도나 이슬람이 용납할 수 없는 생각을 가진 사람을 공격하는 사람들이 있는데, 그들을 '원리주의'나 '과격파' 등으로 부른다.

 문화 '중계지'의 역할을 한 이슬람 세계

이슬람이 널리 퍼진 중동이라는 지역은 유럽과 이집트, 이란, 인도 등을 이어주는 위치에 있어서 당이나 몽골 제국 시대에는 중국 문화의 영향도 받았다. 각지의 문명을 융합하고, 나아가 고도화한 이슬람 문화는 오늘날에도 세계에 커다란 영향을 미치고 있다.

예를 들면, 이슬람 세계는 인도의 수학을 받아들인 뒤에 십진법과 숫자 0의 개념을 아라비아 숫자로 나타냈고, 중국의 제지(製紙) 기술을 세상에 전파하는 등 문화 중계지로서의 역할을 했다.

아랍인의 국가, '거대제국'으로 성장하다

 ## 무함마드 사후, "후계자"가 활약하다

무함마드가 사망한 후, 그의 뜻을 이어받은 종교적 지도자를 칼리프라고 불렀다. 한동안은 신도들이 투표해서 뽑는 정통 칼리프의 시대가 유지되었다. 정통 칼리프란 '올바른 절차를 밟아서 뽑힌 칼리프'라는 의미이다. 정통 칼리프들도 가르침을 널리 포교하면서 정복 활동을 병행하여 세력권의 범위를 크게 넓혔다.

 ## 이슬람 '최대' 왕조의 탄생

순조롭게 세력권을 넓히던 이슬람 세계는 어느덧 커다란 전환점을 맞았다.

4대 정통 칼리프인 알리가 암살되자 시리아의 우마이야 가문의 **무아위야**라는 인물이 칼리프를 자칭하고 나서더니 대대로 우마이야 가문이 칼리프 자리를 독점하겠다고 선언하며 우마이야 왕조를 건국한 것이다.

이때부터 이슬람은 두 개의 파로 갈렸다. 일부 이슬람교도들이 칼리프를 우마이야 가문이 독점하려고 하는 것에 반발했기 때문이다. 이들은 무함마드와 혈연관계에 있는 4대 정통 칼리프 알리와 그의 자손만을 정통으로 인정하는 시아파를 형성했다.

한편 다수의 이슬람교도들은 실력자인 무아위야를 칼리프로 용인하는 수니파를 형성했다.

 ## 말과 행동이 달랐던 우마이야 왕조

우마이야 왕조는 정통 칼리프 시대보다 훨씬 넓은 지역, 구체적으로는 이란

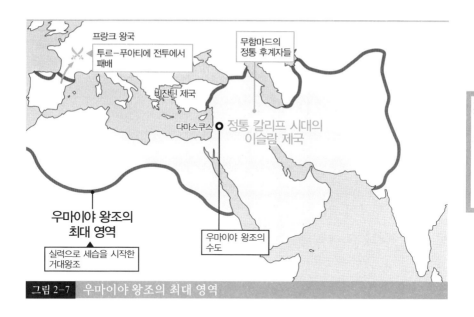

프랑크 왕국

투르-푸아티에 전투에서 패배

무함마드의 정통 후계자들

비잔틴 제국

다마스쿠스 ○ 정통 칼리프 시대의 이슬람 제국

우마이야 왕조의 최대 영역

실력으로 세습을 시작한 거대왕조

우마이야 왕조의 수도

그림 2-7 우마이야 왕조의 최대 영역

에서부터 이베리아 반도에 이르는 초광역 국가로 성장했다. 이는 정통 칼리프 시대의 영역보다 훨씬 넓은 영토였다.

우마이야 왕조는 유럽의 핵심인 프랑크 왕국까지 공격의 손길을 뻗어 투르-푸아티에 전투에서 패배하기까지 파죽지세로 연전연승을 거두었다.

그러나 그 이후에는 내부에서 균열이 생기기 시작했다. 원인은 우마이야 왕조의 아랍인 우대 정책이었다. 아랍인이란 '아라비아어를 말하는 아라비아 반도 사람'을 가리키는 말로, 이슬람 세력의 중추를 이루는 사람들을 뜻했다. 그러나 우마이야 왕조 시대에 이슬람의 영역이 이란에서부터 유럽까지 광범위하게 확대됨에 따라 이슬람 세계는 이란인과 유럽인 등 다양한 민족을 끌어안아야 했다.

우마이야 왕조는 그런 정복지의 여러 민족에게는 인두세(人頭稅)인 지즈야와 지세(地稅)인 하라즈를 부과한 데 반해 아랍인에게는 그 두 가지 세금을 부과하지 않았다.

그 때문에 '신 앞에 평등하다고 말하기 때문에 이슬람을 받아들였는데 아랍인만 우대하다니 불평등하지 않느냐!'라며 정복지의 이슬람교도들이 거세게 반발했고, 이런 반발이 결국 우마이야 왕조의 멸망을 불렀다.

'평화로운 원형 도시' 바그다드, 번영을 구가하다

 이민족, 이교도의 세금 제도를 개혁하다

우마이야 왕조의 세금 제도상 불평등에 대한 사람들의 불만이 커져가던 무렵, 아바스 가문의 아부 알 아바스가 아바스 왕조를 세우고 반(反) 우마이야 왕조 세력을 결집하여 우마이야 왕조를 타도했다. 이를 '아바스 왕조 혁명'이라고 부른다.

아바스 왕조는 우마이야 왕조의 세금 제도에 대한 불만 위에 세워졌으니 당연히 민족 간 세금의 불평등을 해소하는 일부터 손보기 시작했다.

일단 이슬람교도, 이교도, 이민족을 가리지 않고 하라즈(지세)는 제국 내 모든 사람이 납부하도록 했다. 그리고 지즈야(인두세)는 '이교도에게 부과하는 세금'으로 정했다. 제국 내에서 기독교나 유대교를 믿고 싶다는 사람은 부가적으로 세금을 내면 자신의 종교를 인정받을 수 있었다.

요컨대 이슬람교도라면 이민족일지라도 지즈야를 내지 않아도 되도록 바뀐 것이다. 우마이야 왕조는 이렇게 명쾌한 내용으로 세금 제도를 개혁함으로써 **불평등을 해소하고 불만을 잠재우는 데에도 성공했다.**

 이슬람의 융성을 상징하는 도시 바그다드의 건설

건국 직후, 아바스 왕조는 동쪽의 강국인 중국의 당 왕조와 접촉했다. 바로 당과 탈라스 전투를 치른 것이다. 승리는 아바스 왕조의 것이었다. 이때 아바스 왕조는 포로로 붙잡은 당의 제지 기술자들을 수도 바그다드까지 끌고 왔고, 그 덕분에 중국이 오랜 세월 감추고 있었던 **제지기술이 전 세계로 퍼져나가게 되었다.**

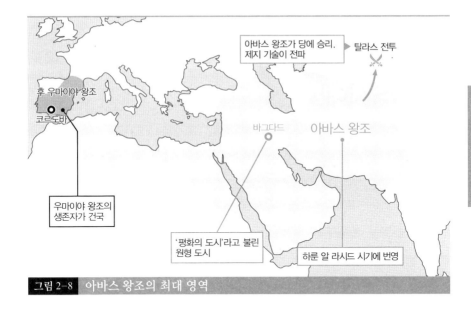

아바스 왕조가 당에 승리.
제지 기술이 전파

탈라스 전투

후 우마이야 왕조
코르도바

바그다드   아바스 왕조

우마이야 왕조의
생존자가 건국

'평화의 도시'라고 불린
원형 도시

하룬 알 라시드 시기에 번영

그림 2-8   아바스 왕조의 최대 영역

종이의 전파는 각 지역의 문화를 크게 발전시켰으니 아바스 왕조가 없었다
면 오늘날의 문명은 상상할 수 없었을지도 모른다.

2대 칼리프 만수르는 위에서 내려다보면 완벽한 원형을 이루는 수도 바그다
드를 건설했다. 별칭은 '평화의 도시(마디나트 아스 살람).' 말 그대로 번영과
평화를 구가한 대도시였다.

5대 칼리프 **하룬 알 라시드** 때 아바스 왕조는 전성기를 맞았다. 인구가 100
만 명을 넘으면서 수도 바그다드는 당나라의 장안과 견줄 만한 세계의 중심
도시가 되었다.

하룬 알 라시드는 일본 만화 『도라에몽』에도 등장하는데, 극장판 「노비타의
도라비안 나이트」에서는 마음씨 착한 위대한 왕으로 그려졌다. 또한 이슬람
문학 『천일야화(아라비안 나이트)』에도 중심인물 중의 한 명으로 묘사되어 있
는데, 이를 통해 그의 위세와 수도 바그다드의 발전상을 쉽게 짐작할 수 있다.

이베리아 반도에는 우마이야 왕조가 멸망할 때, 살아남은 왕족이 피신해서
세운 후(後) 우마이야 왕조가 들어섰다. 이 왕조는 카롤루스 대제 시대의 프랑
크 왕국과 종종 전쟁을 벌였다.

이슬람의 분열과 '전국 시대'

 유명무실한 칼리프

아바스 왕조는 8세기부터 9세기에 걸쳐 강력한 위세를 자랑했지만, 10세기의 지도(그림 2-9 참조)를 보면 무척 좁아진 모습을 확인할 수 있다. 이란의 부와이흐 왕조와 이집트의 파티마 왕조 같은 시아파 국가들 사이에 끼어서 세력이 상당히 약해진 것이다.

부와이흐 왕조는 아바스 왕조의 수도 바그다드를 점령한 후 아바스 왕조의 칼리프로부터 지배권을 빼앗아버렸다. 그렇게 아바스 왕조의 칼리프는 실권이 없는 '허울뿐인' 존재로 전락하고 말았다.

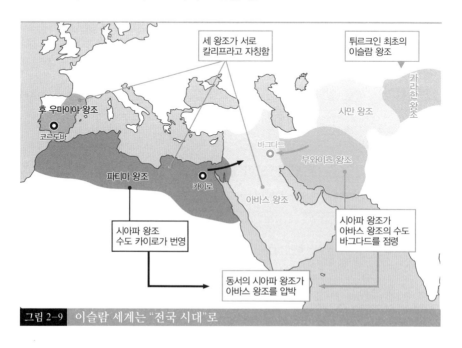

그림 2-9 이슬람 세계는 "전국 시대"로

한편 아바스 왕조를 서쪽에서 압박하던 파티마 왕조는 이집트의 새 수도를 카이로('승리의 도시'라는 의미)로 정한 뒤, '내가 진짜 칼리프이다!'라고 주장하며 아바스 왕조의 칼리프에게 대항했다.

이슬람의 고등교육 시설인 아즈하르가 세워지면서 카이로는 이슬람 교육과 학문의 중심지로 발전했다.

'터키 공화국'의 뿌리는 '소아시아 반도'가 아니다

10세기에 일어난 또 하나의 커다란 변화는 튀르크족 최초의 이슬람 국가인 카라한 왕조가 중앙 아시아에 탄생했다는 것이다.

'튀르크'라고 하면 오늘날 아나톨리아 반도에 있는 '터키 공화국'을 떠올릴지도 모르지만, 원래 튀르크족이 탄생한 땅은 카스피 해 동쪽에 있는 '투르키스탄 지방'이다.

튀르크인은 체격이 좋고 전투력이 강했기 때문에 8세기 무렵부터 이슬람 세계에서 용병이나 노예병으로 활동하기 시작했다. 그러다가 10세기 들어 튀르크인들 스스로가 직접 왕조(카라한 왕조)를 건설하게 되면서 이슬람을 받아들였다.

이를 계기로 튀르크인이 세운 국가가 각지에 들어서게 되었고, 그들이 16세기까지 이슬람 세계의 중추 세력이 되었다.

'자칭' 칼리프의 난립

서쪽에는 살아남은 우마이야 왕조의 생존자가 세운 후(後) 우마이야 왕조가 여전히 존재했다. 후 우마이야 왕조도 칼리프를 자칭하고 세운 왕조였기 때문에 당시는 아바스 왕조, 파티마 왕조, 후 우마이야 왕조에 총 세 명의 칼리프가 동시에 존재하게 되었다.

결국 한 명의 지도자 밑에 수많은 신도를 조직했던 무함마드 시절의 전통이 사라지고 점차 '전국 시대'와 같은 양상을 나타내게 된 것이다.

튀르크인, 마침내 이슬람 세계의 주인공이 되다

 기라성처럼 등장한 튀르크인의 왕조

전국 시대처럼 혼란했던 이슬람 세계는 11세기 후반에 커다란 변화를 맞았다. 튀르크인이 창시한 셀주크 왕조가 일약 이슬람 세계의 주역으로 부상한 것이다.

초대 통치자인 **토그릴 베그**('토그릴'은 '매'라는 뜻으로, 그의 업적과도 잘 어울리는 이름이다)는 중앙 아시아에서 아라비아 반도로 세력을 넓힌 다음 부와이흐 왕조의 지배를 받던 바그다드를 점령했다.

그가 아바스 왕조의 칼리프를 시아파인 부와이흐 왕조로부터 구출해주자 아바스 왕조의 칼리프는 도움을 받은 답례로 같은 수니파를 믿는 토그릴 베그에게 술탄의 칭호를 수여했다.

'술탄'이란 '지배자'라는 의미로, 종교 지도자인 칼리프로부터 실제 세계의 통치권을 받아 대신 통치하는 역할을 한다.

일본 역사에서 비슷한 예를 찾자면, '천황이 정이대장군에게 실제 세계의 통치권을 주고 막부를 열게 한 것'과 비슷하다.

셀주크 왕조의 영토 확장은 유럽 세계에도 큰 영향을 미쳤다. 비잔틴 제국은 성지 예루살렘까지 독점할 정도로 세력을 키워가는 셀주크 왕조에 맞서기 위해 서유럽에 도움을 요청했다.

그리하여 로마 교황이 각국의 도움을 끌어냈고, 그 결과는 제1장에도 나왔다시피 **제1차 십자군 전쟁의 시작**이었다. 이후 중동에 세워진 여러 이슬람 왕조들은 기독교 국가들이 파견한 십자군과 예루살렘을 놓고 전쟁을 거듭했다.

시선을 서쪽으로 돌려보자. 후 우마이야 왕조가 멸망하고 난 뒤, 북아프리카에서 이베리아 반도에 걸친 지역에는 베르베르인이라고 불리는 민족이 세운 무라비트 왕조가 성장하고 있었다.

이 무라비트 왕조가 아프리카 내륙의 가나 왕국을 공격한 것을 계기로 아프리카 내륙에도 이슬람이 퍼지게 되었다.

한편 동쪽으로 눈을 돌려보면 튀르크계 왕조인 카라한 왕조가 존속하고 있었고, 아프가니스탄 땅에는 가즈니 왕조가 새롭게 들어섰다. 가즈니 왕조는 인도 방면으로 이슬람을 전파하는 계기가 되었다. 이 가즈니 왕조도 튀르크계이다.

따라서 11세기 이슬람 세계의 동쪽은 셀주크 왕조, 카라한 왕조, 가즈니 왕조 등 튀르크계 왕조가 완전히 장악하고 있었다고 해도 과언이 아니다.

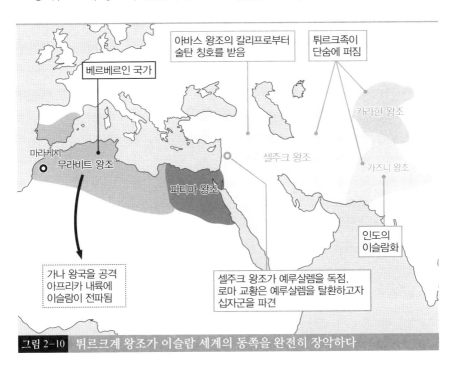

그림 2-10 튀르크계 왕조가 이슬람 세계의 동쪽을 완전히 장악하다

십자군과 사투를 벌인
"영웅 중의 영웅" 살라딘

 "영웅 중의 영웅" 살라딘의 등장

셀주크 왕조가 쇠퇴하여 지방 세력 정도로 힘이 약해지자 12세기 이슬람의 주도권은 이집트의 아이유브 왕조로 넘어갔다.

아이유브 왕조라고 하면 **살라딘**으로 알려진 살라흐 앗딘이 대표적인 인물이다. 제3차 십자군 전쟁에서 '사자의 마음을 가진 왕'이라는 영국의 리처드 1세와 사투를 벌인 영웅이다.

십자군을 이끈 리처드 1세가 몸값을 지불하지 않은 이슬람교 포로를 가차없이 처형한 데 반해, 살라딘은 기독교 포로에게 몰래 돈주머니를 던져주며 고향까지 도망갈 수 있도록 했다는 인간미 넘치는 수많은 일화들을 남기기도 했다.

그뿐 아니라 전장에서는 몰아치는 용맹과 번뜩이는 지략으로 적군인 **십자군 병사들에게도 진정한 용사**라고 칭송받는 영웅 중의 영웅이었다.

아이유브 왕조의 통치하에서 수도 카이로는 번영을 거듭하여 셀주크 왕조와 함께 쇠락한 바그다드를 대신하는 이슬람 세계의 중심지가 되었다. 현대 사회에서 카이로라고 하면 교외의 피라미드만을 떠올리는 사람들이 많지만, 이슬람 시대의 문화유산도 대단히 많다. 이런 이유로 카이로는 대표적인 이슬람 도시로서 세계 유산에 등재되어 있다.

 이란, 인도, 북아프리카에 줄줄이 들어선 왕조

튀르크계 왕조인 호라즘 왕조는 12세기를 중심으로 이란부터 중앙 아시아 방면으로 거대한 세력을 형성했다. 그러나 이 왕조가 후세에 이름을 남긴 이

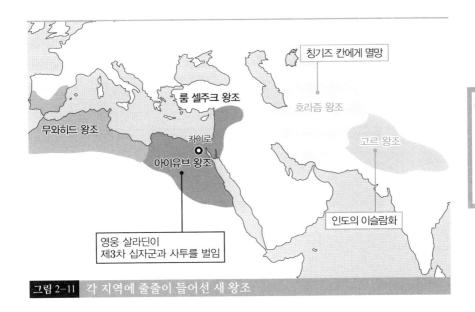

칭기즈 칸에게 멸망

호라즘 왕조

룸 셀주크 왕조

무와히드 왕조

카이로

아이유브 왕조

고르 왕조

인도의 이슬람화

영웅 살라딘이
제3차 십자군과 사투를 벌임

그림 2-11 각 지역에 줄줄이 들어선 새 왕조

유는 강국이었기 때문이 아니라 '멸망사' 때문이다.

13세기가 되자 동쪽에서 칭기즈 칸이 이끄는 몽골 제국이 몸집을 점점 불리더니 호라즘 왕조의 국경 근처까지 영토를 확장했다. 칭기즈 칸은 호라즘 왕조에 통상사절단을 파견했는데, 호라즘 왕조의 국경 도시 태수는 그들을 모조리 죽여버렸다.

450명이나 되는 사절단이 몰살당한 데 격분한 칭기즈 칸은 호라즘 원정에 나섰고, 사절들을 살해한 국경 마을의 태수를 붙잡아 두 눈과 두 귀에 펄펄 끓는 은을 부어 복수했다.

칭기즈 칸이 지휘한 몽골 제국의 철저한 파괴와 약탈 앞에 호라즘의 수도 사마르칸트의 인구 4분의 3이 학살당했다고 한다. 그렇게 호라즘 왕조는 역설적이게도 '유명인의 손에 멸망한 사연'으로 유명해진 것이다.

그 무렵 인도에는 고르 왕조가 들어섰다. 고르 왕조는 기존의 가즈니 왕조보다 더 인도 방면으로 영토를 넓혔고, 이에 따라서 이슬람 문명도 널리 퍼졌다. 서쪽에는 무라비트 왕조를 대신하여 마찬가지로 베르베르인이 세운 무와히드 왕조가 들어섰다.

제2장

중동의 역사

튀르크인 노예가 세운 두 왕조

 '몽골족'이 주인공으로

13세기는 칭기즈 칸을 비롯하여 몽골 민족이 대제국을 건설한 그야말로 '몽골의 세기'라고 할 수 있다. 중동 일대에도 칭기즈 칸의 손자인 **훌라구**가 건국한 일한국이 등장하여 몽골 제국의 일부로서 서아시아 지역의 통치를 맡게 되었다.

원래 일한국은 몽골계 국가로 이슬람 국가가 아니었는데, 일한국의 7대 칸인 가잔이 이슬람으로 개종해서 이슬람 국가가 되고 나서부터 안정적인 통치가 가능해졌다.

 튀르크인 노예병이 두 왕조를 건설하다

일한국의 동쪽과 서쪽에는 각각 맘루크 왕조와 노예 왕조라는 독특한 이름의 국가가 있었다.

맘루크라는 말은 '튀르크인 노예병'이라는 뜻으로, 노예 출신 여성인 샤자르 알 두르가 맘루크 군단을 이끌고 이집트에 세운 정권이 맘루크 왕조이다. 샤자르 알 두르는 이슬람 세계에서는 드문 여성 통치자였는데, 루이 9세가 이끄는 제6차 십자군을 물리치는 등 뛰어난 통솔력을 발휘했다. 맘루크 왕조는 5대 술탄인 바이바르스가 통치하던 시기에 전성기를 맞았다.

한편 동쪽의 인도에는 노예 왕조라는 이름의 국가가 생겼다. 이 나라도 튀르크인 노예병들이 인도 북부에 자체적으로 세운 왕조이다.

따라서 '맘루크 왕조'와 '노예 왕조'는 그 이름에서부터 '튀르크인 노예병이 중심이 되어 세운 왕조'라는 같은 의미를 가지고 있는 것이다.

이베리아 반도에도 작은 이슬람 국가가 있었다. 나스르 왕조이다. 우마이야 왕조, 후 우마이야 왕조, 무라비트 왕조, 무와히드 왕조에 이어 이베리아 반도에 들어선 마지막 이슬람 왕조였다. 이베리아 반도의 이슬람 왕조는 언제나 기독교 국가들의 이베리아 반도 탈환 운동인 국토 회복 운동의 대상이 되어 공격을 받았다. 그런 상황에서 기독교도의 맹공을 오랜 기간 견뎌낸 나스르 왕조는 이베리아 반도 이슬람 국가의 '마지막 보루'와도 같은 국가였다.

그러나 이베리아 반도 내의 마지막 이슬람 국가는 이사벨과 페르난도가 결혼하면서 성립된 스페인 왕국에게 수도 그라나다를 침공당한 끝에 사라지고 만다. 현재 스페인은 기독교 국가이지만, 스페인 남부의 문화가 이슬람의 영향을 많이 받은 이유는 이베리아 반도에 오랫동안 이슬람 국가가 존재했기 때문이다.

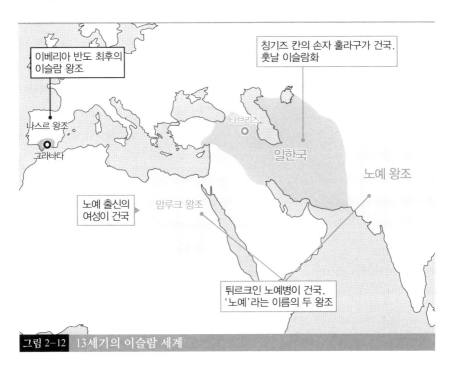

그림 2-12 13세기의 이슬람 세계

'잔인한' 군사 천재 티무르의 등장

백전백승의 최강 국가

14세기 이슬람 세계의 주인공은 뭐니 뭐니 해도 티무르 왕조이다. 왕조를 세운 **티무르**는 도적단의 우두머리를 하다가 대제국을 건설한 군사 천재였다. 젊은 시절에 오른쪽 다리와 팔에 깊은 상처를 입은 상태였지만, 몹시 난폭하고 강한 모습으로 전장을 누볐다고 한다. 훗날 대제국을 이루는 오스만 제국도 티무르만큼은 당해내지 못하고 앙카라 전투에서 철저히 농락당하다가 멸망 직전까지 몰린 바 있다. 중국의 명나라를 공격하던 도중에 병사했지만, 만약 전투를 치렀다면 영락제와 명승부를 펼쳤을 것이다.

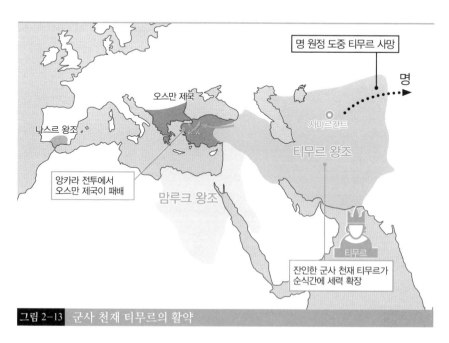

명 원정 도중 티무르 사망

명

오스만 제국

나스르 왕조

사마르칸트

티무르 왕조

앙카라 전투에서
오스만 제국이 패배

맘루크 왕조

티무르

잔인한 군사 천재 티무르가
순식간에 세력 확장

그림 2-13 군사 천재 티무르의 활약

튀르크인이 세운 '위대한 국가' 오스만 제국의 성립과 확대

 튀르크족 국가의 "집대성" 오스만 제국의 탄생

앞에서 튀르크인이 세운 국가로 11세기의 셀주크 왕조와 13세기에 등장한 '두 개의 노예 왕조'를 언급했다. 그러나 이번에 설명할 국가야말로 대표적인 튀르크인 국가이다. 바로 15~16세기에 거대제국으로 성장한 오스만 제국이다.

오스만 제국은 오늘날 터키 공화국이 위치한 아나톨리아 반도를 중심으로 형성된 나라였다. 강성했던 튀르크인 국가의 터전이었기 때문에 지금도 이 지역을 '터키(튀르크)'라고 부르는 것이다.

오늘날에는 '터키'라는 이름을 들으면 대부분의 사람들이 튀르크족이 탄생한 중앙 아시아의 '투르키스탄' 지방이 아니라 아나톨리아 반도를 떠올린다.

 난공불락의 수도를 무너뜨린 "계책"은?

오스만 1세에 의해 건국된 오스만 제국은 초반에 티무르에게 패배하여 멸망 직전까지 몰리기도 했다. 그러나 15세기 중반, '정복자'라고 불리는 **메흐메트 2세** 시대에 급격히 세력을 키웠다. 메흐메트 2세는 1,000년이 넘도록 비잔틴 제국의 수도로 융성했던 콘스탄티노플로 쳐들어갔다.

콘스탄티노플은, 육지 쪽으로 깊이 파고들어 있어서 '급소'라고 불리던 해협의 입구를 굵은 쇠사슬로 봉쇄하여 해양 수비를 견고히 하기로 유명했다. 이에 메흐메트 2세는 그 쇠사슬을 정면으로 돌파하지 않고 72척이나 되는 군함을 산길로 운반한 다음 해협의 내부로 군함을 침투시켰다.

해협의 내부를 공략한 기습 작전 덕분에 난공불락의 콘스탄티노플은 결국 무너지고 말았다. 비잔틴 제국을 정복한 메흐메트 2세는 콘스탄티노플의 이름을 이스탄불로 바꾸고 수도로 삼았다.

 이슬람의 주인공, 서서히 쇠퇴하다

　다음 술탄인 **셀림 1세**는 이집트의 맘루크 왕조를 무너뜨리고 메카와 메디나를 수중에 넣은 다음 명실상부한 '이슬람의 주인공' 자리를 얻었다. 그리고 그다음 술탄인 **술레이만 1세**는 오스만 제국을 최대 전성기로 이끌었다.

　그러나 술레이만 1세가 프랑스와 동맹을 맺고 신성 로마 제국에 도전해 빈을 포위했다가 제1차 빈 포위가 실패했을 때부터 오스만 제국은 서서히 쇠락했다. 그 뒤를 이은 셀림 2세는 레판토 해전에서 펠리페 2세의 스페인 해군에 의해서 결정적인 패배를 맛보았고, 그로부터 100년 후 제2차 빈 포위도 실패하면서 오스만 제국은 쇠퇴 일로를 걸었다.

　한편 이란은 티무르 왕조가 멸망한 뒤 사파비 왕조가 들어섰다. 사파비 왕조는 시아파를 국교로 삼았고, 그후 현재까지 이란은 계속 시아파를 국교로 유지하고 있다. 사파비 왕조가 세운 수도 이스파한은 당시 전 세계인이 동경한 아름다운 도시였다.

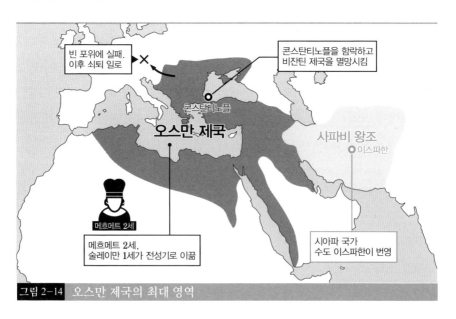

그림 2-14　오스만 제국의 최대 영역

114

제3장

인도의 역사

제3장 인도의 역사 　큰 줄기

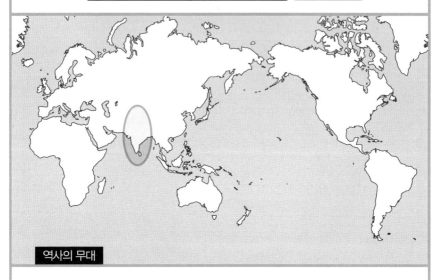

역사의 무대

다양한 민족, 종교, 언어 등을 있는 그대로 포용한 인도

　인도의 가장 큰 특징은 '각자의 다양성을 있는 그대로 포용하겠다'는 가치관이다.

　사실 인도는 기후만 해도 히말라야 고산지부터 비가 거의 내리지 않는 사막, 세계적으로 손꼽힐 만큼 강우량이 많은 다우지(多雨地), 열대 밀림에 이르기까지 엄청나게 다양할 뿐만 아니라, 민족, 종교, 언어, 생활양식도 매우 다양하다.

　그래서 인도의 역사를 살펴볼 때에는 사회 계층을 만들어낸 바르나(varna) 제도나 잡다한 신들과 의례를 받아들인 힌두교, 여러 종교를 통치에 이용한 인도 왕조 등 '다양성'에 주목할 필요가 있다.

인더스 문명

아리아인

소국 분립

마우리아 왕조

쿠샨 왕조 | 사타바하나 왕조

굽타 왕조

바르다나 왕조

분열 시대

가즈니 왕조

고르 왕조

노예 왕조 / 델리 술탄 왕조

무굴 제국

제3장 　 "인도의 역사" 개요도

고도의 도시 계획을 실행한 '인도의 원류'

 초고도의 도시 정비

'4대 문명' 중 하나로 꼽히는 인더스 문명은 메소포타미아 문명이나 이집트 문명보다는 다소 역사가 짧다. 시기상으로는 지금으로부터 약 4,600년 전, 인더스 강의 물을 끌어와 농사에 이용했고, 그 결과 인구가 늘면서 발생했다.

인더스 강 중류의 펀자브 지방에는 하라파 유적, 하류의 신드 지방에는 모헨조다로 유적이 있는데, 바로 이 '신드'가 '인도'라는 말의 어원이다(신드 → 힌두 → 인도로 변화한 것이다).

인더스 문명은 메소포타미아나 이집트를 능가하는 규모의 도시 유적을 남겼다. 뛰어난 성과 요새, 주택, 넓은 도로의 흔적, 정비된 하수도 망 등 당시 인더스 문명의 도시 정비 기술은 몹시 훌륭했다. 일정 크기의 벽돌로 가지런히 정돈된 모습이 인상적인 시가지 터가 지금도 남아 있다.

 아직 해독하지 못한 인더스 문자

인더스 문명의 수많은 출토품 중 특히 주목할 만한 것은 인더스 문자가 새겨진 도장이다. 인더스 문자는 아직 해독되지 않았으니 해독에 성공하기만 한다면 고대 이집트 문자를 해독한 프랑스 학자 샹폴리옹이나 쐐기문자를 해독한 영국군 장교 롤린슨처럼 역사에 이름을 남길지도 모른다.

제대로 된 '문장'이 적은 탓에 해독의 단서가 거의 없어 최근에는 인공지능을 이용한 해독까지 시도되고 있다.

또한 도장에는 소 그림이 많아서 인더스 문명이 소를 신성시하는 힌두교 문화의 원류라고 보는 시각도 있다.

인도 사회에 뿌리 깊게 남은 카스트의 기원

 아리아인과 드라비다인

인더스 문명이 쇠퇴하고(쇠퇴한 이유로는 여러 가지 설이 제기되고 있으나 명확하지 않다) 나서 북서쪽에서 유입된 민족이 아리아인이다.

아리아인은 인도–유럽계 민족으로 중앙 아시아 방면에서 북서 인도로 들어와 갠지스 강 유역에 정주하기 시작했다. 그리고 점차 인도 북부에 퍼져 인도 문화를 형성했다.

한편 인더스 문명을 꽃피웠던 드라비다계 민족은 남인도에 퍼져 살았다.

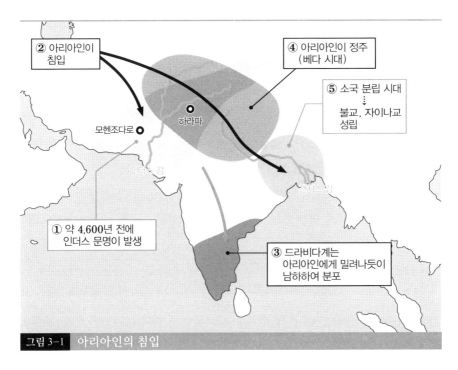

② 아리아인이 침입

④ 아리아인이 정주 (베다 시대)

⑤ 소국 분립 시대
⋮
불교, 자이나교 성립

모헨조다로

하라파

인더스 강

① 약 4,600년 전에 인더스 문명이 발생

갠지스 강

③ 드라비다계는 아리아인에게 밀려나듯이 남하하여 분포

그림 3-1　아리아인의 침입

아리아인들이 인도에서 살기 시작한 시기를 베다 시대라고 한다. 베다란 그 시대의 여러 종교 문서를 통틀어 부르는 말이다.

구체적으로는 신에게 바치는 '찬가'의 내용(가사)을 모은 '가사집' 같은 것이라고 할 수 있다. 아리아인이 번영과 풍작을 기원하고, 재앙을 피하고자 신에게 바쳤던 찬가의 가사집이 문헌으로 남아 있다는 말이다. 그중 대표적인 것이 인도에서 가장 오래된 성전인 『리그베다』이다.

만약 2,500년 후의 자손들이 21세기의 지층을 발굴, 조사하다가 CD와 가사집이 출토되어 가사 해독에 성공한다면 우리의 생활상이나 종교관(온통 사랑 노래뿐일 수도 있지만)도 그 가사를 통해 밝혀질지 모른다. 『리그베다』는 유네스코의 무형 문화유산으로도 등재되어 있다.

베다 시대 후반에 들어서자 철기를 사용하게 되면서 농업의 생산성이 향상되었다. 생산성이 늘어난 것은 반가운 이야기이지만, 그로 인해서 남은 생산물을 '독점할 수 있는 사람'과 '그럴 수 없는 사람'이 생겼고 경제적, 신분적 격차가 커지는 문제도 생겼다.

아리아인 사회에는 바르나 제도라는 신분제가 있어서 신분을 크게 네 가지로 구분했다. 사회에서 신분이 가장 높은 사제 계층인 브라만, 왕후와 무사 등 정치, 군사적 지배자 계층인 크샤트리아, 농업 및 상공업 등에 종사하는 서민 계층인 바이샤, 예속민인 수드라가 그것이다. 이런 신분들을 가리켜 '바르나'라고 한다.

바르나의 최상위 계층인 브라만은 베다를 암송하고 의식을 집전하는 브라만교의 지도자로서 특별한 존재였다. 힌두교는 이 브라만교에 뿌리를 두고 발전한 종교이다. '브라만이 가장 존귀하다'는 바르나 제도의 흔적은 인도 특유의 신분 개념인 카스트로 이어진다.

붓다의 '깨달음', 새 종교를 낳다

 브라만에 대한 비판은 높아지고

기원전 7세기~기원전 5세기 정도가 되면 갠지스 강 유역에 잇달아 국가가 형성된다. 수많은 국가들이 들어섰기 때문에 이때를 '소국 분립' 시대라고 하고, 마가다 왕국이나 코살라 왕국 등 대표적인 몇몇 국가를 '16대국'이라고 부른다.

이 무렵에 하나의 사회 문제가 수면 위로 떠오르는데, 브라만교를 이끄는 브라만에 대한 비판이 격렬해지는 것이었다.

'베다를 암송하고 제식을 집행하는 우리는 존귀하다!'고 으스대는 브라만에게서 사람들의 마음은 점점 멀어졌다. 그리고 브라만교를 대신할 새로운 믿음의 대상을 구하기 시작했다.

 깨달음의 종교, 불교의 탄생

그때 등장한 사람이 **고타마 싯다르타**, 즉 '붓다'이다. 그는 브라만교의 권위주의를 비판하고 개인이 올바른 행(行)을 실천하여 깨달음을 얻음으로써 삶의 고통으로부터 '해탈할' 것을 설파했다.

왕족으로 태어난 붓다는 생로병사 같은 '삶의 근원적인 고통'을 마주하고자 왕족의 삶을 버리고 출가했다.

그리하여 '사람이 살아가면서 괴롭다고 느끼는 것은 번뇌, 즉 "욕망"이 있기 때문'이라는 생각에 도달했다. 식욕이 있기 때문에 배가 고파서 괴롭고, 성욕이 있기 때문에 채우지 못해서 괴롭다는 것이다. 그래서 그는 욕망을 버리기 위해서 혹독한 고행을 했다. 그러나 식욕을 버리고자 단식을 하면 더욱 배가 고파지고 욕망이 끓어올랐다. 숨을 참아 죽기 직전까지 몸을 혹사하니 생에 대한 집착이 점점 커졌다.

죽기 직전까지 고행한 끝에 마침내 '욕망을 버리자, 버리자 하면 더욱 욕망에 사로잡힌다. "욕망을 버리고자 하는 욕망"까지 버리려면 욕망을 적절히 채우되 그 이상 구하지 말아야 한다. 그저 올바른 행을 실천해야 한다'라는 깨달음을 얻었다. 이런 붓다의 지혜가 크샤트리아 계급 사이에 퍼져 지배자 계급이 정신적으로 의지하게 되면서 점차 불교를 중심으로 한 국가가 형성되어갔다.

 브라만에 대한 비판에서 탄생한 또 하나의 종교

불교와 마찬가지로 브라만교에 대한 비판에서 탄생한 종교가 또 하나 있다. 바로 자이나교이다.

바르다마나라는 인물이 창시한 종교로, 이 종교에서는 '철저한 생명 존중 (불살생)'과 '무소유' 등의 계율을 완벽하게 지키라고 말한다. 이 '철저한 실천' 은 자이나교 특유의 '고행'으로 이어진다.

불교가 '적절히 욕망을 채우되 그 이상을 구하지 않는다'고 생각한다면, 자이나교는 '단식을 하려면 죽을 때까지 하는 것이 이상적'이라고 생각하고 '엄격한' 규범을 중시한 것이다.

'무소유'를 내세운다는 점을 고려하면 의아하지만, 자이나교의 가르침은 바이샤 계급, 특히 상인들 사이에 널리 퍼졌다. 지금도 인도에는 약 400만 명의 자이나교도가 있다. '무소유'를 내세우기 때문에 '돈을 쓰지 않게 되어서 오히려 큰 부자가 된' 사람이 많은, 독특한 성향의 종교이기도 하다.

 브라만교의 개혁을 위해 등장한 '우파니샤드 철학'

비난의 대상이 된 브라만교도 손 놓고 구경만 한 것은 아니다. 그중에는 권위주의와 사치에 빠져 지내는 사제들을 비판하는 브라만도 있었다. 이런 브라만교 내부의 혁신에서 탄생한 사상이 우파니샤드 철학이다. 우파니샤드 철학은 단지 의식을 집전하기 위해 베다를 암송하는 것이 아니라 브라만이 철학적으로 사색을 하고 제대로 된 종교인이 되도록 요구했다.

최초로 인도를 "통일한" 거대왕조

 인도 '최초'의 통일 왕조 성립

인도 대륙에 흩어져 있던 여러 국가들 중에서 마침내 전체를 하나로 아우른 '통일 국가'가 나타난다.

통일의 계기를 제공한 것은 동서로 길게 자리잡고 있었던 대제국 '알렉산드로스 제국의 등장'이었다.

알렉산드로스가 동방 원정길에서 페르시아를 무너뜨리고 인도까지 육박하자 분열 상태로는 도저히 그와 대적할 수 없겠다고 판단한 인도 대륙의 여러 나라들이 서로 동맹을 맺거나 약한 나라를 공격하여 흡수하는 등의 방식으로 조금씩 뭉치기 시작한 것이다. 이런 움직임 속에서 두각을 나타낸 인물이 **찬드라굽타**였다.

그는 코끼리 부대를 활용한 강력한 군사력으로 인도 전역을 지배하며 '인도 최초의 통일 국가'인 마우리아 왕조를 세웠다.

마우리아 왕조의 3대째 왕인 아소카 왕은 정복 활동에 더욱 매진하여 남단을 제외한 전 인도를 통일하는 데 성공했다.

아소카 왕은 나라를 통합하기 위해 불교의 힘을 활용했다. 불교의 윤리 다르마를 국가 통치 이념으로 삼고 '부모를 공경하라', '생물을 소중히 여기라' 등의 도덕을 석벽(마애비)이나 돌기둥(석주비)에 새겨 각지에 세우도록 한 것이다.

그래서 마애비와 석주비가 있는 장소를 돌아보면 마우리아 왕조의 지배 영역을 알 수 있다.

그밖에도 아소카 왕은 스리랑카에 불교를 전파했고, 부처의 가르침을 올바르게 이해하기 위해서 각지에 흩어져 있는 문헌들을 모아서 불교 경전을 편찬

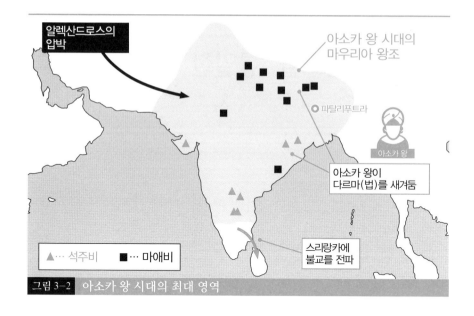

알렉산드로스의 압박

아소카 왕 시대의 마우리아 왕조

●파탈리푸트라

아소카 왕

아소카 왕이 다르마(법)를 새겨둠

스리랑카에 불교를 전파

▲⋯ 석주비   ■⋯ 마애비

그림 3-2 아소카 왕 시대의 최대 영역

하는 '불전 결집'을 지시하는 등 흡사 불교의 수호자 같은 자세로 불교를 발전시켰다.

 동서 문화의 융합지, 간다라 지방

마우리아 왕조 다음에 들어선 왕조는 쿠샨 왕조이다. 마우리아 왕조가 무너진 뒤, 이란계 민족이 인도에 들어와 건국한 왕조이다.

인도를 통일한 국가라고 하지만, 국가의 위치가 북쪽으로 치우쳐 있다. 이렇게 북으로 치우친 위치가 쿠샨 왕조의 가장 큰 특징이다. 북쪽으로 뾰족하게 솟아나온 지역의 명칭이 간다라 지방이다.

간다라 지방의 특징은 '동서 융합'이다. 이 지역이 북쪽으로 치우쳐 있기 때문에 동서를 잇는 교역로, 이른바 '실크로드'가 통과하게 되어 동서의 문화, 즉 중국과 페르시아, 그리스 문화가 유입되게 된 것이다.

그리하여 꽃핀 것이 '간다라 미술'이다. 불상인데도 콧대가 날카롭다거나 그리스풍 주름이 있는 옷을 입고 있는 등 그리스 조각의 영향이 강하며, 다양한 양식이 섞여 있음을 알 수 있다.

쿠샨 왕조의 왕 중에서 가장 유명한 인물은 **카니슈카 왕**이다. 이 왕도 불교를 보호한 것으로 잘 알려져 있다.

나가르주나라는 인물은 카니슈카 왕 시대에 대승 불교를 창시했다. 그 전까지의 불교는 '개인의 깨달음'에 의한 해탈을 지향했는데, '대승 불교'는 불교의 힘으로 사람들을 구제할 수 있다고 설파했다. 이 불교는 일본, 한국, 중국 불교의 원류가 되었다.

동서 해상 루트의 중계 지점이 된 남인도

앞에서 언급한 대로 쿠샨 왕조는 '북쪽으로 치우쳐' 있었기 때문에 인도의 남쪽에는 '통합되지 않은 공간'이 있었다. 그 남인도에 있었던 국가가 사타바하나 왕조이다.

남인도는 인도양으로 돌출한 형태이기 때문에 당시 동서양의 최대 국가였던 로마 제국과 후한 왕조 사이에서 해상 교역로의 중계지점 역할을 할 수 있었다. 남인도는 이를 통해 크게 번성했다.

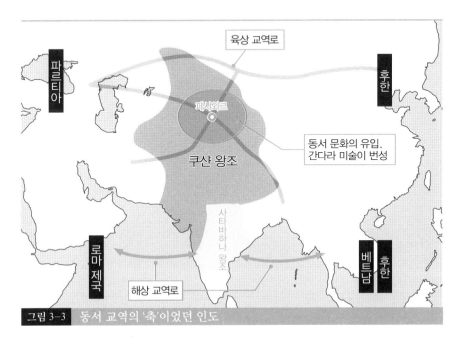
그림 3-3 **동서 교역의 '축'이었던 인도**

힌두교의 확립으로 완성된 인도의 고전 문화

 모든 것을 흡수한 'The 다신교'의 성립

쿠샨 왕조가 멸망하고 약 100년이 지난 뒤, 굽타 왕조가 들어섰다. 건국자는 **찬드라굽타 1세**이고, **찬드라굽타 2세** 때에 이르러 전성기를 맞았다. 이 시대에는 쿠샨 왕조와는 또다른 굽타 문화를 꽃피웠다.

일단 종교적인 측면에서는 브라만교에 뿌리를 둔 힌두교의 확립이라는 커다란 변화가 일어났다. 힌두교는 기존의 브라만교에 다양한 민간 신앙이 혼합된 종교이다.

시바 신(파괴, 창조의 신), 비슈누 신(세계를 유지하는 신) 등이 존재하는 종교적 세계에 민간에서 믿어온 수많은 신을 결부시켜(불교의 석가모니도 비슈누 신의 화신으로 포함) 하나로 만든 것이다. 여기에서는 석가모니도 힌두교 신들 중의 하나이기 때문에 해석상으로는 불교 신도도 모두 힌두교도라는 말이 된다.

힌두교는 그 시대에 만들어진 『마하바라타』, 『라마야나』 등의 문학작품을 종교적으로 해석하여 경전으로 삼았다. 또 바르나, 다시 말해 각각의 신분이 져야 할 의무를 기록한 『마누 법전』이 힌두교도의 생활규범 역할을 했다(높은 신분에게는 높은 신분의 규범, 낮은 신분에게는 낮은 신분의 규범이 있다는 것이 생활 속에 정착된 것으로, 바로 이 점이 인도의 신분 격차를 메우지 못하는 원인이기도 하다).

힌두교가 석가모니를 여러 신 중 하나로 받아들일 정도이니 굽타 왕조에서는 불교도 하나의 종교로 인정을 받았다. 그래서 날란다 사원에서는 불교 교리 연구가 활발히 이루어졌고, 아잔타 석굴 사원과 엘롤라 석굴 사원 등 굽타

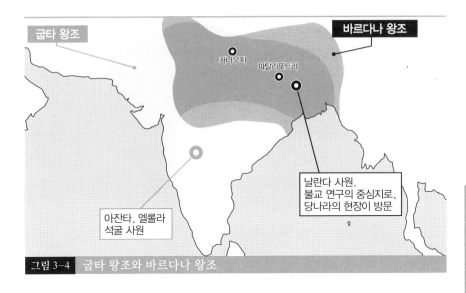

굽타 왕조

바르다나 왕조

캐나우지

파탈리푸트라

날란다 사원.
불교 연구의 중심지로,
당나라의 현장이 방문

아잔타, 엘롤라
석굴 사원

그림 3-4   굽타 왕조와 바르다나 왕조

양식의 사원과 불상 같은 불교 문화도 꽃피울 수 있었다.

 삼장법사가 찾아다닌 '천축'은 여기에 있었다!

굽타 왕조가 이민족의 침입을 받아 무너진 뒤, **하르샤 바르다나 왕**은 북
(北)인도를 통일한다. 바르다나 왕조라고도 불리는데, 하르샤 왕의 사망과 동
시에 나라도 무너졌으니 단 한 명의 왕으로 막을 내린 왕조이다.

바르다나 왕조의 이름이 유명해진 것은 **현장**이라는 중국인 덕분이다. 바르
다나 왕조로 불교를 배우러 간 그는 불교의 도덕인 『경장』, 석가모니의 가르
침인 『율장』, 경전의 해석인 『논장』 등 "세 가지 계통"의 불교 경전에 정통하게
되었다. 그래서 그를 '삼장 법사'라는 호칭으로 부른다.

 300년이나 분열 상태로

바르다나 왕조가 멸망한 후 약 300년 동안 인도는 분열 상태에 빠지게 된다.

이 시기에는 여러 왕조가 흥했다가 쇠하고 서로 대립하기를 되풀이했다. 그
런 분열 상태를 끝내고 인도에 다시 질서를 정착시킨 사람들은 이슬람 세력이
었다.

힌두교와 이슬람교의 융화 및 분열

 델리가 인도의 중심으로

이제 인도의 주인공이 이슬람 세력으로 넘어간다. 10세기–11세기에는 가즈니 왕조, 12세기에는 고르 왕조 등 이슬람 세력이 북인도에 차례로 유입된 것이다.

13세기에는 튀르크인 노예병 출신인 **아이바크**라는 인물이 북인도를 거의 통일하고 노예 왕조를 세웠다. 노예 왕조는 이후 약 300년에 걸쳐서 델리를 수도로 삼고 왕조를 이어나갔으므로, 이 시기를 델리 술탄 왕조 시대라고 부른다.

 인도 "최강"의 이슬람 국가 탄생

인도의 이슬람 왕조 중 최고의 강성함을 자랑한 왕조는 무굴 제국이다.

초대 황제인 **바부르**가 델리 술탄 왕조 최후의 왕조인 로디 왕조를 격파하고 나라를 세운 이후, 무굴 제국은 300년 이상 인도를 통치했다. 참고로 '무굴'이란 '몽골'을 가리킨다. 바부르가 몽골인의 혈통이었기 때문에 나라 이름에도 '무굴'이라는 말이 들어간 것이다.

 인도 역사상 최고의 "명군" 아크바르

무굴 제국은 인도의 이슬람 왕조 중에서 가장 넓은 영토를 보유했고, 군주가 절대 권력을 누렸던 나라이다. 당연히 황제들은 이슬람 왕조의 군주로서 인도 전체에 이슬람교를 전파하고 싶어했지만, 여기에는 종교적인 "마찰"이 뒤따랐다.

이슬람교는 일신교, 다시 말해 알라 이외의 신을 인정하지 않으며 모든 신자는 평등하다고 말한다.

그러나 인도 민중의 신앙에는 역사적인 배경 등으로 인해서 힌두교의 전통이 깊숙이 배어 있었다. 힌두교는 잡다한 신들을 흡수한 다신교인 데다가 카스트 제도, 즉 신분의 개념과 밀접한 연관이 있었다. 요컨대 '평등을 내세우는 일신교'와 '신분제를 이야기하는 다신교'라는 정반대의 종교가 바로 이슬람교와 힌두교인 것이다.

지배를 확대하면 할수록 물과 기름 같은 두 신도 사이의 갈등이 깊어지니 무굴 제국의 입장에서는 참으로 골치 아픈 문제였다. 그리하여 3대 황제인 아크바르는 두 신도 간의 융화를 꾀했다. 힌두교도를 아내로 삼았고 이슬람 세계에서 관습적으로 부과하던 '이교도에 대한 지즈야(인두세)'를 폐지했다. 세제 평등을 통한 이슬람교도와 힌두교도의 융화를 위해 노력한 것이다. 또 수도를 아그라로 천도하여 제국의 중앙 집권화를 추진했다. 아크바르는 종교 간의 융화에 힘쓰고 나라를 안정시킨 업적으로 인도 역사상 최고의 명군으로 불린다.

 '세계에서 가장 아름다운 무덤'의 건설

5대 황제 샤자한은 '무덤'으로 유명한 왕이다. 사랑하는 아내 뭄타즈 마할의 죽음을 비통해하던 그는 순백의 대리석으로 '세계에서 가장 아름다운 무덤' 타지마할을 지었다.

샤자한은 강 건너편에 검은 대리석으로 또 하나의 검은 타지마할을 지을 생각이었지만(항공 사진을 보면 건설 용지가 확보되어 있다), 건설 비용(22년간 2만 명의 장인을 고용했다고 한다)을 대느라 국가 예산이 바닥난 상태였다. 이에 나라의 앞날을 걱정한 아들 아우랑제브가 반란을 일으켜서 부왕을 감금했다.

아들에게 배신당한 샤자한의 관은 타지마할 내부에 있는 아내의 관 옆에 놓였다고 한다.

델리에서
아그라로 수도를 이전

무굴 제국

델리 O
아그라 O

아크바르의
지배 영역

아우랑제브의
최대 영토

샤자한이
타지마할을 건설

아크바르

아우랑제브

그림 3-5 무굴 제국의 최대 영토

 힌두교에 대한 불관용 노선의 부활

부왕에게 반기를 들었던 야심가 아우랑제브는 왕성하게 원정에 나섰다. 그 결과, 무굴 제국의 최대 영토를 확보하는 데 성공한다.

아우랑제브는 매우 독실한 이슬람교 신자였기 때문에 기존 무굴 제국의 유화적인 종교 정책을 부정하고 이슬람의 종교관과 정반대의 사상을 가진 힌두교 신자에 대해 엄격한 정책을 펼쳤다.

무엇보다 힌두교 신자에 대한 지즈야를 부활시켜 다신교를 믿는 이들에 대한 세제상의 차별을 두었다. 그러자 인도 인구의 90퍼센트에 달하는 힌두교 신자가 일제히 반발하고 나섰고, 각지에서 빈번히 반란이 일어났다.

아우랑제브의 통치기에 영국은 뭄바이와 콜카타를, 프랑스는 찬다나가르와 퐁디셰리 같은 도시를 점령하고 인도 식민지화에 나섰다. '정상은 곧 하락의 시작점'이라고 했던가? 아우랑제브의 통치기야말로 그 말이 딱 들어맞는 시대였다.

중국의 역사

제4장 중국의 역사 큰 줄기

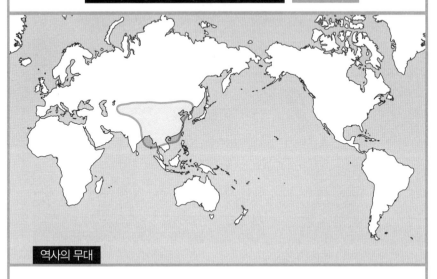

역사의 무대

황제의 인품에
크게 휘둘린 중국의 역사

중국 역사에서 가장 중요한 키워드는 '황제의 인품'이다.

광활한 영토와 막대한 인구를 자랑하는 중국에서는 지배자 한 명에게 권력이 집중되기 쉽기 때문에 황제의 인품이 통치에 직접적으로 반영되는 경우가 많았다.

황제의 품성이 훌륭하면 안정적인 통치가 이루어졌고, 반대로 황제의 품성에 문제가 있으면 나라가 쇠망하는 역사가 반복되었다.

급격하고 혹독하게 개혁을 추진하는 황제, 느슨하게 통치하는 황제, 여색에 빠져 나랏일을 방기하는 황제, 다른 나라가 모방할 만큼 명군인 황제 등 실로 다양한 황제가 등장했다.

양쯔 강 문명	황하 문명
	은
	주
춘추 전국 시대	
진(秦)	
전한	
후한	
오 / 촉 / 위	
진(晉)	
남조	5호 16국 / 북위
수	
당	
5대 10국	
북송	요
남송	금
원	
명	
청	

북방 민족이 세운 정복 왕조

제4장 "중국의 역사" 개요도

두 개의 큰 강이 키워낸 고도의 문명

 황하 문명과 양쯔 강 문명

중국 북부에 있는 황하와 남부의 양쯔 강. 중국을 대표하는 이 두 강은 고대 문명의 발상지일 뿐만 아니라 오랜 세월 수많은 왕조가 흥망을 되풀이한 무대이기도 하다.

북부의 황하 유역은 강우량이 적어 벼를 키우는 데 적합하지 않아서 보리나 수수 등 밭농사가 중심을 이룬다. 한편 남부의 양쯔 강 유역은 온난하고 강우량이 많아 벼농사를 중심으로 한다.

중국을 여행할 때 밥 한 끼를 먹어도 북쪽에서는 면류(밀가루)가 주를 이루지만, 남쪽에서는 쌀밥이 많이 나오니 먹거리만 보아도 중국 남북의 문화 차이를 느낄 수 있다.

북쪽의 황하 문명은 두 단계에 걸쳐 문화가 발전했다. 전반에는 채도(彩陶)라는 붉은 질그릇을 쓴 양사오 문화, 후반에는 흑도(黑陶)라는 광택이 있고 검은, 고온에서 구운 토기를 쓴 룽산 문화가 발달했다.

양사오 문화가 번성했을 때는 움집을 짓고 여기저기 흩어져 살다가, 룽산 문화 후반 무렵에 이르러서는 취락을 형성하기 시작했다. 그 취락을 읍이라고 한다.

남쪽의 양쯔 강 문명은 허무두(河姆渡) 문화와 양저(良渚) 문화라고 불리는 문명이 발전했다. 토기와 제사 의식을 치렀던 유적도 발굴되어 국가의 원형이 만들어졌음을 알 수 있다. 한쪽은 '강(河)에 여자(女)에 어머니(母)'의 문화, 또 한쪽은 '좋은(良) 물가(渚)'의 문화라고 하니 틀림없이 비옥하고 풍요로운 땅이었을 것이다.

'미색에 빠져 망한!?' 두 왕조

 폭군 때문에 망한 은 왕조

앞에서 언급한 대로 황하 문명 후기에 '읍'이라는 취락이 출현했다. 많은 읍들이 중국 전역에 생기자 그중에서도 주도적인 역할을 하는 대규모 읍이 등장한다. 이런 '대읍'이 여타 읍들을 복속시켜 탄생한 왕조가 은 왕조이다.

은의 수도 유적(은허)은 어느 학자가 약재로 팔리는 오래된 거북의 등딱지와 짐승 뼈의 표면에서 처음 보는 문자(갑골 문자)가 새겨져 있는 것을 발견하고, 약재상에게 이것들을 어디서 입수했는지를 물어서 발굴하기 시작했다고 한다.

은 왕조는 신에게 열심히 제사를 올리는 신권정치를 펼쳤다. 제사 때 거북의 등딱지와 짐승 뼈를 태워서 균열이 생기게 한 뒤, 그 균열의 모양에 따라 길흉을 점치고 그 결과대로 나라를 다스린 것이다. 또한 은 왕조는 중국 역사의 초기에 해당하는데, 이때 벌써 현대 기술로도 재현하기 어려운 정교한 청동기를 사용했다고 하니 놀라운 일이다.

은 왕조의 마지막 왕은 주왕이다. 중국 고전에는 '악정을 펼친 잔인하고 난폭한 왕'의 대표 격으로 묘사되고 있다. 절세 미인이었던 달기에게 빠진 주왕이 정치를 소홀히 한 탓에 은나라가 망했다고 전해진다(달기와 연회를 할 때는 정원의 연못을 술로 채우고 주위 숲의 나뭇가지에 고기를 걸어서 호화로운 술판을 즐겼다는 일화에서 비롯된 '주지육림(酒池肉林)'이라는 말이 있다).

 '대가족'처럼 통치한 주 왕조

은을 토벌한 무왕이 세운 왕조가 바로 주 왕조이다. 주 왕조는 번영을 누렸던

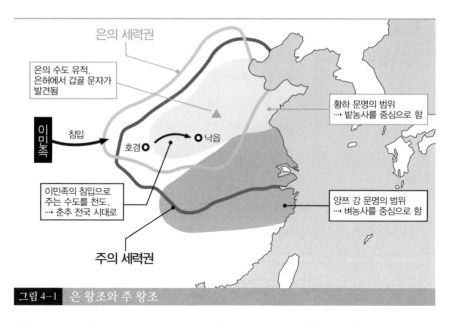

은의 세력권

은의 수도 유적.
은허에서 갑골 문자가
발견됨

황하 문명의 범위
⋯▸ 밭농사를 중심으로 함

이민족

침입

호경○   ○낙읍

이민족의 침입으로
주는 수도를 천도.
⋯▸ 춘추 전국 시대로

양쯔 강 문명의 범위
⋯▸ 벼농사를 중심으로 함

주의 세력권

그림 4-1 은 왕조와 주 왕조

전반기와 쇠약해진 후반기로 나눌 수 있는데, 전자를 '서주', 후자를 '동주'라고 구별하여 부른다.

서주를 다스린 왕조는 봉건제라는 지배 체제를 도입하여 토지를 신하에게 나눠주고 그들에게 지방 통치를 맡겼다. 여기까지는 앞에서 등장했던 유럽의 봉건제와 같지만, 주의 경우는 혈족을 중간에 세웠다는 특징이 있다.

왕은 혈연관계에 있는 사람에게 지방 통치를 맡겨 제후로 삼고, 제후도 마찬가지로 받은 영토를 혈연관계에 있는 부하에게 나눠주고 다스리게 했다. 말하자면 같은 조상을 둔 '대가족'을 거느리듯이 나라를 다스린 것이다. 이런 혈연관계를 종족(宗族)이라고 하는데, 주나라는 종족 간의 결속을 다지기 위한 관습인 '종법(宗法) 제도'를 중시했다.

서주도 미색에 빠진 왕으로 인해 나라가 약해졌고, 이민족의 침입으로 수도를 빼앗겼다는 고사가 있다. 그래서 은과 주의 고사로부터 '경국지색(傾國之色)'이라는 말이 탄생했다.

'미색에 빠진 통치자가 국정을 소홀히 하여 나라를 망치는 원인이 되는' 예는 그후의 중국 역사에서도 여러 번 찾아볼 수 있다.

500년간 지속된 중국 역사 최장의 전란 시대

'왕을 위해'라는 명분으로 싸운 춘추 시대

주 왕조 후반기는 '동주'라고 불리는데, 그 이유는 호경이라는 수도가 이민족의 공격에 함락된 후 동쪽에 있는 낙읍으로 천도했기 때문이다. 이때부터 중국은 500년이나 되는 길고 긴 전란 시대, 춘추 전국 시대에 돌입한다.

춘추 시대만 해도 제후들이 '종가'인 주 왕조를 존중했기 때문에, '주 왕조를 이민족의 침략으로부터 지키겠다'는 명목으로 **'주 왕조를 지킬 최고 유력자(패권자)를 정하기 위한'** 전란이 펼쳐졌다. 주 왕조를 존중하고 이민족으로부터 지키는 행위를 존왕양이라고 했는데, 이는 일본에서도 외국 세력을 물리치고 나라를 지킨다는 의미로 쓰였다.

'패권자들' 중에서도 강력한 힘을 가졌던 제나라의 환공, 진나라의 문공 등을 함께 일컬어 '춘추 5패'라고 한다.

지존을 가리는 싸움에 변화가 일어나다

춘추 시대가 전국 시대로 넘어가는 시점에 세 가지 변화가 일어났다.

첫 번째는 하극상 풍조이다. 춘추 시대에 가장 강한 나라였던 진(晉)나라가 신하들 손에 넘어간 이후 한, 위, 조 나라로 쪼개진 것이다. **하극상은 아랫사람이 윗사람을 넘어뜨리는 약육강식의 분위기가 형성되었다는 것을 뜻한다.**

두 번째는 철제 농기구를 사용하기 시작하면서 농업 생산성이 크게 향상되었다는 것이다. 기존에 쓰던 청동 농기구는 이가 빠지거나 부러지기 쉬워서 애초부터 농사일에는 적합하지 않았다.

생산성이 향상되면 생산물을 둘러싼 다툼도 치열해진다. 농기구를 만드는 데 쓰이지 않게 된 청동은 새로운 용도를 얻었다. 그것이 바로 세 번째 변화인 '청동화폐'의 탄생이다. 청동은 황금 같은 광택이 있어서 화폐를 만드는 데 최적의 재료였다. 이때부터 화폐는 재산을 쌓는 수단이 되었고, 사람들은 화폐를 가지기 위해 치열하게 싸웠다.

 ## 대혼전의 마지막 승자인 진(秦) 왕조

춘추 시대만 해도 주 왕조는 존중을 받았고, 전쟁은 어디까지나 신하들 사이의 서열을 정리하기 위한 다툼이었다. 그러나 전국 시대에 들어서면서 주 왕조의 권위는 추락했고, 전쟁은 주 왕조와 상관없이 진짜 승자를 정하기 위한 싸움으로 변했다.

여러 제후국 중에서 전국 7웅이라고 불렸던 한, 위, 조, 진, 초, 제, 연 7개국이 유력한 제후국으로 꼽혔는데, 이 나라들 모두 부국강병에 힘쓰며 천하통일을 꿈꾸었다.

그중에서 최강국으로 약진한 나라가 진나라이다. 7웅 중 가장 서쪽에 있었던 진나라는 말을 구하기가 용이했고, 융통하기 좋은 원형 화폐를 썼으며, 법가 사상을 도입해 법에 따라 통치하고 나라의 힘을 키웠다. 그 결과, 전국 시대라는 대혼전의 마지막 승자 자리를 차지할 수 있었다.

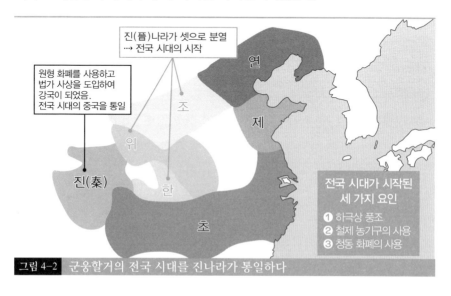

그림 4-2 군웅할거의 전국 시대를 진나라가 통일하다

군주를 "지도한" 사상가들

 패왕들의 조언자 제자백가의 등장

춘추 전국 시대에는 수많은 사상가(제자백가)가 출현했다. 그 시대의 왕들은 어떻게 하면 나라를 통합하고 국력을 키울 수 있을지 조언을 구하기 위해 늘 사상가를 초대했다.

왕들은 '전쟁에 이기는 방법'뿐 아니라 '어떻게 하면 자신의 지시가 온 나라에 전달될지', 또는 '어떻게 해야 신하들이 뜻을 모을 수 있을지' 등 통치방법론에 관한 정보를 구했다. 사상가들은 왕에게 '통치에 대한 지도'를 하는 조언자 역할을 한 것이다.

 제자백가 ① '상하관계'를 따져 나라를 다스리는 유가

제자백가의 대표로는 **공자**를 시조로 받드는 유가를 꼽을 수 있다. 그들은 '상하관계를 확립하는 것이 나라를 안정시킨다'는 생각으로 부자, 사제, 군신 등 위, 아래를 살펴 질서를 잡으면 나라가 안정될 것이라고 주장했다.

이를 위하여 공자는 군주는 '덕'으로 좋은 정치를 펼치고 신하는 '예'를 행동으로 나타낼 것을 중시했다.

일본의 학교 교육도 에도 시대에 도입된 유교 사상의 영향이 강해 '선생님은 좋은 수업을 하고', '학생은 선생님을 공경하며 행동으로 예의를 나타내기'를 추구하고 있다.

훗날 유가는 맹자와 순자라는 두 명의 사상가를 배출했다. **맹자**는 사람 마음의 본질이 선이라는 성선설을 주장하며 '군주가 선정을 펼치면 신하는 감동을 하고, 자연히 예를 다할 것이 분명하다'고 강조했다. **순자**는 이와 달리 사람의 마음은 본질적으로 악이라는 성악설을 주장했다. '자연히 예를 갖출 것이라는 생각은 안이하다. 제대로 예를 다하게 하는 것이 먼저이고, 그런 다음에 군주의 덕이 있는 것'이라며 형식부터 갖추어야 한다고 강조했다.

제자백가 ② 법을 지키게 하는 것이 가장 중요하다고 보는 법가

순자의 생각대로라면 '군주가 선정을 펼치든 악정을 펼치든 사회질서를 지키려면 "형식", 즉 법부터 지키게 해야 한다'는 결론에 도달하게 된다. 상앙, 한비자, 이사는 그런 법의 중요성을 강조했기 때문에 법가라고 불리게 되었다. 이중에서도 진(秦)나라를 섬긴 상앙은 나라를 법치 국가로 발전시켰다.

제자백가 ③ 무차별적인 '사랑'이야말로 중요하다고 보는 묵가

나라에 상하의 질서를 정착시켜야 한다고 강조한 유가를 비판한 사상이 묵자를 중심으로 한 묵가이다. 묵가의 사상가들은 무차별적이고 평등한 사랑(겸애[兼愛])을 강조하며, 상하관계(사람에게 신분이나 처지 등으로 차이를 두는 것)를 통치의 수단으로 삼는 유가의 사상을 비판했다.

제자백가 ④ 자연에 맡기는 것이 옳다고 주장한 도가

노자와 장자는 무위자연이야말로 옳다고 생각하며, 유가처럼 인위적으로 만들어낸 예의나 도덕 등의 질서를 비판했다. 이 같은 생각은 나중에 다양한 사상들과 결합해 도교라는 민간 종교의 뿌리가 된다.

이외에도 외교 정책을 논하고 국가 간의 동맹을 권하거나 갈등을 조장한 종횡가(소진, 장의), 싸움에 이기는 방법을 논한 병가(오자, 손자), 인간 사회의 모든 현상을 '음'과 '양'으로 논한 음양가(추연), 농업기술을 논한 농가(허행), 논리학을 설한 명가(공손룡) 등의 제가백가들이 있었다.

군주들은 이런 제가백가에 조언을 구해 자신의 나라를 강하게 만들고자 노력했다.

중국을 최초로 "통일한" 시황제

 중국 '최초'의 황제 시황제

춘추 전국 시대의 오랜 전란이 끝난 뒤, 진나라의 시황제는 중국 전체를 남에서 북까지 하나로 뭉친 '중국 최초의 통일 왕조'를 건설했다.

시황제가 처음부터 '황제'라는 명칭을 쓴 것은 아니다. '정(政)'이라는 이름의 그는 진나라의 왕이었는데, '전국 7웅' 중에서 나머지 6개국을 정복하고 천하를 통일한 시점부터 '황제'라는 명칭을 사용했다고 한다.

이때부터 중국에 '강대한 독재 권력을 가진 한 명의 황제가 남북을 하나로 합하여 중국을 지배하는' 상황이 시작된다.

 중국을 '통일하리라!'

시황제는 수도 함양에 아방궁이라는 거대한 궁전을 짓고 통치를 시작했다.

시황제의 정치는 '시(始)'라는 말 그대로 모든 것의 시초였다. 그는 기존에 각양각색이었던 중국을 하나로 모으는 데 중점을 두었다.

예를 들어보자. 전국 시대에 7웅이라고 불렸던 나라들은 각국마다 자체 화폐를 제조했다. 문자부터 무게, 길이의 단위는 물론이고 하다못해 마차 바퀴의 폭까지 다 달랐다. 이에 시황제는 화폐는 '반량전', 문자는 '전서체'로 정리하는 등 모든 것을 하나로 통일했다. 이외에도 중국을 혈연이 아닌 관료제, 다시 말해 '공무원' 체제로 다스리고자 했다. 전국을 군으로 나누고, 군은 다시 현으로 분할하는 군현제를 시행하여 황제의 명령 하나면 나라를 움직일 수 있는 중앙 집권 국가를 건설한 것이다.

또한 북방 민족으로부터 나라를 지키기 위해서 전국 시대에 여러 나라들이 독자적으로 쌓았던 장성을 연결하여 만리장성을 구축함으로써 하나가 된 중국을 지키고자 했다.

 유가를 가차 없이 생매장하다

시황제는 선조인 효공처럼 법가 사상을 받아들였다. 그리고 법가의 대표적인 사상가인 **이사**를 승상(최상급 벼슬)에 임명하고 엄격한 법치주의를 실현하고자 했다.

반면 유가는 책을 불태우고(분서) 유생들을 구덩이에 묻어 죽이는(갱유) 등 가혹하게 탄압했다(분서갱유). 법가의 이념은 '군주가 어떤 인물이건 법은 법'이라는 것이지만, 유가는 '신하는 군주에게 예를 다하지만, 군주도 어진 정치를 하고자 항상 유의해야 한다'는 점을 이념으로 삼는다. 쉽게 말해 유가는 '군주도 정치를 똑바로 하라!'고 왕에게 주장하는 것이나 다름없다. 황제에 대한 비판으로 이어질 수 있는 유가의 특징이 시황제의 역린을 건드려 탄압을 받게 된 것이다.

 급격한 개혁에 백성이 반발

시황제의 정치는 중국을 하나로 묶어 중국의 초석을 닦았지만, 급격한 개혁은 자연스럽게 반발을 불러왔다.

백성들은 만리장성과 도로의 건설 등 토목 공사의 노역에 시달린 데다가 세금 납부가 조금이라도 늦어지면 처벌을 받았다. 이런 시황제의 정치는 갈수록 백성의 원성을 키웠다.

그리고 마침내 그 원성은 진승과 오광의 난이라는 대규모 반란으로 이어졌다. 사건의 계기는 만리장성 경비에 동원된 농민들의 저항이었다.

관리를 직접 임명해 내 수족처럼 전국을 지배하겠다!

시황제

임명

군 군수 현 현 현

군 군수 현 현 현

군 군수 현 현 현

군 군수 현 현 현

군 군수 현 현 현

그림 4-3 시황제의 중앙 집권 체제

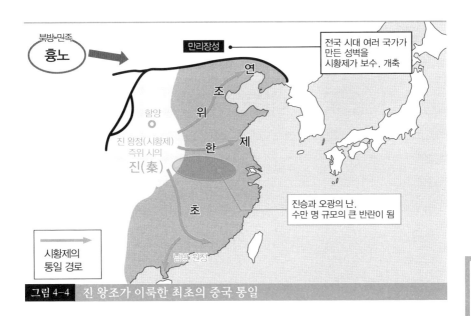

북방 민족
흉노

전국 시대 여러 국가가
만든 성벽을
시황제가 보수, 개축

만리장성

연

조

위

제

함양

진 왕정(시황제)
즉위 시의
진(秦)

한

진승과 오광의 난.
수만 명 규모의 큰 반란이 됨

초

시황제의
통일 경로

남방 원정

그림 4-4 진 왕조가 이룩한 최초의 중국 통일

당시 진나라에는 지각을 한 자는 사형에 처하는 법이 있었는데, 홍수 때문에 농민들이 도착 기한을 지키지 못하고 늦는 일이 잦았다. 그러자 농민 중 진승과 오광이라는 인물이 '어차피 죽을 목숨, 반기라도 들어보자!'며 봉기했다. 처음에 900명 정도였던 반란군의 수는 한 달 뒤에 수만 명 규모로 불었다. 그러나 계획된 반란이 아니었던 탓에 진승과 오광은 도중에 분열을 일으켰고 결국에는 진압되고 말았다.

그런데 곳곳에서 불만을 품은 사람들이 이 반란에 자극을 받아 하나씩 난을 일으키기 시작했다. 역사적인 인물인 **항우**와 **유방**도 이 무렵에 차례로 일어섰고, 결국 진나라는 멸망의 길을 걷게 된다.

항우와 유방은 나중에 치열한 다툼을 벌이는데, 덕망 높은 유방이 뛰어난 무예를 자랑하는 항우를 꺾고 한 왕조를 세운다. 그렇게 진 왕조는 불과 15년 만에 막을 내렸다. 이후에는 전한, 후한을 합하여 400년이나 이어지는 한 왕조가 시작된다.

시황제의 성급한 개혁은 진 왕조의 수명을 단축했지만, 진 왕조가 만든 정치 체계와 사회 체제를 활용한 덕에 한 왕조는 '장수할' 수 있었다.

'한자', '한문', '한족'에 그 이름을 남긴 중국의 대표 왕조

 제후에게 "일임한" 지방 통치가 오히려 반란을 부르다

항우와의 싸움에 승리한 **유방**은 장안을 수도로 삼고 한 왕조를 세웠다.

농민으로 태어난 유방은 한때 도적이 된 적도 있으나, 그의 인품이 그를 황제의 자리까지 올려놓았다. 원래 나라 이름은 '한(漢)'이라는 한 글자였으나, 나중에 한 왕조가 잠시 멸망했다가 부활했기 때문에 먼저 존재한 나라를 전한(前漢)이라고 부른다. 유방은 '한이라는 위대한 왕조를 건설한 인물'이라는 의미에서 **'한고조(漢高祖)'**라고 불리기도 한다.

급격한 중앙 집권화로 반발을 샀던 진(秦) 왕조를 교훈 삼아서 관료제는 수

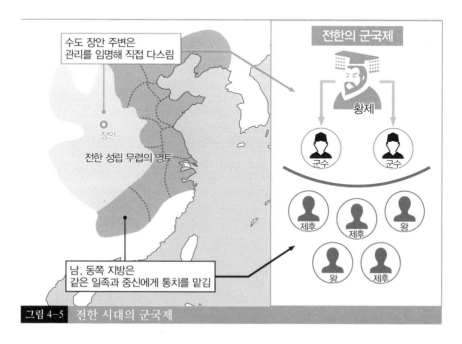

그림 4-5　전한 시대의 군국제

도 주변에만 적용하고 지방은 공로를 세운 중신에게 '통치를 맡기는' 군국제(郡國制)를 실시했다.

그러나 고조의 사후에 지방의 통치권을 '넘겨받았던' 중신들이 지방의 '우두머리'가 되어 반란(오초칠국의 난)을 일으켰기 때문에 전한은 지방 제후의 권한을 박탈하고 실질적인 중앙 집권 국가를 만들게 되었다.

전한의 황금기를 일군 무제

전한의 황금기는 7대인 **무제** 때 찾아온다.

유능한 야심가였던 무제는 '무(武)'라는 이름대로 베트남과 고조선을 정복하는 데 성공하여 지배 영역을 확대했고, 북방 유목 민족인 흉노와도 격전을 펼쳤다. 흉노는 한 왕조의 가장 큰 적이었다. 그들은 종종 만리장성 안쪽까지도 침입했고, 건국 영웅인 유방에게도 승리한 적이 있다.

무제는 흉노를 제압하기 위해 '비장의 수단'을 썼다. 흉노를 협공하려고 멀리 중앙 아시아의 대월지와 동맹을 맺고자 한 것이다. 사신으로는 **장건**이라는 인물을 선택했다. 장건은 장안을 출발할 때까지만 해도 의기양양했으나, 금방 흉노에게 붙잡혀 11년이나 억류당하는 처지가 되었다.

장건의 인품에 끌린 흉노의 왕은 장건을 중용하여 사형을 면제해주었을 뿐 아니라 아내까지 맞을 수 있게 했다(자식도 두었다고 한다). 그러나 장건은 결코 자신에게 주어진 사명을 잊지 않았다. 틈을 노려 대월지로 탈출한 것이다(아내와 자식은 불쌍하지만……).

대월지도 흉노에게 호되게 당한 적이 있기 때문에 동맹이 결성될 것으로 생각했지만, 대월지는 이미 무역 국가로 부를 쌓아 흉노에 대한 복수심을 잊은 상태였다. 결국 동맹 결성은 실패하고 만 것이다.

장건은 실의에 빠져 한나라로 돌아가려고 했지만, 불행하게도 또다시 흉노에게 잡혔다(그리고 다시 한번 탈출의 기회를 엿보던 장건은 무사히 기회를 잡아 한나라로 돌아갔다).

대월지와의 동맹에는 실패했지만, 장건이 입수한 서역에 관한 정보는 훗날 한나

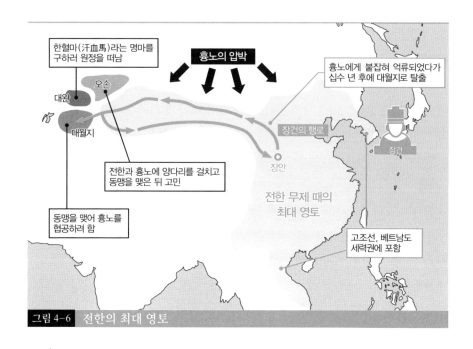

한혈마(汗血馬)라는 명마를
구하러 원정을 떠남

흉노의 압박

흉노에게 붙잡혀 억류되었다가
십수 년 후에 대월지로 탈출

오손

대완

대월지

장건의 행로

전한과 흉노에 양다리를 걸치고
동맹을 맺은 뒤 고민

장안

동맹을 맺어 흉노를
협공하려 함

전한 무제 때의
최대 영토

장건

고조선, 베트남도
세력권에 포함

그림 4-6 **전한의 최대 영토**

라가 서역으로 세력을 확대하는 계기를 만들었다.

무제는 국내 정치에도 힘을 쏟았다. 소금, 철, 술을 국가의 독점 판매품으로
정하여 수익을 올렸고, 새로운 화폐를 발행했으며, '유학의 상하관계로 나라
의 질서를 잡고자' 했다. 그리고 유학을 관학으로 삼아 유학의 가르침이 나라
를 다스리는 이념으로서 관료들 사이에 확산되도록 했다.

 정치 부패의 온상, 환관

무제 사후에 환관과 황후의 친족들이 정치에 간여하면서 전한은 쇠퇴의
길을 걷게 된다. 환관이란 '생식 능력을 빼앗긴 사내'(황후 및 궁녀들과 사통
하지 않도록 하기 위해)를 가리키는 말로 황제의 사생활을 시중드는 사람들
이다.

환관들은 '어차피 자손을 남기지 못할 바에는 살아 있는 동안에 실컷 권력
과 사치를 누리자'는 생각으로 황제의 측근에 있다는 사실을 이용하여 정치에
간여했다.

서쪽의 로마 제국에 필적하는
동쪽의 대제국으로 성장하다

 '새롭지만 낡은?' 전한과 후한 사이의 왕조

쇠락하는 전한으로부터 황제의 자리를 빼앗은 이는 **왕망**이라는 인물이었다. 왕망은 새롭다는 의미로 '신(新)'이라는 왕조를 세우지만, 국호와는 반대로 과거의 주 왕조를 이상으로 삼았다.

정치와 경제 모두 1,000년 전으로 돌아가자는 강인한 복고정치는 즉각 반발에 부딪혔고 결국 15년 만에 무너졌다. 현대의 정치가가 사회를 1,000년 전으로 돌리자고 주장한다고 생각해보면 왕망의 생각이 얼마나 무모했는지 확실히 알 수 있다.

 동쪽의 대제국 후한, 혼란 속에 사라지다

신나라를 무너뜨린 반란을 적미의 난이라고 한다.

이 반란과 거의 같은 시기에 군사를 일으킨 사람이 있었으니 바로 한 왕조의 자손 **유수**였다. 매우 신중한 성격으로 신하들로부터 두 번이나 황위에 오르기를 요청받았으나 모두 거절했던 그는 세 번째에 가서야 드디어 승낙했다고 한다. 그가 세운 왕조는 국호를 후한이라고 하고, 전란으로 황폐해진 장안을 버리고 낙양(뤄양)을 수도로 정했다. 내정을 중시하고 전쟁을 철저히 멀리한 광무제의 탁월한 국가 운영 덕에 후한은 곧 영광의 날을 맞는다(광무제는 자신의 앞에서 '전쟁'이라는 말조차 입에 담지 못하게 했다고 한다).

이 무렵 동쪽에는 '후한 왕조', 서쪽에는 '로마 제국'이라는 두 제국이 융성했다. 이 시대는 두 나라 간의 교류 덕분에 그 사이에 있는 나라들도 함께 번성한 것이 특징이다.

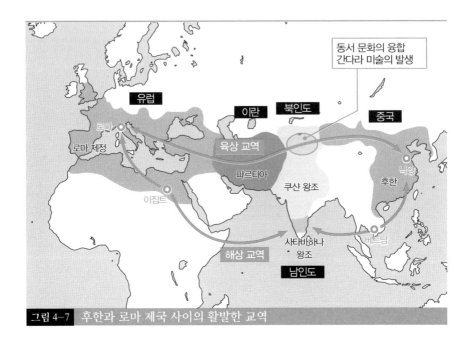

동서 문화의 융합
간다라 미술의 발생

유럽

이란   북인도

중국

로마
로마 제정

육상 교역

파르티아

쿠샨 왕조

후한
낙양

이집트

해상 교역

사타바하나
왕조

남인도

베트남

그림 4-7   후한과 로마 제국 사이의 활발한 교역

후한의 서역도호(서역의 여러 나라를 통괄하는 관직)였던 반초는 자신의 부하인 감영을 로마 제국으로 파견하여 로마와 국교를 맺으려고 했고, 로마 황제인 마르쿠스 아우렐리우스 안토니누스도 후한에 사신을 보냈다. 일본도 후한에 사신을 보내서 '한위노국왕'의 이른바 '금인'을 받았다.

그러나 후한도 전한과 마찬가지로 환관과 외척의 힘에 지배당하고 만다.

후한의 황제들은 나이가 어렸기 때문에 환관이나 외척들이 뒤에서 황제를 조종해서 정치를 쉽게 좌지우지할 수 있었다(황위에 오른 나이를 살펴보면, 1대 광무제와 2대 명제만 30대에 즉위했고, 그 뒤의 황제들은 19세, 10세, 0세, 13세, 10세, 2세, 7세, 14세, 12세, 8세로 모두 유소년기에 황제 자리에 올랐다).

나중에는 뒤에 숨은 '환관'이 앞에 선 '관료'를 탄압하는 '당고의 금'이라는 사건이 발생한다. 그리하여 각지에서 반란이 빈발했고, 종교 결사인 태평도를 중심으로 한 황건의 난이 발생했으며, 중국에는 수많은 영웅들이 전란을 벌이는 '삼국지'의 시대로 들어서게 되었다.

유비, 조조, 손권, 천하를 놓고 겨루다

삼국 시대

이제 역사 마니아들 사이에서 일본 역사의 전국 시대나 막부 말기와 견줄 만큼 인기가 있는 삼국지 시대로 들어가보자.

소설이나 만화, 게임 등에 등장하는 삼국지는 후세에 각색된 『삼국지연의』라는 명나라 때의 소설을 바탕으로 삼은 것으로, 역사적 사실과는 다른 부분도 있다. 그러나 그럼에도 많은 사람들이 중국 역사에 흥미를 가지는 계기가 되었다. 후한 말, 황건의 난으로 촉발된 전란은 각지에서 새 시대를 열고자 하는 영웅들을 배출했다.

그들 중에서 두각을 드러낸 사람은 화북을 지배했던 **조조**, 사천을 지배했던 **유비**, 강남을 지배했던 **손권** 세 사람이다. 힘을 따지자면 조조 7, 유비 1, 손권 2 정도의 비율로 조조가 압도적으로 강한 국력을 가지고 있었다.

유비가 그 불리한 상황을 군사전략가인 제갈량과 관우, 장비 같은 호걸들의 지원을 받아서 엄청난 전력(戰力)을 자랑하는 위나라에 싸움을 거는 대목이 소설 『삼국지연의』의 가장 큰 매력이다.

그중에서도 유비와 손권의 동맹군이 '적벽대전'에서 조조의 군사를 격파하는 장면은 그야말로 최고의 절정으로, 그 광경은 영화 「적벽대전」에서도 접할 수 있다.

'삼국' 중에 승자는 없었다

조조의 아들 **조비**가 후한으로부터 제위를 넘겨받고 (강제로) 위 왕조를 세우자 이에 맞서던 **유비**도 황제를 자칭하며 촉을 건국한다. 이에 뒤질세라 **손**

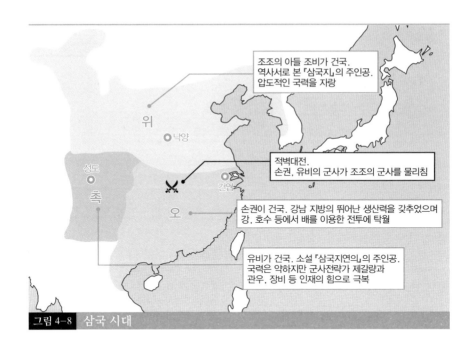

조조의 아들 조비가 건국.
역사서로 본 『삼국지』의 주인공.
압도적인 국력을 자랑

위

○낙양

성도 ○
촉

적벽대전.
손권, 유비의 군사가 조조의 군사를 물리침

건업

오

손권이 건국. 강남 지방의 뛰어난 생산력을 갖추었으며
강, 호수 등에서 배를 이용한 전투에 탁월

유비가 건국. 소설 『삼국지연의』의 주인공.
국력은 약하지만 군사전략가 제갈량과
관우, 장비 등 인재의 힘으로 극복

그림 4-8   삼국 시대

권도 황제에 즉위해서 오나라를 건국하여 세 왕조가 공존하는 '삼국 시대'가
시작된다. 그러나 이 싸움의 최종 승자는 이들 세 나라 중에서 나오지 않았다.
위나라의 신하였던 **사마염**이 위나라를 가로채 진(晉) 왕조를 창시하고 중국을
재차 통일했으니 말이다.

 민중은 '고달팠던' 삼국 시대

삼국 시대는 영웅호걸이 천하를 놓고 자웅을 겨루었던, 현대를 사는 우리에
게는 대단히 흥미롭고 재미있는 시대이다.

그러나 전쟁터로 내몰린 민중에게는 견디기 어려운 시대였다. 중국 전역이
전쟁터로 변하자 후한 말에 5,500만 명을 넘었던 중국 인구는 삼국 시대에 전
란과 역병 등으로 인해 800만 명으로 줄었다는 기록이 남아 있다. 물론 4,700
만 명 전원이 사망한 것은 아니다. 난세이다 보니 파악하지 못한 인원도 사망
자 수에 포함되었을 것이다. 그럼에도 그 시대가 얼마나 민중에게 고달픈 시
대였는지는 알 수 있다.

이민족의 침입,
왕조를 남북으로 가르다

 금세 무너진 진 왕조

삼국 시대를 끝내고 세워진 진 왕조는 약 50년이라는 짧은 수명을 누리고 막을 내린다. 사마염이 천하를 얻은 뒤 타락하여 나랏일을 등한시한 탓에, 그의 사후에 팔왕의 난이라는 황족들의 주도권 다툼이 벌어졌다. 그 결과 가장 중요한 만리장성의 수비에 소홀해져 이민족의 침입을 받았던 것이다.

이때부터 당분간 중국은 남북으로 분열된 '남북조 시대'로 들어선다.

 중국 최초의 이민족 왕조 수립

남북조의 '북'에는 '5호'라고 불린 흉노, 선비, 갈, 강, 저라는 5개의 이민족이 차례로 나라를 세우는 5호 16국 시대가 열린다. 만리장성은 이미 의미를 잃은 터라 이민족들이 양쯔 강 유역까지 들어와 서로 쟁투와 흥망을 반복하는 매우 혼란스러운 상황이 벌어졌다.

이처럼 혼란스러운 화북에 안정을 가져온 이들 역시 이민족인 선비족이었다. 이중에서 탁발 씨 일족은 북위라는 나라를 세우고 화북을 통일했다. 이는 이민족이 중국에 들어와 본격적인 왕조를 세운 첫 사례이다.

이름을 남긴 두 황제 중 **태무제**는 민간 종교인 도교를 보호하고, **불교를 탄압**한 것으로 알려져 있다. 한편 **효문제**는 한족이 보기에 '촌뜨기' 수준이었던 선비족의 풍습을 개선하여 선비족 스스로 '한족'을 닮고자 하는 한화(漢化) 정책을 펼쳤다.

효문제는 수도를 북쪽의 평성에서 황하 유역의 낙양으로 천도하고 의복과 언어를 모두 강제로 한족에 맞추었다. 불교도 보호했다. 그러나 한족의 문화를 동경해서 스스로 민족의 정체성을 버린 효문제를 바라보는 선비족 귀족들의 시선은 곱지 않았다. 결국 효문제 사후 얼마 지나지 않아서 북위는 분열되고 말았다.

 진의 생존 세력, 남쪽에 왕조를 세우다

진 왕조는 이민족의 침입에 무너졌지만, 생존한 왕족 **사마예**는 남으로 피신하여 다시 진 왕조를 열었다. 이를 동진(東晉), 그 전의 원래 진 왕조를 서진(西晉)이라고 한다. 이후 송, 제, 양, 진(陳) 왕조가 차례로 들어선다.

중국에서는 흔히 '북쪽은 생산력이 낮은 밭농사', '남쪽은 생산력이 높은 벼농사'라는 말을 한다. 즉, 남조의 나라들은 '먹고 사는 걱정'은 없었다. 남조에서는 이 같은 양쯔 강 유역의 풍부한 생산력을 바탕으로 귀족 문화가 융성했다.

동진의 **왕희지**는 해서, 행서, 초서 세 가지 서체를 완성하여 '서성(書聖)'이라고 불렸는데, 일본의 서예 수업에서도 반드시 배우는 인물이다. 양나라의 소명 태자가 엮은 시문집 『문선』은 헤이안 시대의 대표 작가인 세이 쇼나곤도 애독한 것으로 알려져 있다.

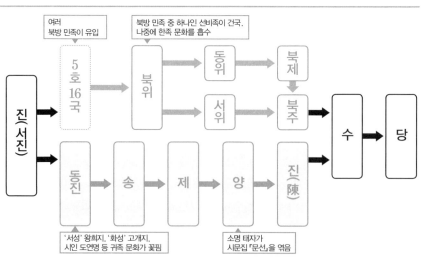

그림 4-9 남과 북에 왕조가 들어섰던 남북조 시대

평판은 나빴으나 능력은 뛰어났던 수나라 황제들

 오랜만의 통일 국가

　남북조 시대의 혼란을 수습하며 등장한 왕조가 수 왕조이다. 쇼토쿠 태자가 '견수사'를 보낸 왕조이기 때문에 일본 역사에도 단골로 등장한다.

　수 왕조는 율령을 정비하고 '대운하'를 건설하는 등 중국 역사에서 가장 중요한 역할을 한 왕조이기도 하다. 그러나 명성과 달리 황제는 문제와 양제 두 사람뿐이었고, 37년 만에 무너진 단명한 왕조였다.

　2대 황제가 벌인 '강제적인 토목 공사와 고구려 원정 실패'가 왕조의 수명을 단축한 원인이었다. 그러나 그 덕분에 다음에 들어선 당은 안정적인 기반 위에 장수하는 왕조를 세울 수 있었다.

 엄청난 '일 중독자였던' 초대 황제

　수나라의 초대 황제였던 **문제**는 중국 통일에 성공했다.

　서진이 멸망한 후 300년간 지속된 분열 상태를 끝낸 그는 수도를 장안으로 정했다. 그리고 다음 왕조인 당의 기초를 닦은 모든 중요 정책을 만들었다. 경험 많고 한창 왕성하게 일할 나이인 40세에 황제에 즉위했기 때문에 새벽부터 회의를 열 만큼 대단히 열정적으로 일했다. 일을 너무 열심히 한 탓에 부하들에게 환영받지 못했다고 하지만, 전란으로 피폐해진 중국을 다시 일으켜 세우는 데는 눈부신 공적을 남겼다.

　문제가 처음 실시한 개혁은 균전제, 조용조제, 부병제의 통합 운영이다.

　균전제란 '토지를 백성에게 나누어주었다가 사후에 반납하게 하는 제도', 조용조제는 '균전 농민에게 곡물, 직물, 노동이라는 세 종류의 세를 징수하는 제도', 부병제는 '균전 농민을 징병하는 제도'이다. 이는 기존 북조의 나라들이 실시하던 제도를 통합하여 운영한 것으로, **'토지를 받은 자에게 세금과 병역의 의무를 지게 하는'** 명쾌한 제도였다.

또한 문제는 학문을 장려하여 관리를 채용할 때에는 과거라는 시험을 치렀다. 그 이전까지는 한나라 때의 관습대로 연줄을 중시한 '추천제' 채용을 했지만, 연줄과 권력을 배제하고 실력을 중시한 시험제로 바꾼 것이다.

 ## 중국 역사상 최악의 폭군이었던 두 번째 황제

수나라의 2대 황제는 중국 역사상 최악의 '폭군'으로 악명이 자자한 **양제**이다. 양제는 훗날 당 왕조가 붙인 별명이다. 태양의 '양(陽)'은 'Good', 즉 '밝다', '따뜻하다'라는 의미이지만, 양제의 '양(煬)'은 'Bad', '바짝 태우다', '뜨겁게 내리쬐다'라는 부정적인 의미이다. 그야말로 폭군의 강렬한 인상을 강조한 이름이다.

이런 양제의 '강렬한 정치'를 대표하는 사업이 대운하 건설이다. 사실 **'황하와 양쯔 강을 운하로 연결하면 편리할 것'**이라는 생각은 과거 다른 황제들도 했지만, 실제로 시행하려면 막대한 예산과 인력이 들기 때문에 아무도 엄두를 내지 못했다. 그런데 양제는 실제로 착수했다. 대단한 일이다. 대운하 건설에는 막대한 예산이 들었고 부녀자와 아이들까지도 가혹한 노동에 강제 동원되었다. 백성들의 원성은 날로 높아졌다.

그뿐만 아니라 양제는 고구려를 치기 위해 원정에도 나섰는데, 이번에는 병력과 물자를 수송하려고 황하 유역에서 북경 근처까지 운하를 팠다. 길이가 황하와 양쯔 강을 연결하는 운하와 맞먹었으니 여기에도 막대한 비용과 노동력이 투입되었을 것이다. 그 엄청난 비용을 들이고 뛰어든 고구려 원정이었지만, 결과는 쓰디쓴 패배였다. 그러자 각지에서 반란이 들끓었고, 끝내 수나라는 멸망하게 된다.

수나라의 대운하는 정권을 단명하게 했지만, 이후의 왕조는 그 운하를 물류의 **대동맥으로 유용하게 활용했다.** 후대 황제들이 고마워할 일임은 틀림이 없다.

그림 4-10 당의 기반을 만든 수의 황제들

당나라,
전례 없는 번영을 이루다

 '수의 유산'을 최대한 활용한 당

　수 다음으로 들어선 당은 일본에서는 '견당사' 파견 등으로 알려져 있다. 혈통도 같고 정치 체제와 대운하 등 수의 유산을 물려받았으니 진정한 수의 '후계 국가'라고 할 수 있다. 그러나 당은 단순한 후계 국가에 그치지 않고 약 300년 동안 안정적 정권을 구축한 데다가 광활한 영토까지 확보했다. 동아시아 대부분의 국가를 복종시킬 만큼 강대한 국가였다.

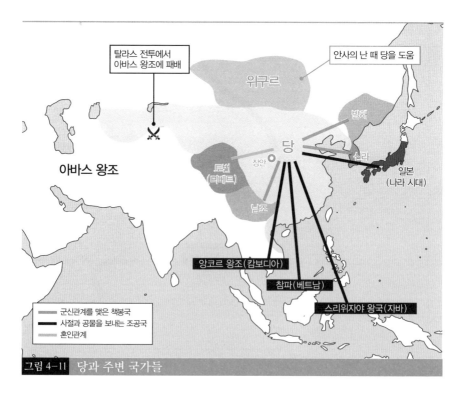

탈라스 전투에서
아바스 왕조에 패배

안사의 난 때 당을 도움

위구르

발해

아바스 왕조

토번
(티베트)

장안

당

신라

일본
(나라 시대)

남조

앙코르 왕조(캄보디아)

참파(베트남)

스리위자야 왕국(자바)

　　　군신관계를 맺은 책봉국
　　　사절과 공물을 보내는 조공국
　　　혼인관계

그림 4-11　당과 주변 국가들

초대 황제는 수 말기의 반란 속에서 천하를 거머쥔 수양제의 사촌 **이연**이라는 인물로 '당고조'라고 불린다.

2대 황제 **이세민**은 '태종'이라고 불린다. 안정된 정치를 통해 당 전반기의 번영을 끌어냈다(정관의 치). 나아가 3대 고종이 고구려를 정복함으로써 당은 최대 영토를 확보하게 된다.

일본도 배운 당의 정치 체제

'수의 유산' 위에 한층 고도화된 통치기구를 정비한 당은 주변 여러 국가의 모범이 되었다. 일본도 당의 정치기구를 배우기 위해 견당사를 여러 번 파견했다.

주변 국가의 모범이 될 정도로 우수했던 당의 통치기구는 어떤 모습이었을까? 우선 중앙정부에는 중앙의 최고 기관인 3성과 행정 기관인 6부를 두었다(3성 6부).

'3성'이란 황제의 명령서(조칙)를 작성하는 중서성, 그 조칙을 심의하고 실행 여부를 정하는 문하성, 실행하기로 결정된 조칙을 실행에 옮기는 상서성이라는 세 관청을 가리킨다. 그중에서도 문하성은 비록 황제의 명령서라고 할지라도 이곳을 통과하지 못하면 실행되지 않을 만큼 막대한 권력을 휘둘렀는데, 문벌 귀족, 다시 말해 상급 귀족의 가문이 독점하다시피 했다.

'6부'는 3성 중에서 조칙의 시행을 담당한 상서성 아래에 설치되었다. 관리를 임명하는 '이부', 호적과 세제를 관리하는 '호부', 교육과 외교를 담당하는 '예부', 군사를 담당하는 '병부', 사법을 관장하는 '형부', 토목 공사를 담당하는 '공부'로 이루어져 현대 정부의 부처와 같은 역할을 맡았다.

그리고 토지 및 징병 제도는 수나라 때에 완성된 균전제, 조용조제, 부병제를 조합하여 운용함으로써 형법인 율과 행정법인 영에 따라서 국가를 통치했다(율령제).

권력은 모후에게, 목숨은 황후에게 빼앗긴 가련한 황제

당 왕조는 고도의 통치기구와 광활한 영토를 가졌지만, 중반으로 접어들자

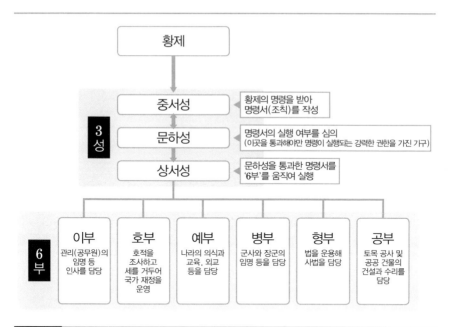

그림 4-12 당의 정치 체제

조금씩 초기의 기세가 쇠하기 시작했다.

원인은 3대 황제 고종의 황후 무씨였다.

무씨는 남편의 권력을 빼앗으려는 움직임을 보이더니 결국 고종 사후에 아들인 중종을 황제의 자리에서 끌어내리고 스스로를 황제라고 칭했다. 그리고 국호를 당에서 주로 바꾸고 자신의 이름을 **측천무후**라고 지었다. **중국 역사상 최초이자 최후의 여제가 탄생한 순간이었다.**

측천무후에 의한 15년의 통치가 끝난 뒤 중종은 다시 제위에 올라 당 왕조를 부활시키지만, 이번에는 황후인 위후에게 독살된다. 어머니에게 제위를 빼앗겼다가 아내에게 독살당한 참으로 불우한 황제인 셈이다.

더구나 황제로서는 측천무후가 중종보다 능력이 뛰어나 '중종이 제위를 계속 이어갔다면 당은 더 빨리 망했을지 모른다'며 후세의 평가마저 좋지 않으니 중종이 조금은 불쌍하게 여겨질 정도이다.

측천무후와 위후로 인한 혼란을 합해 무위의 화(禍)라고 부른다.

당 중반의 사회 변화 가운데 하나를 꼽자면, 처음에는 순조로웠던 **균전제**, **조용조제**, **부병제**의 동시 운영이 점차 흔들리다가 붕괴되었다는 것이다.

'균전제'는 국가 소유의 토지를 민중에게 동등하게 부여한 뒤, 사후에 반납하게 하는 제도이다. 그런데 점차 문벌 귀족과 대규모 사원이 그 토지를 '가로채' 사유물로 삼기 시작했다. 백성들도 나라에 세를 바치는 것보다는 귀족이나 사원에 소작료를 내는 것이 부담이 가볍다는 사실을 알게 되자, 나라에서 주는 땅을 포기하고 점차 귀족과 사원에 의지했다. 이렇게 귀족과 사원의 사유지, 즉 '장원'이 성장하면서 균전제의 기반이 와해되고 말았다.

균전 농민에게 균등하게 세를 부과하는 '조용조제'의 기반은 균전을 실시할 때에 작성한 '호적'이었다. 그런데 균전제가 무너지자 누구에게 얼마나 토지를 주었는지 기록할 수 없게 되었고, 이렇게 호적이 무의미해지자 '조용조제'까지 잇달아 무너졌다. 세금을 확보할 수 없게 된 당 왕조는 제도를 호적과 관계없이 실제로 소유한 토지나 재산을 기준으로 세금을 걷는 방식(양세법)으로 바꾸어 균전제와 조용조제의 관계를 끊어버렸다.

'부병제'도 균전 농민의 호적을 이용하여 징병하는 제도였기 때문에, 균전제가 무너진 상황에서 징병이 가능할 리 없었다. 그래서 모집을 통한 병역제(모병제)로 바꾸었는데, 이로 인해 당은 더욱 쇠락하고 만다. '나라를 위해 목숨을 바치겠다'는 혈기 왕성한 이들이 모여야 하는데, 실제로는 '일도 없고 토지도 없다. 어쩔 수 없으니 군대라도 가볼까?' 하는 식의 질 낮은 어중이떠중이만 모여든 것이었다.

이런 무리를 이끌고 전투를 하려면 어지간한 통솔력으로는 어림도 없었다. 전쟁터에서 잔뼈가 굵은 두목 기질의 인물이 필요했다. 그래서 당 왕조는 오랜 세월을 변경 방위에 몸담아온 무사들과 이민족 장군을 절도사라는 직책으로 임명하여 이들에게 모집한 병사를 통솔하게 하고 지방의 방위를 맡겼다. 부병제가 무너진 당으로서는 고육지책이었다. 그러나 '두목' 밑에는 어찌되었건 '졸개'들이 몰리는 것이 인지상정이다. 어느새 절도사는 정말 '지방의 우두머리'가 되어 당 왕조에 반기를 들기 시작했고 중앙정부와 세력권 분쟁을 벌이는 관계가 되었다.

그리하여 중요 정책인 균전제, 조용조제, 부병제가 힘을 잃은 당 왕조는 빠르게 쇠퇴의 길을 걸었다.

 ## 절세 미인인 '며느리'에게 반해버린 6대 황제

앞에서 언급한 '무위의 화' 이후, 주모자였던 위후는 추방되고 **현종**이 황제로 즉위한다. 현종은 사람을 꿰뚫어보는 눈이 있었기 때문에 집안이 아니라 실력으로 대신을 뽑았고, 그 덕에 당은 번성할 수 있었다(개원의 치).

그런데 선정을 펼쳐서 칭송받던 현종이 한 명의 여성으로 인해 실패를 경험하게 된다. 그 여성은 다름 아닌 '세계 3대 미인'으로 꼽히는 **양귀비**이다. 며느리였던 양귀비를 보고 첫눈에 반한 현종은 아들에게서 그녀를 빼앗아 자신의 비로 삼았고, 곧 그녀에게 흠뻑 빠져들더니 정치는 안중에도 두지 않았다.

양귀비의 가문은 실권을 쥐고 고위직을 독점했고 정치는 크게 흔들렸다. 이 시기에 당은 탈라스 전투에서 이슬람 세력인 아바스 왕조에 패배하여 중앙 아시아 쪽에서의 영향력이 줄어들고 있었다. 그래서 변경 방위를 '지방의 우두머리'인 절도사에게 맡기게 되었는데, 그 절도사가 대규모 반란을 일으켰다(안사의 난).

안사의 난은 현종의 신뢰를 받아 세 군데 지역의 절도사를 맡았던 **안녹산**이 양귀비 가문을 내칠 것을 요구하며 일으킨 반란이다. 8년 동안 이어진 이 반란으로 수도 장안까지 잃을 만큼 당시의 사태는 심각했다. 끝내는 현종도 장안을 뒤로하고 피난길에 올랐다. 반란의 원인이 양귀비라고 주장하는 병사들의 주장에 떠밀려 현종은 양귀비에게 자결을 명했다.

그렇게 현종은 '전반은 선정, 후반은 악정'이라는 극단적인 평가를 받는 황제가 되고 말았다.

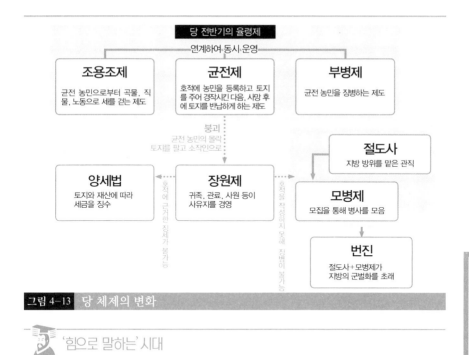

그림 4-13 당 체제의 변화

'힘으로 말하는' 시대

안사의 난은 절도사들이 당을 뒤흔들 만한 세력으로 성장했음을 상징하는 사건이었다. 절도사는 반란을 일으킨 이후에 '번진'을 중심으로 지방 정권화하여 당 왕조가 하는 말은 전혀 듣지 않았다.

그래도 현종 이후에 16명이나 황제가 있었으니 당의 기반이 참으로 굳건하기는 했던 모양이다. 마지막 황제 때에는 황소라는 인물이 반란을 일으켰고, 결국 절도사 주전충의 손에 나라를 빼앗겼다. 뒤를 이어 5대 10국 시대라고 불리는 전란 시대가 열렸다.

북에서는 단명한 다섯 왕조가 차례로 흥망을 거듭했고, 남에서는 양쯔 강 유역을 중심으로 10개의 군사 정권이 탄생했다. 그들 모두가 당의 치세하에서 힘을 키우다가 당 말기에 완전히 독립해 서로 쟁투하던 '절도사' 세력이었다.

이처럼 서로 침벌, 항쟁을 되풀이하며 '힘으로 말하는 시대'의 정치를 '무단 정치'라고 한다.

'평화를 돈으로 산' 현실주의 송 왕조

 덕망 높았던 초대 황제

5대 10국의 혼란을 진압하고 송을 건국하여 다시금 질서를 회복한 사람은 **조광윤**이라는 인물이다. 그는 원래 황제가 될 생각이 없었는데, 어느 날 밤 동생이 깨워서 일어났더니 동생이 반쯤은 강제로 황제의 옷을 입혔다. 동생은 "형이 황제가 되겠다고 허락하지 않으면 형을 죽이고 나도 죽겠다"며 황위에 오르라고 압박했다. 그렇게 동생에게 끌려가듯 병사들 앞에 나아가니 기다리던 관리들과 병사들이 조광윤을 향해 만세를 외치며 황제 자리에 추대했다. 더 물러날 수 없었던 조광윤은 그대로 황위를 받아들였다. 이 같은 일화로 미루어볼 때, 조광윤은 욕심이 없고 덕망 있는 인물이었던 것 같다. 그의 통치방식에도 (과거의 황제들과는 조금 다른) 인품이 잘 드러나 있다.

먼저 절도사처럼 '무력'으로 나라를 다스린 것이 아니라, '문(文)' 즉 학문의 힘으로 나라를 다스리고자 하는 '문치'를 시작했다. 그는 기존의 과거 제도에 전시(황제가 직접 면접을 봄)를 추가하여 더 우수한 관리를 채용하고자 했다.

또 당 말기부터 5대 10국까지 혼란이 이어진 원인은 절도사가 '지방의 우두머리'가 되었기 때문이라고 판단하고 절도사를 폐지했다. 그리고 황제 직속 군대를 강화하여 정예부대를 배치했다.

 철저한 "현실주의" 정치

절도사를 폐지하고 황제 아래에 군대를 모았기 때문에 나라 전체의 군사력이 약해진 것은 당연한 일이었다. 특히 변경 방위를 맡겼던 절도사가 없어지다 보니 이민족의 침입을 막을 방도가 없어졌다.

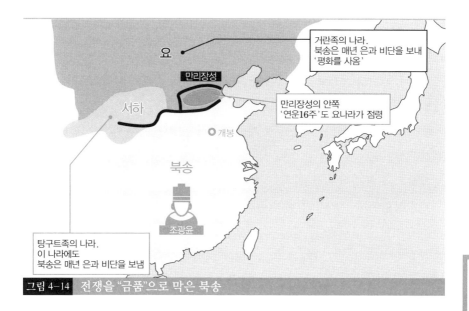

요

거란족의 나라.
북송은 매년 은과 비단을 보내
'평화를 사옴'

만리장성

만리장성의 안쪽
'연운16주'도 요나라가 점령

서하

○개봉

북송

조광윤

탕구트족의 나라.
이 나라에도
북송은 매년 은과 비단을 보냄

그림 4-14 전쟁을 "금품"으로 막은 북송

특히 북송 때에는 북방 민족인 거란족이 세운 요나라가 만리장성 안쪽까지
들어와 송 왕조를 강하게 압박했다. 그래서 송도 나름대로 북방 민족에 대응
할 방도를 마련하는데, 그 해결책이라는 것이 참으로 의외이다. 바로 '금품을
보내 평화를 사는' 방식이다.

송의 3대 황제인 진종 때, 요와 전연의 맹약을 맺어 매년 비단 20만 필(40만
명의 옷을 만들 수 있는 양)과 은 약 3톤을 보내는 대신 송을 공격하지 않는다
는 약속을 받은 것이다.

송은 동일한 방식의 조약을 또다른 북방 민족인 서하와도 맺었다. 그 결과
이민족에게 '평화를 사는' 데 드는 비용이 매년 비단 43만 필, 은 7톤에 달하게
되었다.

송은 '무엇을 위해 전쟁에 힘을 쏟느냐? 평화는 돈으로 사면 된다'라는, 지
금까지의 중국 왕조와는 전혀 다른 '현실주의' 왕조였다. 창건자 조광윤의 인
품이 반영되었기 때문인지 통치방식도 매우 느슨해서 백성들은 자유롭고 살
기 좋은 나라였다. 수도 개봉은 밤늦게까지 상점이 붐볐던 전례 없이 활기찬
도시였다.

 재정난으로 멸망의 위기에

그러나 '평화를 돈으로 사는' 정책은 재정을 꾸준히 압박했다. 머지않아 송은 재정난에 빠졌다.

왕안석이라는 인물은 재정난의 개선과 부국강병을 위한 개혁(신법)을 단행했지만, 변화를 싫어한 지주와 거상들의 반대에 부딪혔다. 신법파와 구법파 사이에는 곧 분쟁이 발생했다.

이런 상황에서 즉위한 황제 **휘종**은 예술가로서는 일류에 속했으나, 황제로서는 실격인 인물이었다. 정사를 돌보기는커녕 최고의 정원과 서화를 위해서라면 돈을 아끼지 않았고 예술을 위해 무거운 세금을 거두기도 했다. 그런 탓에 백성들이 일으킨 반란이 많았다(그중 하나가 소설 『수호전』의 배경이 된 '송강의 난'이다).

 맥없이 무너진 북송과 새로운 적의 출현

북송은 맥없이 무너졌다. 여진족이 요나라보다 더 북쪽에 '금'나라를 세웠는데, 이 나라가 순식간에 요를 집어삼키고 북송을 압박하더니 황제 일가를 생포했다. 이 사건을 정강의 변이라고 한다.

사람들은 대부분 이때 송 왕조가 완전히 멸족한 것으로 생각했지만, 생존자가 있었다. 금의 공격이 있던 날, 휘종의 아들 **고종**이 가까스로 탈출한 것이다. 악착같이 뒤를 쫓는 금의 군대를 피해 다니기 8년, 그는 임안을 수도로 정하고 남송 왕조를 건국한다.

 악비와 진회, 누구의 판단이 옳았나?

중국 북부를 금에 빼앗긴 남송의 내부는 '금에 단호히 맞서 중국 북부를 되찾자!'는 주전파와 '아니다. 금과 싸운다 한들 승산이 없다. 전쟁은 피하자!'는 화평파로 갈라졌다.

주전파를 대표한 인물인 악비는 금을 상대로 몇 번이나 승리를 거두면서 백

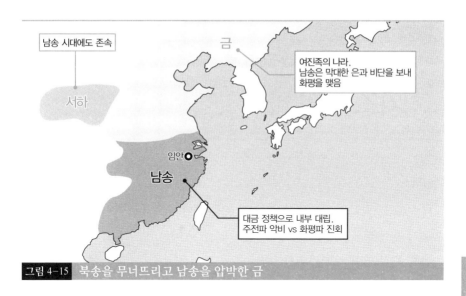

남송 시대에도 존속

금

여진족의 나라.
남송은 막대한 은과 비단을 보내
화평을 맺음

서하

임안

남송

대금 정책으로 내부 대립.
주전파 악비 vs 화평파 진회

그림 4-15 북송을 무너뜨리고 남송을 압박한 금

성들 사이에서 엄청난 인기를 얻었지만, 전면전에 돌입하기를 우려한 진회는 악비에게 모반죄를 씌워 처형해버린다. 그리고 북송 왕조와 마찬가지로 금에 매년 막대한 은과 비단을 보내 공격을 막았다. '평화를 돈으로 사는' 정책을 쓴 것이다.

그 덕분에 중국 역사 속에서 악비는 '마지막까지 나라를 위해 싸운 영웅'으로 각인된 반면, 진회는 '나라를 판 악당'이라는 인상이 고착되어 있다. 오늘날의 항저우(남송의 수도인 임안이었던 곳)에는 쇠사슬로 묶인 진회 부부의 석상이 있는데, 850년 이상의 시간이 흐른 지금까지도 사람들이 진회의 상을 막대기로 때리고 욕을 한다.

그러나 남송은 북송과 비교할 때 경제적으로 풍족했고, 안정적인 나라였다. 이유는 '북부는 생산력이 낮고 남부는 생산력이 높아 잘 산다'는 중국의 지리적인 조건에 있다. 과거에는 생산력이 낮은 북쪽 사람들 몫까지 남쪽의 생산력으로 채워야 했지만, 남북이 분단되고 나서는 생산성이 좋은 남쪽 땅을 남송이 '독점할' 수 있었던 것이다.

'민족적인 영웅' 악비에게는 미안하지만, 금과 싸우고 망하기보다는 진회가 선택한 것처럼 '평화를 돈으로 사는' 방식이 옳은 판단이지 않았을까?

아시아 전역을 휩쓴
칭기즈 칸의 바람

 '푸른 늑대' 칭기즈 칸의 등장

　남송과 금의 화평으로 인해 중국은 한동안 안정을 누렸지만, 금보다 더 북쪽에서 새로운 움직임을 일으킨 인물이 있었다. 바로 **칭기즈 칸**이다.

　어린 시절의 이름이 **테무친**이었던 칭기즈 칸은 몽골 고원의 여러 민족들을 통일한 후 부족 집회(쿠릴타이)에서 칸의 지위를 인정받고 '칭기즈 칸'이 된다. 그는 유목민 병사를 1,000명씩 재편성했는데, 평소에는 가족을 데리고 유목을 하다가 전쟁이 나면 군사조직이 되는, **유목과 군사를 겸한 천호제**라는 제도를 만들어 활용함으로써 굳건한 군사력을 유지했다.

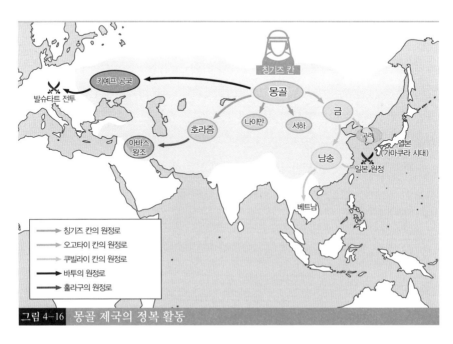

그림 4-16 **몽골 제국의 정복 활동**

몽골족의 조상 '푸른 늑대'의 화신으로 여겨진 칭기즈 칸은 중앙 아시아의 나이만, 이란의 호라즘, 중국 북서부의 서하를 무너뜨리고 순식간에 대제국을 건설했다. 싸우지 않고 항복한 나라는 관대하게 처분했지만, 조금이라도 저항하면 가차 없이 학살했다. 이런 점을 통해 보았을 때 칭기즈 칸은 관대함과 냉혹함을 겸비한 사람이었던 것 같다.

 ## 칭기즈 칸의 뛰어난 자손들

몽골 제국을 한층 발전시킨 주인공은 칭기즈 칸의 뛰어난 아들과 손자들이었다. 셋째 아들 **오고타이 칸**은 칭기즈 칸의 후계자로서 칸의 지위에 올라 금을 정복하고 몽골 땅에 수도 카라코룸을 건설했다.

뛰어난 세 명의 손자는 몽골 제국의 영토를 더욱 확장하여 전대미문의 거대 제국을 건설했다. 우선 장남의 아들 **바투**는 칭기즈 칸의 공격력과 잔학성을 물려받았다는 평가를 받고 있는데, 러시아 쪽에서 키예프 공국을 정복하여 유럽을 압박했으며 발슈타트 전투에서는 독일과 폴란드의 연합군을 격파했다. '발슈타트'라는 명칭은 잔인한 살육에 놀란 독일인이 '그야말로 시체의 산(발슈타트)이다!'라고 외쳤다는 데에서 유래했다고 한다.

그 다음으로는 넷째 아들 툴루이의 아들인 **훌라구**와 **쿠빌라이** 형제이다. 훌라구는 서아시아 방면으로 진출해 아바스 왕조를 무너뜨렸다. 쿠빌라이는 훗날 칸의 지위를 계승하여 **쿠빌라이 칸**이 되어 중국에 원을 건국했다. 그는 남송을 무너뜨리고 고려를 복속시킨 뒤에 일본까지 침공했다.

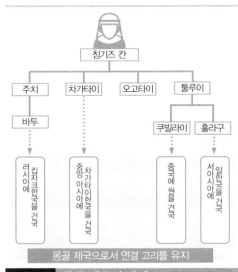

그림 4-17 몽골 제국의 가계도

몽골 제국이 넷으로 분리

유라시아 대륙 전체를 뒤덮을 기세로 영토를 확장한 몽골 제국은 마침내 한 명의 '칸'이 통치하기가 어려운 지경에 이르렀다. 그리하여 거대제국 몽골은 오고타이 칸 때부터 조금씩 분리되기 시작해 점차 중국의 '원', 중앙 아시아의 차가타이한국, 서아시아의 일한국, 러시아의 킵차크한국까지 네 나라로 나뉘게 되었다.

'분열'이 아니라 어디까지나 '분리'였기 때문에 원나라 황제를 중심으로 한 느슨한 연결 고리는 유지되었다.

 원의 '해외 원정' 대상은 일본만이 아니었다

몽골 제국이 분리된 후, 중국 일대를 통치한 나라가 원이다. **쿠빌라이 칸**이 북경으로 천도하고 국호를 원으로 정한 것에서부터 시작된 국가이다.

원은 일본에 군대를 파견했다. 쿠빌라이 칸은 고려를 복속시키고 남송을 무너뜨린 뒤 두 번에 걸쳐 일본을 침공했다. 그러나 두 번 모두 폭풍우로 인해 원정군의 배가 침몰하는 바람에 실패로 끝났다.

원의 해외 원정은 베트남으로도 이어졌다. 일본 원정과 거의 같은 시기에 베트남의 진 왕조도 원의 군대를 격퇴했다. 베트남에도 폭풍우로 원의 함대가 가라앉는 그림이 남아 있는 것을 보면 쿠빌라이 칸은 정말이지 날씨 운이 없는 인물이었던 것 같다. 이 무렵부터 몽골 제국의 영토 확장은 한계에 달하기 시작한다.

 동서 교류가 활발했던 몽골 제국

원과 세 개의 한국으로 분리된 몽골 제국은 원래 형제나 사촌지간이 세운 나라이기 때문에 서로를 적대시하지 않았다.

이들은 원을 중심으로 연합국과 같은 관계를 유지했고, 일단 몽골 제국에 속하게 되면 서아시아나 러시아, 중국까지 안전하게 왕래할 수 있었다.

여행자 마르코 폴로는 서아시아로부터 중국으로 와서 쿠빌라이 칸을 17년 동안 섬긴 후에 고향인 이탈리아 베네치아로 돌아가서 『세계의 서술』(이른바 『동방견문록』)을 저술했다.

또한 인지도는 마르코 폴로에 비해서 뒤지지만, 이동 거리 면에서는 마르코 폴로를 뛰어넘는 이슬람의 위대한 여행가 이븐 바투타는 『이븐 바투타 여행기』를 저술했다. 송나라 시대에 발달한 나침반, 인쇄술, 화약 등 3대 발명은 원에서부터 일한국을 거쳐 서아시아로 건너갔다가 유럽으로 전파되었다.

'몽골인 제일주의!' 정치를 전개하다

원은 몽골인이 세운 나라이기 때문에 과거 한족 중심의 국가들과 달리 과거나 유교 등의 체제를 도입하지 않았다.

원의 특징은 '몽골인 제일주의'였다. 몽골인을 통치의 중심으로 삼아 주요 관직을 독점하게 한 것이다. 원은 몽골인 아래에 '색목인'이라고 불린 서아시아계 민족, 그다음으로 '한족'이라고 불린 금나라 출신 민족, 마지막으로 '남인'이라고 불린 남송 출신 순으로 신분에 차별을 두었다. 그러다 보니 기존에 관료를 독점하던 학자층은 몰락했다.

'돈이 없으면 찍으면 된다!' 는 생각이 원을 멸망의 길로

그런데 생각지도 못한 데서 문제가 발생했다. 발단은 황제들이 티베트 불교를 '광신하기' 시작한 것이었다. 티베트 불교는 사원의 장식이 화려하기로 유명하다. 황제들은 돈을 마구 들여서 호화로운 사원을 짓고 종교의식에 열중했다. 화려한 사원의 건축이 재정을 악화시키자 '교초'라고 불린 원의 지폐를 찍어냈다. 이는 인플레이션을 불렀고, 경제는 대혼란에 빠졌다.

혼란을 틈타 그간 잠자코 지배당하던 한족이 홍건적의 난이라는 대규모 반란을 일으켰다. 난을 이끌었던 주원장은 북경을 점령하고 명 왕조를 세웠다. 그렇게 원 왕조는 막을 내렸다.

비밀 경찰과 환관이
힘을 쓴 '암흑 시대'

 '능력은 최고이지만, 인품은 최악?'인 초대 황제

원을 무너뜨리고 새로운 왕조를 건국한 사람은 홍건적의 난 와중에 등장한
주원장이다. 주원장은 입에 풀칠도 겨우 할 만큼 찢어지게 가난한 농민 출신
이었는데, 홍건적의 난이 일어나자 주저 없이 뛰어들어서 통솔력을 발휘했다.
남경 일대를 공략하며 지도자로 급부상한 그는 스스로를 황제라고 칭하고 새
로운 왕조 '명'을 세웠다.

그후, 명은 원의 수도인 북경을 손에 넣었다. 원은 북방으로 쫓겨났기 때문
에 이후로는 '북원'이라고 불리게 되었다.

이로써 중국에는 오랜만에 한족이 세운 국가가 들어섰다. 주원장은 연호를
'홍무'라고 정하고 자신이 황위에 있는 동안은 연호를 변경하지 않는다는 '일
세일원' 제도를 만들었다. 주원장은 연호를 홍무라고 정했다고 하여 **홍무제**라
고 불린다. 이후의 황제들도 자신이 정한 연호가 이름이 되었다.

홍무제는 가난한 농민에서 자신의 능력으로 황제의 자리까지 오른 만큼 절
대 범상한 인물이 아니었다. 그는 새로 만든 나라를 자신의 수족처럼 움직이
기 위해 중서성을 폐지하고, 6부를 황제 직속으로 개편했다. 일본에 비유하면 총
무 대신, 재무 대신, 문부과학 대신, 방위 대신, 법무 대신, 국토교통 대신 등
다양한 대신을 한 명이 겸임하고 각 관청에 직접 명령을 내리는 방식이다. 이런 정
치를 시도한 것만으로도 홍무제의 비범함을 엿볼 수 있다.

또한 가난한 농민 출신이기 때문에 농민을 다스리는 방식이 중국 황제 중에서
가장 뛰어났다. 우선 가구를 110호씩 나누어 치안 유지와 세금 징수의 단위로
삼고, 방대한 수의 전국 농민을 부역황책이라는 호적과 어린도책이라는 토지

대장에 정리해서 파악했다. 또 유교의 도덕을 알기 쉬운 여섯 가지 명제로 정리해 전체 농민에게 외우게 하여 농민을 '온순하게' 만들었다.

이처럼 홍무제는 중국 황제로서는 발군의 재능을 발휘했지만, 농민 출신이라는 점이 평생 콤플렉스로 작용하여 대단히 의심이 많고 어두운 성격이었다. 그는 공적이 많은 신하를 자신의 지위를 위협하는 경쟁자로 간주해 비밀경찰을 풀어 고문하거나 사형에 처하는 등 수만 명 규모의 숙청을 감행하기도 했다. 관료들은 외출할 때마다 처자에게 작별 인사를 하고 집에 돌아오면 무사 귀가를 기뻐할 정도로 사형당할지도 모른다는 두려움에 떨었다고 한다. 6부를 직속으로 돌려 강력한 독재 체제를 구축한 것도 홍무제의 의심 많은 성격 때문이었을지도 모른다.

한 번에 수만 명이 처형되고, 간첩과 비밀경찰이 돌아다니면서 신하들을 항상 감시하고, 강력한 독재 권력을 가진 황제를 마음대로 조종하는 환관까지 암약하는 등, 국호는 '밝을 명(明)' 자를 쓰지만 실제로는 '어두울 암(暗)'이 연상되는 왕조였던 것이다.

3대 황제 때 도래한 황금기

명의 황금기를 완성한 인물은 명의 2대 황제인 건문제를 밀어내고(정난의 변) 3대 황제에 취임한 **영락제**이다. 당시의 번영은 초대 황제인 홍무제가 이룩한 견고한 기반에 힘입은 바가 크다.

진나라의 시황제나 수나라의 양제처럼 강력한 개혁을 감행한 통치자 뒤에는 언제나 정권의 안정이 오랫동안 이어졌다. 바로 그런 예를 홍무제와 명 왕조에서도 확인할 수 있다. 단, 영락제는 스스로도 문무에 대단히 뛰어난 인물이었다.

영락제는 황제의 비서관(내각대학사) 자리를 만들었다. 내각대학사는 중서성을 대신하여 황제의 정치를 보좌하는 비서이자 상담자 역할을 했다. 홍무제가 6부를 직속으로 돌렸지만, 황제가 혼자서 모든 서류를 훑어보고 결재하기는 힘들었던 것이다. 내각은 황제를 대신해 중요하지 않은 건을 처리하게 되

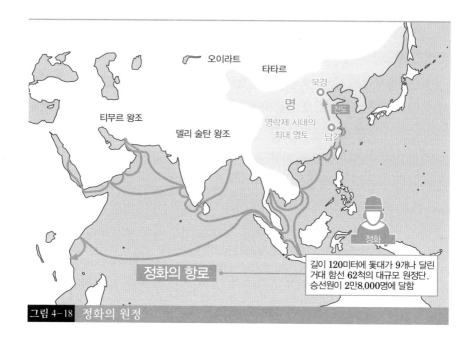

길이 120미터에 돛대가 9개나 달린
거대 함선 62척의 대규모 원정단.
승선원이 2만8,000명에 달함

정화의 항로

오이라트

타타르

북경

명
영락제 시대의
최대 영토

천도

남경

티무르 왕조

델리 술탄 왕조

정화

그림 4-18   정화의 원정

면서 점차 큰 권한을 가지게 되었다. 일본과 중국은 지금도 행정기관을 '내각'이
라고 부르는데, 그 뿌리가 바로 여기에 있다.

영락제는 여전히 위협적인 존재였던 몽골 군에 대처하기 위해서 수도를 남경
에서 북경으로 옮기고 다섯 번의 원정을 감행하여 몽골을 격파했다. 또한 조선
과 예속관계를 맺고, 베트남을 병합했다. 또 이슬람교도였던 환관 **정화**에게 함
선 62척과 2만8,000명이라는 대규모 군사를 주어 자바 섬과 인도차이나 반도에
서부터 인도양, 페르시아 만, 아프리카 동부 해안까지 원정을 나가게 했다. 명은
이 정화의 원정을 통해 10여개 국가를 속국으로 만드는 데 성공했고, 여러 나라
의 왕과 부족장 및 그 가족을 신하로 삼아 데려올 수 있었다.

명은 민간인의 해상 무역을 금지했지만, 속국의 공물을 받아들이고 답례품
을 보내는 형태의 무역은 이루어졌다(조공 무역). 명과 일본 무로마치 막부와
의 무역도 일본이 조공을 바치는 입장에서 이루어진 조공 무역이었다. 당시 무
로마치 막부의 쇼군이었던 아시카가 요시미쓰는 스스로를 명 황제의 '신하'라
고 밝힌 바 있다.

'북로남왜'에 골머리를 앓다

영락제 이후에 명은 북로남왜 때문에 골머리를 앓는다. '북로'란 북쪽의 몽골계 이민족, '남왜'란 중국의 남방 연안을 휩쓸고 다니는 해적인 '왜구'를 가리킨다.

특히 '북로'가 골칫거리였다. 몽골계 이민족인 오이라트가 북방을 위협하자 6대 황제인 정통제는 50만 대군을 이끌고 맞서 싸웠다. 그러나 명은 토목이라는 곳에서 오이라트에게 포위 공격을 당해 황제가 포로가 되는 지경에 이르고 만다(토목의 변). 나중에 풀려나기는 했지만, 황제가 야전에서 포로가 되는 일은 지극히 드문 일이니 참으로 불명예스러운 기록을 역사에 남기고 만 셈이다.

다만 이 사건은 명이 다시 만리장성의 가치를 직시하는 계기가 되었다는 점에서 의의가 있다. 이후 명의 황제들은 만리장성을 보수, 증축했고, 만리장성은 현재 우리가 볼 수 있듯이 벽돌을 쌓은 형태가 되었다.

북방 민족의 침입은 그후에도 몇 번이고 반복되었다. 이중에는 몽골계 민족인 타타르에게 북경을 포위당한 적도 있다.

'은둔형 외톨이' 14대 황제

명의 14대 황제인 만력제는 47년이나 되는 세월 동안 황제로 군림했다. 훗날 더 오래 재위한 황제가 청 왕조에 있기는 하지만, 그전까지만 보면 전한의 무제(54년) 다음으로 오래 재위한 것이다. 중국 역사를 통틀어 보더라도 다섯 손가락 안에 들 정도이다.

더욱 놀라운 것은 만력제가 그 긴 재위기간 중에서 30년이나 조정에 얼굴을 내보이지 않고 '소임을 게을리했다'는 점이다. 26세부터 56세로 사망하기까지 30년 동안 신하와 만난 횟수는 불과 다섯 번밖에 되지 않는다는 사실을 보면 '은둔형 외톨이'로 살았다고 해도 과언이 아니다.

즉위 직후에는 그 역시 의욕적이었다. 보좌역에 임명한 **장거정**이라는 매

제4장
중국의 역사

우 우수한 신하와 함께 개혁을 단행하고 세금을 은으로 걷게 하는 일조편법을 시행하기도 했다. 또한 납세 부정을 바로잡아서 재정을 안정시키는 성과도 냈다.

그런데 이 장거정이라는 인물은 황제에게도 자신의 우수함을 뽐내려고 했다. 황태자 시절부터 만력제의 교사를 하다 보니 그는 제자가 황제가 되었는데도 '올바른 자세'를 요구하며 '이렇게 하라', '저렇게 하면 안 된다'며 온갖 일에 간섭했던 것이다.

만력제가 황제에 즉위한 때가 열 살, 그리고 장거정이 권력을 휘두른 기간은 약 10년이었다. 열 살 때부터 스무 살 때까지 장거정에게 '귀에 못이 박히도록' 잔소리를 들은 청년 황제의 의욕이 꺾였을 법도 하다.

만력제는 은둔하면서 사치와 여색에 빠져 두 번 다시 정사를 돌아보지 않았다. 만력제가 '황제의 임무를 소홀히 하는' 동안 명은 수없이 많은 전란에 휩쓸렸다. 도요토미 히데요시가 일으킨 임진왜란 때에는 조선으로부터 원조 요청을 받아 일본과 오랫동안 싸우기도 했다.

군사 비용이 늘어나서 재정난이 생기자 자금 확보를 위해 은광을 개발하고 백성의 세를 더 무겁게 매겼지만, 거두어들인 세금의 대부분이 환관들의 주머니로 들어가는 악순환이 일어났다. 이것이 결정타로 작용하면서 명은 결국 쇠망했다.

 명 황제의 자결과 명의 멸망

이런 가운데 각지에서는 반란이 빈발했다. 그중에서 가장 큰 반란은 이자성의 난이었다. 이자성은 북경을 점령하고, 명의 황제들을 자살로 몰아가 명을 멸망시킨 후에 스스로 황제의 자리에 올랐다.

그러나 그때는 이미 북방에서 여진족이 청이라는 새 나라를 건국하고 만리장성을 넘어 북경으로 몰려오고 있을 때였다. 청나라 군사에 쫓겨 궁지에 몰린 이자성은 결국 자결한다.

이렇게 명이 멸망하고 청 왕조의 시대가 시작된다.

역사에 남을 '명군들'을 배출한 청 왕조

 훌륭한 황제들이 일군 번영

명을 대신하여 중국을 통치한 청 왕조는 한족의 나라가 아니다. 퉁구스계 여진족의 나라이자 여진족이 한족을 지배한 나라이다. 북방 민족이 세운 나라들은 대부분 그리 오래가지 못했지만, 청은 약 300년이라는 긴 세월 동안 중국을 안정적으로 통치했다.

'외지인'이 장기간 안정적인 정권을 꾸릴 수 있었던 데는 여러 이유가 있겠지만, 그중에서 가장 큰 이유는 '중국 역사상 찾아보기 힘든 명군이 건국 이래 여섯 명이나 연속으로 출현했다'는 점 아닐까? 황제의 우열에 따라 나라의 흥망성쇠가 정해지는 중국 역사를 고려할 때, 청 왕조는 대단히 운이 따랐다고 할 수 있다.

 군대를 '색으로 구분한' 초대 황제

청의 초대 황제로 알려진 사람은 **누르하치**이다. 다만 그가 통치를 하던 때에는 국호를 '청'이라고 부르지 않았다. 퉁구스계 여진족은 각 부족을 통일한 뒤, 이름을 '금'이라고 지었다. 그래서 청의 이전 단계에 해당하는 이 나라를 후금이라고 부른다.

누르하치의 주요 업적으로는 군대를 '색으로 구분한 것'을 들 수 있다. 그는 군대를 여덟 개로 나누고 적, 백, 청, 황 등 부대별로 색이 다른 깃발을 들게 했다. 이 제도를 팔기제라고 부른다.

초등학교 운동회에서 선생님이 "빨강 팀, 모여라!" 하면 빨강이라는 공통점을 가진 팀만 빠르고 수월하게 모이듯이, 군대의 색을 구분해놓은 덕분에 병사를 동원할 때 편리했을 뿐만 아니라 전쟁터의 혼란도 막을 수 있었다. 현대인이 보기에는

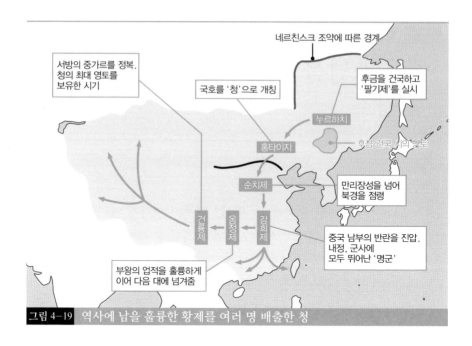

서방의 중가르를 정복.
청의 최대 영토를
보유한 시기

국호를 '청'으로 개칭

네르친스크 조약에 따른 경계

후금을 건국하고
'팔기제'를 실시

누르하치

홍타이지

후금 건국 시의 영토

순치제

만리장성을 넘어
북경을 점령

건륭제 옹정제 강희제

중국 남부의 반란을 진압.
내정, 군사에
모두 뛰어난 '명군'

부왕의 업적을 훌륭하게
이어 다음 대에 넘겨줌

그림 4-19 역사에 남을 훌륭한 황제를 여러 명 배출한 청

지극히 단순한 발상이지만, 당시에는 매우 획기적인 시책이었다.

 ### 2대 황제가 '청'으로 개칭

2대 황제 **홍타이지**는 국호를 '금'에서 '청'으로 바꾸었다. '금'이라는 이름은 남송 시절에 중국 북부를 빼앗겼던 한족의 굴욕적인 기억을 불러일으키기 때문에, 한족이 지배를 쉽게 받아들일 수 있도록 중국 내부로 진출할 때에 국호를 바꾼 것이다. 또 '여진족'의 '여진'도 '만주'로 바꾸었다. 중국 동북부를 '만주'라고 부르기 시작한 것은 이때부터이다.

홍타이지 시절에는 과거 금이라는 이름을 쓸 때보다 영토가 크게 넓어졌다.

 ### 3대 황제가 중국 국내로 진입

3대 **순치제** 시절, 청은 드디어 만리장성을 넘고 단숨에 중국 국내로 진입했다. 그리고는 명을 무너뜨린 지 얼마 되지 않았던 이자성을 쳤다.

이로써 청은 '이민족이지만, 이자성을 쓰러뜨리고 명의 원수를 갚아준 명의 정식적인 후계 국가'라는 지위를 획득했다.

청은 '당근과 채찍'을 명확하게 구별하여 사용했다. 한편으로는 여진족의 풍습인 변발(뒷머리는 땋아내리고 주변머리는 모조리 깎는 형태)을 한족 남성 전원에게 강요하는 '무자비한' 통치를 하는가 하면, 다른 한편으로는 명나라의 관리들을 그대로 등용하여 만주족 출신의 관리와 차별 없이 동등한 지위에 앉히거나 명 말기의 무거웠던 과세 제도를 개선하는 등 '너그러운' 통치도 보여주었다.

 ## 중국 역사상 최고의 '명군'이라고 칭송받는 4대 황제

4대 황제 **강희제**는 중국의 황제들 중에서 가장 긴 61년이라는 재위 기간을 자랑하는 인물로, 중국 역사상 최고의 명군으로 꼽힌다. 러시아의 표트르 1세가 존경을 표했고, 프랑스의 태양왕 루이 14세도 흡사 팬레터와 같은 편지를 보내는 등 그야말로 '명군 중의 명군'이었다.

군사를 이끌고 나가 타이완을 정복했고, 중국 남부의 반란도 순식간에 진압했다. 또한 그 난리 속에서도 하루에 300통이나 되는 서류를 훑어보고 직접 결재했으며, 독서도 빠뜨리지 않았다고 한다. 몽골 쪽으로 진출하다가 러시아 국경에 이르자, 러시아의 표트르 1세와 네르친스크 조약을 맺고 서로의 세력 범위를 정했다.

내정에서는 "몇 번이고" 감세를 단행함과 동시에 토지를 기준으로 세를 부과하는 지정은제를 실시했다. 또한 세금 부담을 가볍게 하는 대신, 받을 세금을 확실히 받아서 징수 누락을 없애는 개혁을 감행했다. 그 결과 감세와 세수 증가의 선순환이 발생했다.

학문에서는 오늘날 쓰이는 한자사전의 뿌리가 되는 『강희자전』을 만들었다. 그는 피를 토할 정도로 열심히 공부해 유학, 천문학, 지리학 등 여러 분야의 교양도 두루 갖추었다.

한편 수렵 민족의 자손임을 잊지 않기 위해 평생 소박하게 야산에서 사냥을 즐겼는데, 호랑이 135마리, 곰과 표범 30마리에 더해서 늑대도 96마리나 잡았다고 한다. 조금 "과장되었을 가능성"도 있지만, 남아 있는 강희제의 사적인 편지와 문서를 보아도 그가 책임감이 강하고 자비심이 있는 유능한 황제였음을 알 수 있다.

'중간 연결자'로서 돋보였던 5대 황제

5대 황제 **옹정제**도 (조금 냉혹한 면이 있었지만) 유능하고 양심적이었다. 13년이라는 다소 짧은 치세였지만, 명군이었던 부왕의 뒤를 이어받아 황제 보좌기관(군기처)을 설치하는 등 '약간의 수정'을 더해 다음 황제인 건륭제에게 넘겨주는 '우수한 중간 연결자'로서 충분한 능력을 발휘했다.

6대 황제 때에 최대 영토에 도달하다

'강희, 옹정, 건륭' 세 황제로 이어진 청의 황금기를 완성한 사람은 적극적인 영토 확장 정책으로 유명한 6대 황제 **건륭제**이다. 평생을 전쟁에 바친 그는 북방 민족인 중가르를 토벌하는 등 10차례에 걸친 대원정을 성공시켰다는 의미의 '십전노인'을 자처했다. 건륭제 때의 청은 영토가 이전의 두 배로 불어난 최대 영토를 확보하게 되었다.

또 하나의 업적은 『사고전서』의 편찬이다. 이는 중국 내의 모든 중요 서적을 총 3만6,384권에 이르는 하나의 '전집'으로 묶는 사업이었다. 나는 예전에 타이완의 고궁 박물관에 갔을 때 그 일부를 본 적이 있는데, 눈앞이 아찔할 정도로 엄청난 책들이 책꽂이에 꽂혀 있었다. 그야말로 대단한 편찬 작업이라며 감탄했던 기억이 난다.

그러나 건륭제의 시대는 청의 절정기이기도 하면서 쇠퇴가 시작되는 시기이기도 했다. 무리한 원정으로 말미암아 재정이 타격을 받았기 때문이다. 건륭제 말기에는 영국이 통상을 요구하는 사신을 파견하면서 인도산 아편을 중국 내에 가지고 들어왔다.

건륭제 사망 이후 45년이 지났을 무렵 아편 전쟁이 일어났고 외세에 의해 중국은 점차 반식민지가 되어갔다.

제 5 장

하나로 연결된 세계

제5장 하나로 연결된 세계 큰 줄기

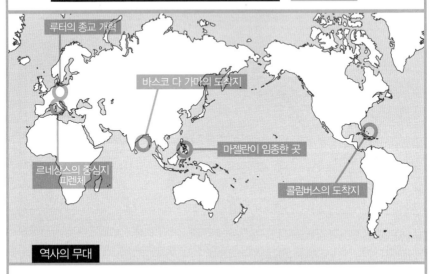

루터의 종교 개혁

바스코 다 가마의 도착지

마젤란이 임종한 곳

르네상스의 중심지
피렌체

콜럼버스의 도착지

역사의 무대

유럽, 중동, 인도, 중국이
하나로 연결된 시대가 시작되다

　이제부터 유럽, 중동, 인도, 중국이 하나로 연결되어 서로 영향을 주고받는 '세계사'가 시작된다.

　유럽 각국은 앞다투어 대서양으로 뛰어들어 식민지 확보 경쟁과 왕성한 무역 활동을 펼쳤다.

　대항해 시대, 르네상스, 종교 개혁 등을 거치면서 유럽은 '왕이 국가의 절대자로서 군림하는' 주권 국가 체제를 이룩했다. 그리고 펠리페 2세, 엘리자베스 1세, 루이 14세 등 세계사에 이름을 남기는 왕들을 차례로 배출했다.

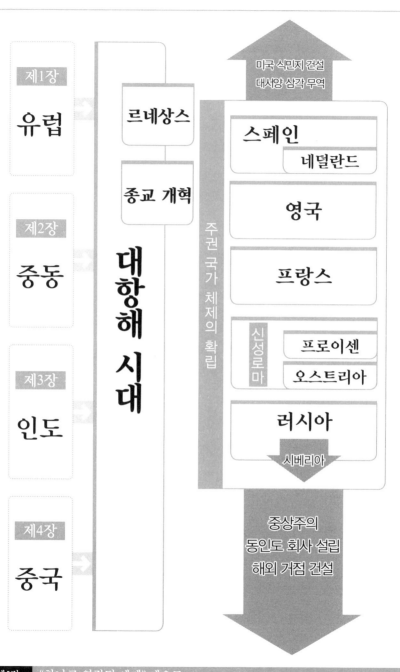

제1장
유럽

제2장
중동

제3장
인도

제4장
중국

르네상스

종교 개혁

대항해 시대

주권 국가 체제의 확립

미국 식민지 건설
대서양 삼각 무역

스페인

네덜란드

영국

프랑스

신성로마

프로이센

오스트리아

러시아

시베리아

중상주의
동인도 회사 설립
해외 거점 건설

제5장
하나로 연결된 세계

제5장   "하나로 연결된 세계" 개요도

아시아의 향신료를 찾아 대서양으로 뛰어든 유럽 국가들

 '육지가 안 되면 바다로 가면 되지!'

제1장에서 살펴본 중세 유럽의 혼란이 가라앉자 유럽에서는 먹거리 문화가 다채로워지면서 아시아 향신료의 수요가 늘어났다.

그러나 제2장에서 본 것과 같이, 중동에서는 유럽 각국의 "숙적" 오스만 제국이 성장하고 있었기 때문에 육로를 통해 유럽에서 아시아로 가는 교역로는 끊어진 상태였다. 이에 유럽 각국은 '육지가 안 되면 바다로 가자!'며 대서양으로 뛰어들어 새로운 교역로를 확보하려고 했다. 이때부터 세계가 하나로 연결되는 대항해 시대가 시작되었다.

 '인도 항로'를 개척한 포르투갈

포르투갈이 선봉에 섰다. 동쪽을 향해, 아프리카 남단을 돌아서 가는 항로로 인도를 찾아가려고 한 것이다. 그리하여 뱃멀미 때문에 배를 타지도 못하면서 별명이 '항해 왕자'인 **엔히크**가 아프리카 서쪽 해안에 탐험대를 파견했다.

먼저 **바르톨로메우 디아스**가 아프리카 남단의 희망봉에 도달하면서 인도까지 가는 항로의 중간 거점까지 물길을 열었다. 이후 **바스코 다 가마**는 인도의 캘리컷에 도달해 선원의 3분의 2를 잃으면서도 목표로 했던 향신료를 유럽으로 가지고 돌아오는 데 성공했다.

 아메리카 대륙은 우연히 "발견되었다"

바르톨로메우 디아스가 희망봉에 도달했을 무렵, 스페인의 여왕 이사벨에게 '아프리카를 돌아가지 않고 서쪽으로 대서양을 가로지르면 인도에 도달할 수 있다'는 획기적인 이야기를 한 인물이 있었다. 바로 이탈리아 제노바 출신의 탐험가 **콜럼버스**이다. 여왕의 지원을 받게 된 콜럼버스는 대서양 횡단에 도전해 두 달이 넘도록 망망대해에서 불안한 항해를 한 끝에 오늘날의 서인도 제도 바하마에 있는 산 살바도르 섬에 상륙했다.

콜럼버스는 그곳이 신대륙인 줄 모르고 죽을 때까지 '인도'라고 믿었다.

 콜럼버스의 뒤를 이은 항해자들

'콜럼버스가 육지를 발견했다'는 소식은 세상에 충격을 주었고, 그를 따르겠다며 유례없는 서쪽 항로 붐이 일었다. **캐벗**은 오늘날의 캐나다에 상륙했고, 인도로 향하던 도중에 조난당한 포르투갈의 **카브랄**은 표류 끝에 우연히 브라질에 도달하여 그곳이 포르투갈령임을 선언한다.

이탈리아의 **아메리고 베스푸치**는 남아메리카의 해안선을 따라 가다가 아시아라고 할 수 없을 만큼 남쪽까지 육지가 이어진다는 점을 깨닫고 그곳이 '신대륙'임을 증명했다. 이에 그의 이름을 따서 그 신대륙을 "아메리카"라고 부르게 되었다.

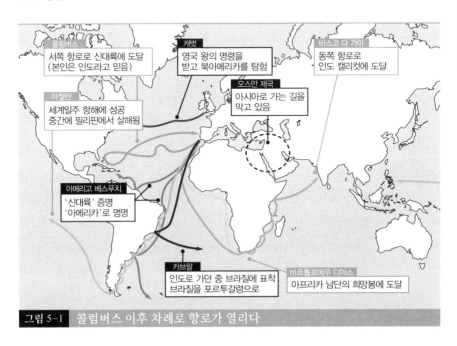

콜럼버스
서쪽 항로로 신대륙에 도달
(본인은 인도라고 믿음)

캐벗
영국 왕의 명령을
받고 북아메리카를 탐험

바스코 다 가마
동쪽 항로로
인도 캘리컷에 도달

오스만 제국
아시아로 가는 길을
막고 있음

마젤란
세계일주 항해에 성공
중간에 필리핀에서 살해됨

아메리고 베스푸치
'신대륙' 증명
'아메리카'로 명명

카브랄
인도로 가던 중 브라질에 표착
브라질을 포르투갈령으로

바르톨로메우 디아스
아프리카 남단의 희망봉에 도달

그림 5-1 콜럼버스 이후 차례로 항로가 열리다

유럽과 신대륙이 합쳐진 '서양 세계'가 형성되다

 세계일주의 달성

마침내 세계일주가 실현되었다. 스페인 국왕 카를로스 1세의 명을 받아 출항한 **마젤란**은 남아메리카 남단의 '마젤란 해협'을 횡단한 다음, 석 달 동안 육지 구경도 하지 못한 채 태평양을 가로질렀다(식량이 떨어져 벌레가 들끓는 비스킷과 상한 물까지 먹고 마셨다고 한다). 천신만고 끝에 육지를 밟은 마젤란은 그 땅을 스페인의 황태자인 펠리페의 이름을 따서 필리핀이라고 지었다.

그러나 마젤란 일행은 필리핀에서 원주민의 습격을 받고, 마젤란은 그곳에서 사망했다. 남은 부하들이 선대를 이끌고 귀환했으니 실제 세계일주를 달성한 사람은 '그의 부하들'이겠으나, 마젤란이 젊은 시절 동쪽 항로로 동남 아시아까지 이미 도달한 바가 있기 때문에 세계일주 항해의 영예는 그에게 돌아갔다.

 신대륙의 물품이 전 세계에 확산되다

이런 항해자들의 수고 덕분에 세계는 하나로 연결되었고, 진짜 '세계사'의 막이 올랐다. '지중해를 중심으로 돌아가던' 유럽은 대항해 시대를 거치면서 마침내 대서양과 신대륙이 합쳐진 '서양 세계'로 발전했다.

신대륙 발견의 파급 효과는 컸다. 신대륙에서 막대한 양의 은이 조달되자 유럽의 은 시세가 크게 하락해 '인플레이션'이 발생했다. 이외에도 감자, 토마토, 고추, 담배, 카카오, 옥수수 등 신대륙에서 나는 농산물이 유럽 각지에 퍼지자마자 곧 전 세계인의 필수품으로 자리잡게 되었다(토마토는 이탈리아 음식에 빼놓을 수 없는 식자재가 되었고, 고추는 한국 음식 등에 많이 쓰인다. 담배는 세계인의 기호품이 되었다).

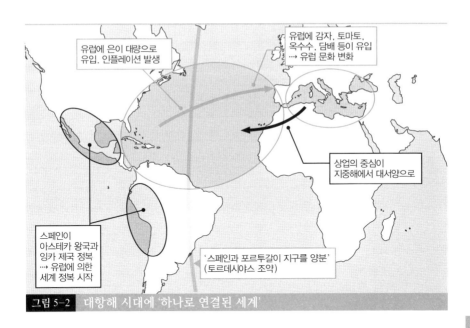

유럽에 감자, 토마토,
옥수수, 담배 등이 유입
⋯ 유럽 문화 변화

유럽에 은이 대량으로
유입. 인플레이션 발생

상업의 중심이
지중해에서 대서양으로

스페인이
아스테카 왕국과
잉카 제국 정복
⋯ 유럽에 의한
세계 정복 시작

'스페인과 포르투갈이 지구를 양분'
(토르데시야스 조약)

그림 5-2   대항해 시대에 '하나로 연결된 세계'

 유럽인의 세계 정복이 시작되다

스페인과 포르투갈이 항해를 적극적으로 지원한 이유에는 단순한 항로 개척이라는 목적 외에도 영토 확장이라는 야심이 있었다. 포르투갈은 인도의 고아와 말레이 반도의 말라카를 점령했고, 중국 명나라로부터는 마카오 거주권을 얻어냈다.

스페인은 필리핀에 마닐라를 건설했고, 신대륙에 은이 지천으로 널렸다는 사실을 알고는 **코르테스**와 **피사로**를 파견했다. 코르테스는 멕시코의 아스테카 왕국을, 피사로는 안데스의 잉카 제국을 정복해 원주민을 광산 노예로 부리며 혹독하게 착취했다.

같은 시기에 포르투갈과 스페인은 놀랍게도 '지구를 반씩 나누어 가지자'는 약속을 했다. 지구본 위에 선을 그어 신대륙은 스페인의 영토, 아시아는 포르투갈의 영토라고 그야말로 "툭" 잘라서 나누어 가진다는 내용의 조약을 맺은 것이다(토르데시야스 조약). 이렇게 해서 대항해 시대에는 유럽 각국의 세계 정복이 시작되었다.

'신에서 인간으로' 시선을 돌린 미술가들

 예술의 다양화

대항해 시대와 같은 시기에 일어난 변화 두 가지는 '르네상스'의 발전과 '종교 개혁'의 발생이다. 유럽에서는 십자군 전쟁 이후 가톨릭 교회의 절대적인 권위가 흔들리는 상황이었다. 그리고 그 불안정성은 문화와 종교 양면에서의 결정적인 변화로 표출되었다.

우선 문화 측면의 변화가 르네상스(문예 부흥)의 발전이다. 대항해 시대 이전까지의 중세 유럽에서는 문화의 중심이 기독교였다. 전란이나 역병이 계속되던 혼란기 중세에는 '신의 가호를 기원하는 행위'가 그 무엇보다 중요했기 때문이다. 그래서 이 시기에는 학문, 회화, 건축 등 모든 것이 '신' 중심의 '획일화된' 형태를 취했다.

그런데 중세의 혼란이 가라앉고 도시가 발전을 이루자, 부자가 증가하고 그들의 취미를 반영한 개성적인 예술이 많이 만들어졌다. 여전히 중심 모티브는 '신'이었지만, '신'뿐 아니라 '인간'을 중심으로 한 다양한 관점이 예술에 더해졌다. 르네상스는 유럽이 기독교 문화에 물들기 전의 그리스, 로마 문화가 부활했다는 의미이다.

 이탈리아의 르네상스

일찍이 이런 르네상스의 움직임이 일어난 곳은 이탈리아의 여러 도시들이었다. 이탈리아 북부는 십자군의 물자가 통과하는 지점이 되고 나서 크게 번성했는데, 그중에서도 특히 피렌체의 도시 귀족 메디치 가문이 예술가 보호에 힘을 쏟았다.

이탈리아에서 르네상스의 문을 처음으로 열어젖힌 사람은 **단테**라는 시인이었다. 단테의 주요 작품인 『신곡』의 특징은 라틴어가 아니라 당시 이탈리아에서 쓰이던 '방언'인 토스카나어로 쓰였다는 점이다. 모티프는 신이지만, 일상에서 쓰이는 단어를 사용함으로써 등장인물의 인간성이 훨씬 커지게 되었다. 또한 보카치오는 소설 『데카메론』에서 '인간'의 애욕과 실연(상당히 에로틱한 느낌으로)을 묘사함으로써 '인간의 마음'을 문학으로 표현했다. 애욕은 그야말로 '인간의 시선'을 보여주는 소재이다.

르네상스 회화의 특징은 '원근법'에 있다. 기존의 중세 회화에서는 거리감이 완전히 무시되었다. 기독교의 '신의 영광'을 표현할 때, 예수와 마리아에 관련된 것은 크지만 그외의 것들은 극단적으로 작게 그리거나 생략했다. 그러나 르네상스 이후에는 '인간의 시선'에서 가까운 것은 크게, 먼 것은 작게 그리는 사실적 묘사를 지향했다.

조토는 회화에 입체감을 표현했고, 보티첼리는 기독교 외의 다신교 신들을 그렸다. 이들의 뒤를 이어 "최후의 만찬"과 "모나리자"의 화가인 **레오나르도 다빈치**, "최후의 심판"을 그린 **미켈란젤로**, "아테네 학당"을 그린 **라파엘로** 등 르네상스의 전성기를 구가한 '3대 거장'이 등장했다. 그들의 작품은 모두 사실성 넘치는 명화인데, '사실적'이라는 말은 '사람이 보았을 때 어떻게 보이는가' 하는 '인간의 시선'이라는 관점이 잘 드러나 있다는 뜻이다. 건축에서는 로마 가톨릭의 총본산인 성 베드로 대성당이 잘 알려져 있다.

 르네상스의 확산으로 각국 문화가 다양해지다

'신 중심에서 인간의 시선 존중으로'를 내세우며 이탈리아에서 시작된 르네상스는 유럽 각지로 퍼졌다. 네덜란드에서는 **에라스뮈스**가 교회를 비판하고 **브뤼헐**이 화폭에 '농민의 생활'을 담아냈으며, 영국에서는 **셰익스피어**가 희곡으로 '인물의 성격을 묘사했고', 독일에서는 **홀바인**이 '인물의 초상화'를 그렸다. '신이 중심이던' 과거에는 결코 존재할 수 없었던 다양한 문화들이 꽃을 피우게 된 것이다.

가톨릭을 비판한 새로운 종파들

 종교 개혁으로 탄생한 새로운 종파

르네상스와 함께 일어난 또 하나의 커다란 변화가 종교 개혁이다. 중세에 가톨릭 교회는 크나큰 숭배의 대상이었지만, 부와 권력이 집중되어 성직 매매와 성직자의 타락 등 부패가 나타난 곳이기도 했다. 이런 부패를 비판하고 새로운 기독교를 만들자는 움직임이 종교 개혁이다. 종교 개혁을 통해 탄생한 새로운 기독교 종파는 기존 기독교에 항의하는(프로테스트[protest]) 의미에서 등장했으므로 '프로테스탄트'라고 불린다.

 95개조 반박문으로 교회를 비판하다

종교 개혁의 물결은 독일에서 먼저 시작되었다. 메디치 가문 출신의 로마 교황 **레오 10세**는 로마에 성 베드로 대성당을 건립할 자금을 모으기 위해 '죄를 저지른 자라도 영혼이 구제된다(천국에 갈 수 있다)'는 면벌부(대사[大赦])를 판매했다.

면벌부 판매에 특히 힘을 쏟은 나라는 독일(신성 로마 제국)이었다. 독일은 정치적으로 통일을 이루지 못한 상태였기 때문에 로마 교황이 하는 말을 곧이 곧대로 듣는 제후들이 많아서 **가톨릭 교회가 판매하는 면벌부의 '중점판매 지역'**이 되었다.

가톨릭 교회의 횡포에 제동을 걸고 나선 사람은 독일의 비텐베르크에 살던 **루터**라는 인물이었다. 그는 '95개조 반박문'이라는 의견서를 교회 문에 붙이고 면벌부에 대한 의문과 가톨릭 교회의 부패 및 타락을 비판했다. 그 문장 중에는 '면벌부를 파는 자는 영원한 벌을 받을 것'이라는 상당히 신랄한 표현도 들어 있었다.

비판을 받은 가톨릭 교회의 로마 교황 레오 10세는 루터를 파문했고, 교회를 비판하는 '위험 인물'이 불편했던 신성 로마의 황제 **카를 5세**는 그를 국외로 추방하겠다고 선언한 후 몰래 암살자를 보냈다.

추격자가 따라붙은 루터를 구해준 인물은 **작센의 선제후 프리드리히 3세**였다. 그는 루터를 '납치하듯이' 데리고 와서 자신의 성에 숨겨주었다. 프리드리히는 신성 로마 제국의 제후들 중 한 명이었기 때문에 이런 행위는 자신에게도 대단히 위험한 것이었다. 그러나 그는 개의치 않았다. 루터는 프리드리히의 그늘 속에 몸을 숨긴 채 신약성서를 독일어로 번역하는 작업에 몰두했다. 라틴어로 되어 있어서 일반인이 읽을 수 없었던 성서를 모두가 읽을 수 있도록 독일어로 번역한 것이었다.

이런 활동은 신성 로마 제국의 제후들 사이에서 가톨릭과 제국에 대한 비판적 시각을 키우고 루터파 제후의 수를 증가시켰다. 제국으로부터 분리되거나 반란을 일으키는 자들이 나타나자 결국 신성 로마 제국의 황제 카를 5세는 제국의 분열을 막기 위해, 아우크스부르크 화의를 통해 루터파와 타협하여 제후들에게 신앙의 자유를 인정했다.

 '돈벌이를 해도 된다'고 주장한 칼뱅파

독일 다음으로 종교 개혁이 일어난 나라는 스위스이다. 스위스의 종교 개혁은 **칼뱅**이 주도했다. 칼뱅도 루터와 마찬가지로 가톨릭을 비판했다. 또한 영혼이 구원받을 수 있을지의 여부는 신에 의해서 미리 결정된다는 '예정설'을 주장했다.

'예정설'의 내용은 이 세상에서 아무리 좋은 일, 또는 나쁜 일을 한들 천국에 갈 수 있을지 없을지는 미리 정해져 있으며, 그 운명을 바꿀 수는 없다는 것이다. '그럼 나는 천국에 갈 수 있는 사람인가?'라는 의문을 가지는 민중에게 칼뱅은 '직업에 성실하게 임하여 "열심히 일한 대가"로 돈이 쌓이는 것이 "구원받는다는 증거"이다'라고 답했다. 다시 말해서 성실하게 일하는 한 '돈을 모아도 된다'

고 주장한 것이다.

돈을 모으는 행위가 '사리사욕'을 채우는 것으로 여겨져서 곱지 않은 시선을 받아오던 상공업자들은 '돈을 모아도 된다'고 말한 칼뱅의 생각을 지지했다. 칼뱅파는 상공업이 활발했던 영국과 프랑스 서부 지역을 중심으로 급속하게 퍼져나갔다.

 ## 왕의 사적인 감정 때문에 일어난 영국의 종교 개혁

영국에서 일어난 종교 개혁의 배경은 독일이나 스위스와는 조금 달랐다. 영국의 종교 개혁은 국왕의 완전한 '사적인 감정'이 발단이 되어 일어났기 때문이다.

영국의 국왕인 **헨리 8세**는 아들을 무척이나 원했다. 그러나 왕비인 캐서린은 왕자를 낳지 못했다. 헨리 8세는 점차 캐서린에게서 멀어졌고 자신의 애인인 앤 불린이라는 여인을 왕비 자리에 앉히고 싶어했다. 가톨릭 교회에 이혼을 허락해달라고 요청했지만, 교황은 이를 인정하지 않았다. 결국 그는 이혼을 하기 위해 가톨릭 교회를 이탈해 영국 국교회라는 새로운 종파를 세우고 자신이 교회의 수장 자리에 앉기로 했다. 그렇게 정해진 법률이 바로 '수장령'이다.

'국왕 지상법'이라는 별명까지 붙은 이 법 덕분에 **영국 국왕을 수장으로 하는 새로운 기독교**가 탄생했고, 헨리 8세는 떳떳하게 이혼을 할 수 있었다.

그러나 앤 불린 역시 왕자를 낳지는 못했다. 그러자 헨리 8세는 또다시 이혼을 감행했고, 심지어 앤 불린을 처형하기까지 했다. 결국 그는 결혼을 6번이나 했고 왕비 중의 2명을 처형했다. 이런 과정을 거쳐 창시된 영국 국교회는 애초부터 헨리 8세의 이혼을 목적으로 만든 종파였기 때문에 예배나 의식에 관한 많은 부분이 불분명했다. 헨리 8세의 사후에 늦게나마 교의를 정한 것은 그의 자녀인 에드워드 6세와 **엘리자베스 1세**였다. 특히 엘리자베스 1세가 '통일령'으로 예배와 의식을 제대로 확립하면서 영국 국교회는 자리를 잡을 수 있었다.

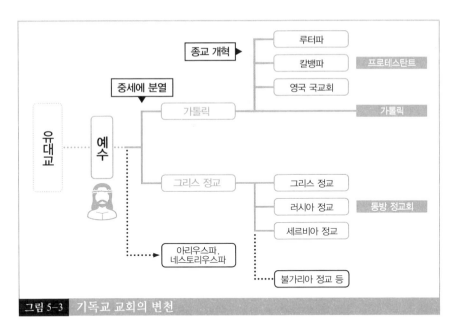

```
                                            ┌─── 루터파
                               종교 개혁 ▶───┼─── 칼뱅파      프로테스탄트
                                            └─── 영국 국교회
                    중세에 분열
유      예                  가톨릭 ─────────────────────── 가톨릭
대      수
교                                          ┌─── 그리스 정교
                          그리스 정교 ───────┼─── 러시아 정교    동방 정교회
                                            └─── 세르비아 정교

                      아리우스파,
                      네스토리우스파
                                            ┌···· 불가리아 정교 등
```

그림 5-3 **기독교 교회의 변천**

 가톨릭 교회의 반격

    루터와 칼뱅은 부패하고 타락한 가톨릭 교회에 대하여 비판을 가하고 공격을 했다. 가톨릭 교회 역시 잠자코 공격만 당하지 않고 반격을 시도했다. 이를 가리켜 반(反)종교 개혁이라고 한다.

    종교 개혁을 '탄압하기' 위해 열린 종교회의(트리엔트 공의회) 결과, 가톨릭 교회는 종교재판을 강화해 '마녀 사냥'을 활발히 벌였고 교의에 반하는 자는 차례로 처형했다. 이런 탄압에 프로테스탄트의 여러 종파들이 맹렬히 반발했고, 유럽 각지에서는 종교 전쟁이 빈발했다.

    다만, 탄압뿐만 아니라 가톨릭은 '좋은 일도 하고 있다'는 선전 활동에도 힘을 기울였다. 아시아 등 세계에 기독교를 전파한 예수회의 활동이 그것이다. 사비에르 신부(일본에 기독교를 처음으로 전파한 인물/옮긴이)가 일본에 왔던 것도 예수회 활동의 일환이었다.

전쟁의 대규모화에 따라 변화한 국가 형태

 '전쟁에 적합한 국가가 나타났다!'

대항해 시대 및 종교 개혁과 같은 시기에 유럽 각국에서는 '국가 형태'에 변화가 일어났다.

중세 후반이 되자 프랑스, 영국, 스페인, 신성 로마 제국 등 '대국'이 등장했고 백년 전쟁 같은 격렬한 전쟁이 발발했다. 왕이 리더십을 발휘해서 나라 안의 모든 힘을 끌어모은 다음 승리를 위해서 싸워야 하는 상황이었다. 그러나 기존의 중세 '봉건 국가'는 '복수의 주군을 섬길 수도 있는, 토지를 주고받는 계약관계에 의한 집합체'였다. 그러다보니 국경이 모호했고, 왕들은 '전쟁을 일으켜도 얼마만큼의 제후나 기사가 전쟁터로 나가줄지 알 수 없다'는 문제를 안고 있었다.

새로운 국가 형태인 주권 국가는 봉건 국가를 대신하여 '나라 안의 모든 힘을 모아 전쟁을 치를 수 있는 국가'를 만들기 위해서 탄생했다. 주권 국가를 통치하는 주체는 국가를 '통일적'으로 지배하는 '주권자'이다. 통일적이라는 말은 주권자의 결정에 모든 국민이 따른다는 뜻이다. 이렇게 되면 주권이 미치는 범위, 즉 국경이 명확해져서 다른 나라의 주권과 중복되지 않게 된다.

'주권 국가'에서는 '주권자'가 국가의 전력을 총동원할 수 있고, 전 국민으로부터 세금을 걷으며, 나라 안 구석구석까지 법이 시행되도록 할 수 있다. 즉, 전쟁이 일어났을 때 '나라가 똘똘 뭉쳐서 적에게 맞설 수 있는' 체제를 확립한 것이다.

주권 국가의 체제가 특히 발전한 시기는 15세기 후반부터 16세기에 이르는 이탈리아 전쟁 기간이다. 프랑스 국왕의 발루아 왕가와 신성 로마 황제의 합스

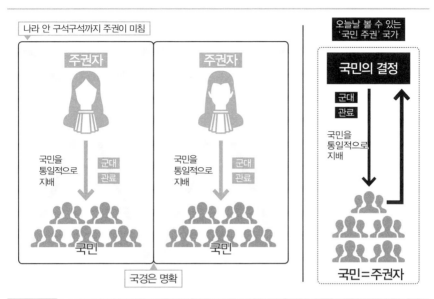

나라 안 구석구석까지 주권이 미침

주권자

국민을
통일적으로
지배

군대
관료

국민

국경은 명확

주권자

국민을
통일적으로
지배

군대
관료

국민

오늘날 볼 수 있는
'국민 주권' 국가

국민의 결정

군대
관료

국민을
통일적으로
지배

국민=주권자

그림 5-4 주권 국가의 구조

부르크 왕가가 60년간이나 벌인 전쟁이다. 오랜 전란은 '주권 국가란, 곧 전쟁을 잘 하기 위한 국가'라는 공식을 만들었다.

오늘날의 일본도 '국민 주권'을 내세우는 '주권 국가'이다. 일본의 주권이 미치는 범위와 외국의 주권이 미치는 범위는 중복되지 않으며, 국민이 국가의 형태를 정할 때에는 '선거를 통해 의원을 선출하고', 국회의 결정을 국민 모두가 따른다. 국회에서 정해진 바에 대해서는 누구도 거스를 수 없다. '국민 주권'이란, 즉 '국민의 결정이 국민을 지배하는 것'과 같은 것이다.

그러나 제5장에서는 아직 '국민 주권'인 나라는 등장하지 않는다. 아직은 주권자가 '국왕' 개인인 경우가 대부분이다. 국민은 '국왕'의 주권 때문에 전쟁에 내몰리고, 국왕의 위엄과 권위를 위해 세금을 착취당한다.

이렇게 '국왕 주권'이면서 동시에 국왕이 절대적인 권력을 휘두르는 정치 체제를 절대주의라고 부른다. 다음 페이지부터는 절대주의 국가의 왕들의 활약상을 살펴보자.

'소국' 네덜란드에 큰코다친 스페인

 독일과 스페인의 왕으로 군림한 카를로스 1세

스페인은 대항해 시대를 통해 일약 세계의 주인공으로 발돋움한 나라이다. 신성 로마 황제 즉 독일의 황제 자리를 오랫동안 차지했던 합스부르크 왕가는 능수능란한 혼인 정책으로 스페인의 왕좌를 손에 넣었다. 이렇게 해서 성립한 스페인 합스부르크 왕가의 **카를로스 1세**는 스페인 왕에 즉위한 후에 합스부르크 왕가의 전통대로 신성 로마 황제에도 선출되어 **카를 5세**라고 불렸다. '스페인 왕과 신성 로마 제국의 황제(독일 왕)를 겸임하는' 국왕이 탄생한 것이다. 그가 바로 스페인의 왕으로서 마젤란에게 세계일주 항해를 명하고, 독일의 황제로서 루터를 탄압했던 인물이다.

 '태양이 지지 않는 제국'을 만든 펠리페 2세

카를로스 1세의 사후, 합스부르크 왕가는 신성 로마 제국 계열과 스페인 계열로 나뉘었다. 스페인 왕을 계승한 인물은 **펠리페 2세**였다. '필리핀'이라는 국가명에 자신의 이름을 남긴 이 왕은 옆 나라인 포르투갈의 왕녀를 아내로 맞아서 포르투갈의 왕도 겸임하게 되었다. 그리하여 그는 스페인, 포르투갈 외에도 스페인의 식민지에 포르투갈의 식민지까지 더해진 초대형 국가를 다스리게 되었다. 지구상의 스페인령 어딘가에는 항상 태양이 떠 있었으니, 펠리페 2세는 태양이 지지 않는 제국을 실현함으로써 전 세계에 위엄과 권위를 떨친 셈이다.

 네덜란드의 '거지들'이 스페인을 쇠퇴하게 만들다

그러나 전성기를 구가하던 '세계 제국' 스페인은 네덜란드라는 '작은 돌'에 걸려

그림 5-5   세계 제국 스페인과 '작은 돌' 네덜란드

넘어지더니 다시는 일어나지 못했다. 독실한 가톨릭교도였던 펠리페 2세는 스페인령이었던 네덜란드에 칼뱅파 프로테스탄트가 퍼지자 네덜란드에서 프로테스탄트를 금하고 가톨릭을 강요했다. 신앙에 대한 강요와 무거운 세금 때문에 신음하던 네덜란드의 민중은 **오라녀 공 빌럼**의 지휘로 네덜란드 독립 전쟁을 시작했다.

세계 제일의 대국에 도전한 네덜란드의 행보는 험난했다. 세상의 부를 모두 모아 아름다운 갑옷으로 무장한 스페인 병사들이 보기에 네덜란드 병사의 장비는 초라하고 볼품이 없었다. 머리에는 나무통을 덮어쓰고, 물고기를 잡을 때나 쓰는 작살을 무기로 들고나온 모습이었기 때문에 '거지'라는 별명까지 붙었다.

그러나 네덜란드는 20년 넘게 저항했고, 끝내 승리를 거두어 네덜란드 연방 공화국으로 독립했다. 긴 전쟁에 피폐해진 스페인은 패권을 잃고 쇠락했다.

독립을 쟁취한 네덜란드는 동인도 회사를 설립하여 스페인을 대신해서 세계 무역을 주도하는 '영광의 17세기'를 맞이한다.

혼란 뒤에 확립된 영국의 의회정치

 국민에게 사랑받은 엘리자베스 1세

영국 국교회를 세운 헨리 8세의 딸 **엘리자베스 1세**는 영국 절대왕정의 정점에 있었던 인물이다. 그녀를 유명하게 만든 사건은 전성기의 스페인 국왕 펠리페 2세가 지휘한 '무적함대(아르마다)'를 격파한 일이다. 아르마다 해전으로 스페인을 쇠퇴의 길로 몰아넣은 엘리자베스는 동인도 회사를 설립해 스페인을 대신하는 세계 제국의 행보를 보였다.

영국은 자국의 양모 산업을 보호하고 전 세계에 모직물을 팔았다. 중상주의 정책이 낳은 영국의 발전은 그야말로 눈부셨다. 국민들도 '사랑스러운 여왕 베스'라고 부르며 존경과 사랑을 나타냈다. 그러나 엘리자베스 1세의 사생활은 행복하지만은 않았다.

엘리자베스 1세의 어머니는 부왕 헨리 8세가 사형에 처한 앤 불린이었고, 엘리자베스 자신은 언니인 메리 1세의 명령으로 오랫동안 런던 탑에 감금되었다. 이런 가정환경은 엘리자베스 1세를 결혼에서 멀어지게 했다. 여러 나라의 왕과 국내의 귀족들이 그녀에게 구혼했지만, 엘리자베스는 이를 모두 거절하며 평생을 배우자 없이 혼자 살았다. 이런 이유로 엘리자베스 1세는 '처녀 왕(버진 퀸)'이라는 별명으로 불렸다.

 스튜어트 왕조의 성립과 영국의 혼란

엘리자베스 1세가 사망한 뒤 영국은 새로운 혼란에 휩싸였다. 배우자가 없는 엘리자베스에게 자식이 있을 리 없었으니 그녀의 대에서 튜더 왕조의 혈통이 끊어진 것이다. 영국 국왕에 새로 추대된 사람은 같은 영국 안에서도 북부 스코틀랜드의 왕이었던 **제임스 1세**였다. 그는 잉글랜드 왕도 겸하는 형태로 영국 왕에 즉위하여 새로운 왕가인 스튜어트 왕조를 열었다. 그리고 왕권신수설, 즉 '왕의 권력은 신에게 받은 것이며 절대적'이라고 주장하며 독재정치를 펼쳤다. 그의 아들인 **찰스 1세**도 독재를 했는데, 이들 부자는 모두 가톨릭과 칼뱅파 (영국에서는 '청교도')를 금지하고 영국 국교회를 믿으라고 강요했다.

찰스 1세는 의회를 무시하고 자신이 원하는 대로 세금을 매기려고 했다. 이에 의회는 권리청원을 제출하여 '과세를 할 때에는 의회의 동의를 얻어야 한다'고 요구했다. 그러나 찰스 1세는 잔소리 많은 의회의 해산을 명했다. 의회는 그후 10년 동안 열리지 않다가 스코틀랜드에서 대규모 반란이 일어나고 나서야 다시 열렸다. 찰스 1세가 반란군 진압에 필요한 자금 조달에 협력하라며 의회를 소집해 동의를 얻고자 연 것이다.

물론 의회는 '해산하라고 할 때는 언제고 돈이 필요하니 다시 소집하느냐!'며 반발했다. 의회는 곧 결렬되었지만(단기 의회), 반란을 진압하는 데 새로운 재원이 꼭 필요했던 찰스 1세는 재차 의회를 소집했다(장기 의회). **국왕과 의회의 대립이 이어지자 귀족들은 왕의 편을 드는 왕당파와 의회의 편을 드는 의회파로 나뉘어 대립했다.**

 영국에도 '왕이 없는 시대'가 있었다

크롬웰은 의회파 출신의 인물들 중에서도 두각을 나타낸 사람이었다. 그는 제임스 1세와 찰스 1세가 금지한 칼뱅파(청교도)의 지도자가 된 뒤, 철기군을 편성하여 왕당파들을 무찌르고 찰스 1세를 항복시켰다. 그리고 찰스 1세를 공개 처형했다. 크롬웰 등이 일으킨 이 혁명은 청교도가 중심 세력이었기 때문에 청교도 혁명이라고 부른다.

청교도 혁명의 결과, 영국에는 왕이 없는 '공화정' 시대가 열렸다. 물론 지도자는 크롬웰이었다. 크롬웰이 통치한 영국은 아일랜드를 정복하여 영국령으로 만들었고, 상업 활동에서 경쟁국이었던 네덜란드를 의식하여 항해법(영국과 그 식민지의 상업 활동에서 네덜란드 상선을 배제하는 법)을 제정한 다음,

영국-네덜란드 전쟁을 일으켜 네덜란드를 격파했다. 이 전쟁에서 승리를 거둔 영국은 네덜란드를 밀어내고 세계 무역 시장을 주도하게 되었다. 이때부터 크롬웰은 본성을 드러냈다. 제 손으로 호국경이라는 직책을 만들어 취임한 다음 의회를 해산하더니 독재를 시작한 것이다. 이에 더해서 그는 호국경을 종신직으로 만들어 평생 권좌를 지키려고 했다.

 ## 독재자보다 왕이 낫다?

독재하는 왕을 무너뜨린 크롬웰이 독재자로 변해버린 모습은 국민들에게 대단히 큰 충격을 주었다. '결국 제 놈이 왕이 되고 싶었던 거야!', '이럴 거면 차라리 왕이 낫다!' 국민들 사이에는 반발이 일었다.

크롬웰 사후에 그의 뒤를 이은 아들에 대해서도 국민은 거세게 반발했다. 결국 그의 아들은 프랑스로 망명을 떠날 수밖에 없었다.

영국은 그렇게 비어버린 국가 수장의 자리에 프랑스에서 모셔온 왕을 앉혔다. 스튜어트 왕조의 **찰스 2세**였다. 또다시 스튜어트 왕조에서 왕이 나왔다고 해서 이를 왕정복고라고 부른다. 그러나 찰스 2세도 의회와 마찰을 빚으며 틈만 나면 의회를 해산시키고 독재의 낌새를 보였다. 결국 그의 아들 **제임스 2세** 대에 의회는 해산되고 말았다.

 ## 외국에서 왕을 모셔오자!

왕이 의회를 무시한 채 독재를 하고, 공화정 체제에서도 독재자가 등장하는 악순환이 이어지자 영국 의회는 고민에 빠졌다. 결론은 독재를 막으려면 '해외에서 왕을 데리고 오되, 의회를 존중하는 조건으로 왕위에 올리자'는 것이었다. 의회는 제임스 2세의 조카인 네덜란드 총독 윌리엄 3세에게 편지를 썼고 그의 아내 메리 2세와 함께 왕위에 오르도록 요청했다.

윌리엄 3세는 당장 네덜란드 군대를 이끌고 영국에 상륙했고, 대부분의 귀족들은 제임스 2세의 왕위 존속을 옹호하지 않았다. 고립된 제임스 2세는 프랑스로 망명했다. 윌리엄 3세가 영국의 왕이 된 것이다. 의회는 즉위하는 **윌리**

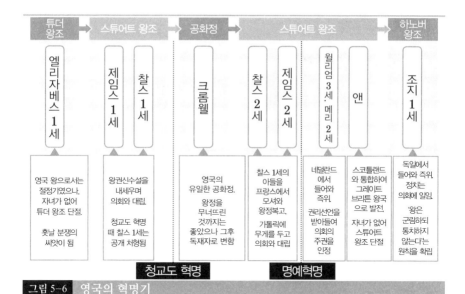

튜더 왕조	스튜어트 왕조	공화정	스튜어트 왕조	하노버 왕조

엘리자베스 1세	제임스 1세	찰스 1세	크롬웰	찰스 2세	제임스 2세	윌리엄 3세·메리 2세	앤	조지 1세
영국 왕으로서는 절정기였으나, 자녀가 없어 튜더 왕조 단절 훗날 분쟁의 씨앗이 됨	왕권신수설을 내세우며 의회와 대립. 청교도 혁명 때 찰스 1세는 공개 처형됨		영국의 유일한 공화정. 왕정을 무너뜨린 것까지는 좋았으나 그후 독재자로 변함	찰스 1세의 아들을 프랑스에서 모셔와 왕정복고. 가톨릭에 무게를 두고 의회와 대립		네덜란드에서 들어와 즉위 권리선언을 받아들여 의회의 주권을 인정	스코틀랜드와 통합하여 그레이트 브리튼 왕국으로 발전 자녀가 없어 스튜어트 왕조 단절	독일에서 들어와 즉위 정치는 의회에 일임 '왕은 군림하되 통치하지 않는다'는 원칙을 확립

청교도 혁명   명예혁명

그림 5-6   영국의 혁명기

엄 3세와 **메리 2세**에게 왕보다 의회가 우위임을 선언한 권리선언을 내밀었다. 두 왕이 서명하자마자 이는 권리장전으로 국민 앞에 발표되었고, 이로써 왕에 대한 의회의 우월성이 확립되었다. 이 혁명적인 사건은 전투다운 전투도 없었으며 사망자도 거의 없었다는 점에서 명예혁명이라고 불린다.

 영어를 못 하는 영국 왕

윌리엄 3세의 사후에는 제임스 2세의 딸이자 메리 2세의 동생인 **앤**이 즉위했다. 앤 여왕의 가장 큰 업적은 잉글랜드와 스코틀랜드를 합하여(양국 의회를 하나로 통합) 그레이트 브리튼 왕국을 성립시켰다는 것이다.

앤 여왕의 사후에 스튜어트 왕가는 혈통을 이을 자손이 없어 단절되었다. 여왕의 자녀들이 어려서 사망했기 때문이다.

의회는 다시 외국으로 눈을 돌렸다. 그리고 독일의 하노버 가문에서 영국 왕실의 피를 이은 조지 1세를 모셔와 새로운 왕으로 추대했다. **조지 1세**는 영어를 할 줄 몰랐기 때문에 국정을 의회에 일임했다. 이는 왕에 대한 의회의 우위가 한층 더 견고해지는 계기가 되었다.

프랑스의 영광,
루이 14세와 베르사유 궁전

 프랑스에도 찾아온 종교 개혁의 물결

프랑스에서는 백년 전쟁 이후 발루아 왕조가 계속 왕위를 이었다. 종교 개혁의 물결은 프랑스에도 예외가 없었다. 가톨릭을 믿는 귀족과 칼뱅파를 믿는 귀족으로 나뉘어 위그노 전쟁이라는 내전이 시작된 것이다(위그노는 프랑스에서 칼뱅파를 지칭하는 말이다). 내전은 진흙탕 싸움으로 번졌고, 이 과정에서 성 바돌로메오 축일의 학살 등 다수의 학살 사건이 발생했다.

 내전이 끝나고 부르봉 왕조가 시작되다

다음으로 왕위에 오른 이는 '선량왕 앙리'라고 칭송받았던 **앙리 4세**이다.

그는 암살 사건으로 발루아 왕가의 혈통이 끊어지자 친족인 부르봉 가문 중에서 찾아낸 인물이었다. 위그노파의 수장인 앙리 4세가 대대로 가톨릭을 믿는 프랑스 왕가를 계승하는 것에 대해 가톨릭파 귀족들은 맹렬히 반발했다.

앙리 4세는 발군의 균형 감각으로 사태를 수습했다. 자신은 위그노를 버리고 **가톨릭으로 개종**하고, 위그노에 대해서는 신앙의 자유를 인정한 것이다(낭트 칙령). 자신은 가톨릭 측에 서되 위그노에게는 신앙의 자유를 줌으로써 양쪽의 체면을 세우고 위그노 전쟁을 종결시켰다. 그후 전란으로 피폐해진 프랑스의 부흥을 위해 애썼다.

 귀족의 '입을 막다'

부르봉 왕조의 2대 왕은 **루이 13세**였다. 루이 13세 시대의 재상 **리슐리외**는 왕권을 한층 강화하기 위해 귀족의 힘을 제한했다. '삼부회'라는 의회를 해산하여 말 많은 귀족들의 입을 막고, 왕만이 국가의 유일한 권위자가 될 수 있도록 획책한 것이다.

 ## 프랑스의 영광의 상징, 태양왕

루이 13세의 뒤를 이은 **루이 14세**는 다섯 살에 즉위했다. 스스로 정치를 하기에는 나이가 너무 어렸던 탓에 재상인 **마자랭**이 그를 대신해 전면에 나섰다.

마자랭도 리슐리외와 마찬가지로 귀족의 권한을 꺾고 왕권을 강화하려고 했지만, 귀족들이 프롱드의 난을 일으켜 권한을 유지하려고 했다. 반란은 한때 루이 14세와 마자랭이 망명을 해야 할 만큼 커지기도 했지만, 귀족 내부에 분열이 일어나는 바람에 진압되었다.

이 일은 마자랭 사후에 친정을 시작한 젊은 루이 14세에게 오히려 매우 긍정적으로 작용했다. 어쨌든 귀족들이 일으킨 반란을 진압한 상태였으니, 반발이 심한 자를 제거한 상황에서 통치를 시작할 수 있었던 것이다.

'태양왕' 루이 14세는 '짐이 곧 국가이다!(왕은 프랑스라는 국가와 동일한 존재이다)'라는 말을 했고, 그 말대로 절대왕정의 전성기를 실현시켰다.

우선 그는 절대왕정을 지탱할 재원을 확보하기 위해 재무 총감 **콜베르**를 등용하여 국내 산업을 보호하고 무역을 진흥하는 중상주의 정책을 추진했다. 그리고 그렇게 해서 얻은 이익을 웅장하고 화려한 베르사유 궁전을 짓고 대외 전쟁을 하는 데 아낌없이 쏟아부었다.

이전까지 루이 14세만큼 적극적으로 대외 전쟁에 나섰던 인물은 없었다. 다만 루이 14세는 '워낙 전쟁을 좋아하다 보니 전투를 한번 시작하면 매듭을 짓기보다 계속 이어가는 사람'이었다. 그래서 초반에는 이기다가도 물러날 때를 잡지 못해 전쟁을 계속하는 사이에 전황이 나빠져서 결국에는 불리한 조건에서 협상을 하는 경우가 종종 있었다.

루이 14세의 만년에 일어난 스페인 왕위 계승 전쟁이 그 대표적인 예이다.

스페인 합스부르크 왕가의 혈통이 끊어졌을 때, 루이 14세는 자신의 손자인 필립을 스페인의 왕으로 만들고자 했다. 주위 국가들은 '그렇게는 안 된다!'며 프랑스

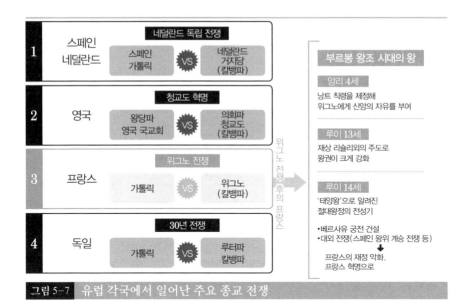

그림 5-7 유럽 각국에서 일어난 주요 종교 전쟁

에 총공세를 펼쳤다. 12년 동안이나 지속된 대규모 전쟁이었다.

루이 14세는 국력을 총동원하는 등 각고의 노력 끝에 결국 필립을 **펠리페 5세**로 스페인 왕가에 앉히는 데에는 성공했다. 그러나 그 대가로 위트레흐트 조약이라는 강화 조약을 맺어 미국 식민지를 잃는 등 실제로는 '손해만 본' 전쟁이 되었다.

또 루이 14세는 만년에 낭트 칙령을 폐지하여 **위그노(프랑스의 칼뱅파 프로테스탄트)** 신앙을 금지했다.

프랑스의 국왕으로서 '정통' 가톨릭 국가의 국왕답게 행동하자는 생각이었는지, 루이 14세는 프로테스탄트에게 '개종과 국외 추방'이라는 두 가지 카드 중 하나만 선택하라며 핍박했다. 그러나 대다수의 위그노는 상공업자였고, 이 같은 정책은 개종이 아니라 상공업자의 해외 유출을 초래해 경기 침체라는 결과를 낳고 말았다.

베르사유 궁전 건설, (이득도 적은) 잇따른 대외 전쟁, 상공업자의 해외 유출 등으로 인해 루이 14세의 만년에는 재정난이 심각해졌다. 이는 나중에 프랑스 혁명을 부르게 된다.

30년 전쟁,
독일을 쑥대밭으로 만들다

 독일 인구가 3분의 1로 줄어들다

　네덜란드의 독립 전쟁이나 영국의 청교도 혁명, 프랑스의 위그노 전쟁처럼 독일(신성 로마 제국)에도 프로테스탄트와 가톨릭의 대립이라는 종교 개혁의 물결이 밀어닥쳤다.

　황제 카를 5세는 루터와 타협하고 '아우크스부르크 화의'를 통해 제후들에게 각 지역이 가톨릭을 믿을지 아니면 루터파를 믿을지를 직접 결정할 수 있게 했다. 즉 300여 명의 제후들에게 자신이 가톨릭인지, 루터파인지를 선택할 수 있게 한 것이다.

　결과는 어떻게 되었을까? 어떤 제후는 가톨릭, 어떤 제후는 루터파를 선택하면서 독일은 흡사 '모자이크처럼' 뒤죽박죽이 되고 말았다.

　화해를 위해서 맺은 아우크스부르크 화의가 오히려 국내의 부조화를 낳았던 것이다. 이웃 제후들 사이에는 분쟁이 일어났고, 결국 17세기의 최대 전란인 30년 전쟁이 발발했다. 가톨릭과 루터파 제후가 뒤엉켜 싸우는 혼전 양상은 좀처럼 끝날 기미가 보이지 않았다.

　시간이 지나면서 가톨릭 측은 스페인의 힘을 빌렸고, 루터파 제후들은 같은 프로테스탄트 국가인 덴마크, 스웨덴뿐 아니라 가톨릭 국가인 프랑스의 힘까지 빌렸다. 참전국이 늘자 상황은 유럽 전체가 싸우는 양상이 되었다. 끝내는 독일 인구가 3분의 1밖에 남지 않았다고 할 만큼 참혹한 전란이었다.

　30년 전쟁은 베스트팔렌 조약의 체결로 종지부를 찍었지만, 그토록 크나큰 갈등이 있었으니 그 어떤 노력을 한들 제국이 다시 하나로 뭉치기는 어려웠다. 황제는 제후들을 독립국으로 인정하고 신앙의 자유를 주었다.

그 이후에 '신성 로마 제국'은 해체된 것이나 다름없었고, 황제의 존재 또한 유명무실해졌다. 이런 이유로 베스트팔렌 조약은 '제국의 사망증명서'라고도 불린다.

 '신흥국'과 '전통 강호'의 격돌!

30년 전쟁이 끝난 뒤, 독일의 제후국 중에서 두각을 드러낸 곳은 프로이센과 오스트리아였다.

프로이센은 30년 전쟁 후에 생긴 신흥국이다. 이 나라는 '군인 왕'이라고 불린 **프리드리히 빌헬름 1세**의 통치 아래 군비를 증강하고 돈을 검약하는 등 지극히 독일인답게 강건한 국가 건설에 힘을 쏟았다. 그의 아들인 '대왕' **프리드리히 2세** 또한 총명하고 군사적 재능이 뛰어났을 뿐만 아니라 예술과 학문 등 모든 측면에서 우수한 자질이 돋보이는 인물이었다.

한편 오스트리아는 합스부르크 왕가가 통치하던 국가이다. 합스부르크 왕가는 대대로 신성 로마 황제를 배출하는 유럽 최고의 명문가였지만, 30년 전쟁을 거치면서 신성 로마 제국이 실질적으로 해체된 뒤에는 신성 로마 제국의 최대 제후국으로서 자국 경영에만 집중했다.

경쟁관계인 '신흥국' 프로이센과 '전통 강호' 오스트리아는 두 차례에 걸쳐서 격돌했다.

첫 번째 격돌은 오스트리아 왕위 계승 전쟁으로 여자인 마리아 테레지아가 오스트리아 왕에 즉위한 것에 대해 프로이센의 프리드리히 2세가 여자의 상속을 인정하지 않고 오스트리아에 선전포고를 하면서 발발했다. 이 전쟁은 프로이센 측에는 프랑스가, 오스트리아 측에는 영국이 참전해 대규모 전쟁이 되었다. 결과는 프로이센의 승리였다.

프리드리히 2세는 마리아 테레지아의 오스트리아 왕위 상속을 인정하는 대신, 탄광이 밀집한 거대 공업지대였던 슐레지엔 지방을 오스트리아로부터 얻어냈다. 경제성이 높은 슐레지엔 지방을 잃은 마리아 테레지아는 영유권을 회복하기 위해 유럽 전역을 깜짝 놀라게 만든 동맹을 맺어 프로이센에 맞섰다.

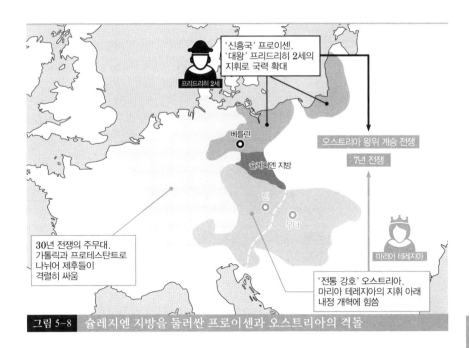

'신흥국' 프로이센.
'대왕' 프리드리히 2세의
지휘로 국력 확대

프리드리히 2세

베를린

슐레지엔 지방

빈

부더

30년 전쟁의 주무대.
가톨릭과 프로테스탄트로
나뉘어 제후들이
격렬히 싸움

오스트리아 왕위 계승 전쟁

7년 전쟁

마리아 테레지아

'전통 강호' 오스트리아.
마리아 테레지아의 지휘 아래
내정 개혁에 힘씀

그림 5-8 슐레지엔 지방을 둘러싼 프로이센과 오스트리아의 격돌

그것은 바로 300년이 넘도록 대립해오던 '숙적' 프랑스와의 동맹이었다. 같은 시기에 프로이센도 북방의 러시아에 대항하기 위해 영국과 동맹을 맺었으니, 양국의 외교관계는 마치 과거의 아군을 '맞바꾼' 듯한 모양새였다. 이런 외교 방침의 전환을 외교 혁명이라고 한다.

 설욕전의 무대는 전 세계로 확산되고

슐레지엔 지방의 탈환에 나선 오스트리아와 동맹국 프랑스, 이를 저지하려는 프로이센과 영국. 마침내 오스트리아의 설욕전이 시작되었다.

이 두 번째 격돌의 명칭은 7년 전쟁이다. 전선은 유럽을 넘어 영국과 프랑스 사이의 미국, 인도 쟁탈전으로까지 확대되었다. 전쟁의 범위가 가히 전 세계라고 할 만했다.

이 전쟁은 한때 전세가 오스트리아의 승리로 기울었으나, 최종적으로는 프로이센의 승리로 끝났다. 오스트리아는 끝내 슐레지엔 지방의 탈환에 실패하고 말았다.

러시아의 절대군주가 된 독일인 여왕

 '독립 회복'이 대국으로 가는 첫걸음

이 시기에 드디어 '북방의 곰' 러시아가 움직이기 시작한다.

키예프 공국이 멸망한 후, 러시아는 한동안 몽골 제국의 지배를 받았다. 그러나 모스크바 대공국이 몽골에서 독립해서 시베리아로 영토를 확장하면서 대국으로 성장하는 첫걸음이 시작되었다.

 종교 전쟁이 없었던 러시아

17세기 초반부터 20세기에 걸쳐 러시아를 통치한 로마노프 왕조는 러시아 정교회의 영향을 크게 받은 덕에 다른 나라들처럼 종교 전쟁으로 인해 나라가 양분되는 사태를 겪지 않았다. 그래서 황제(러시아어로 차르)가 정치적, 종교적으로 강력한 지배력을 행사하는 전제정치(차리즘)가 가능했다.

전제정치를 펼친 황제 중에서 가장 유명한 황제는 '대제' **표트르 1세**이다. 그는 '다른 나라를 이기려면 서양화, 근대화에 힘을 쏟아야 한다'고 강조하며 대규모 사절단을 파견해 네덜란드와 영국 등 당시의 선진국을 둘러보고 기술을 흡수하게 했다. 또한 본인도 가짜 이름을 이용해서 사절단에 섞여든 다음, 네덜란드 동인도 회사의 조선소에 가서 넉 달 동안 목수로 일하며 기술을 습득했다. 러시아는 끊임없이 근대화에 박차를 가했고, 커진 국력만큼 강대해진 러시아 군은 북방 전쟁에서 스웨덴 군을 무찌르며 유럽의 신흥 강자로서 러시아의 이름을 떨쳤다. 표트르 1세는 스웨덴으로부터 빼앗은 발트 해 연안의 영토에 새로운 도시 페테르부르크를 건설하고 러시아의 본거지를 유럽 쪽으로 대폭 이동시켰다.

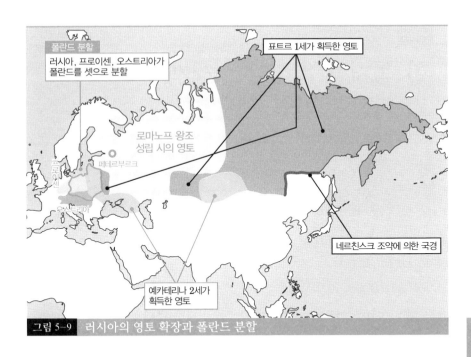

폴란드 분할
러시아, 프로이센, 오스트리아가
폴란드를 셋으로 분할

표트르 1세가 획득한 영토

로마노프 왕조
성립 시의 영토

페테르부르크

프로이센

오스트리아

네르친스크 조약에 의한 국경

예카테리나 2세가
획득한 영토

그림 5-9 러시아의 영토 확장과 폴란드 분할

 국민이 반긴 독일인 러시아 황제

표트르 1세와 함께 러시아 황제를 대표하는 황제로 손꼽히는 **예카테리나 2
세**는 독일 귀족의 딸로 태어난 순수한 독일인이었다. 원래는 러시아 황제와
결혼한 왕비였는데, 심약하고 능력이 모자란 남편에게 만족하지 못해 쿠데타
를 일으킨 후에 스스로 황제의 자리에 오른 여걸이다. 지성과 용기를 겸비한
여제의 탄생에 국민들과 교회 모두 크게 환영했다고 하니 상당한 지지를 받은
인물이었음을 알 수 있다.

예카테리나 2세는 황제로서 뛰어난 리더십을 발휘했다. 군사 측면에서는 우
크라이나와 크림 반도를 획득했고, 러시아가 열망하는 따뜻한 남방으로의 진
출에도 성공했다.

한편 외교 측면에서는 프로이센, 오스트리아를 끌어들여 폴란드의 영토를
3국이 강제로 탈취하기도 했다(폴란드 분할). 이로 인해서 폴란드는 한동안 지
도상에서 자취를 감추었다.

한 몸처럼 움직이는 세계, 더 커진 유럽의 지배력

 포르투갈, 스페인의 세계 공략

대항해 시대 이후, 유럽 각국은 활발히 해외로 진출했고 세계는 하나로 연결되었다. 그러나 이런 '하나로의 연결'은 유럽에 의한 일방적 지배, 즉 '일방통행'의 성격이 대단히 강했다.

가장 먼저 세계로 나간 포르투갈은 인도의 고아와 중국의 마카오에 거점을 두고 대형 선박을 이용하여 아시아 각국을 연결하며 대(對)아시아 무역을 독점했다.

아메리카(신대륙) 진출이 남보다 빨랐던 스페인은 아스테카 왕국과 잉카 제국을 무너뜨리고, 원주민을 부려서 채굴한 멕시코, 페루의 은을 몰래 본국인 스페인으로 들여왔다.

 네덜란드의 세계 장악

네덜란드는 스페인으로부터 독립하자마자 전 세계 항구를 잇는 중계 무역에 국가의 총력을 기울였다. 국토가 좁은 네덜란드로서는 중계 무역이야말로 국가의 운명을 좌우할 생명 줄이었던 것이다.

네덜란드가 눈독을 들인 지역은 '향료의 섬'으로 알려진 인도네시아의 말루쿠 제도였다. 네덜란드는 이곳에서 나는 향신료를 독점하기 위해 인도네시아의 '관문' 바타비아(자카르타)에 거점을 마련한 뒤, 암보이나 사건(네덜란드인이 영국 상점을 습격한 사건)을 일으켜서 한발 늦게 진출한 영국을 밀어내고 인도네시아산 향신료를 독점한다.

훗날 영국-네덜란드 전쟁에서 네덜란드가 패배할 때까지 네덜란드는 줄곧 세계 무역의 패권을 장악했다.

영국과 프랑스의 식민지 쟁탈전

인도네시아 진출에서 네덜란드에 패배한 영국은 인도네시아를 포기하는 대신 인도에 총력을 기울였다. 인도의 면화는 '생활필수품'으로 수요가 많았기 때문이다. 영국은 인도의 마드라스와 콜카타 등에 거점을 마련했다. 이에 비해서 프랑스는 마드라스 근처의 퐁디셰리, 콜카타 근처의 찬다나가르 등 영국이 자리잡은 거점 근처에 자국의 거점을 만들어 영국의 수익을 가로챌 궁리를 했다.

경쟁은 아메리카 땅에서도 어김없었다. 영국은 버지니아 식민지('처녀 왕[버진 퀸] 엘리자베스 1세의 이름에서 유래), 프랑스는 루이지애나 식민지(루이 14세의 이름에서 유래) 등을 건설했다.

사실 양국은 유럽에서 전쟁이 발발할 때마다 뒤에서 '또 하나의 전쟁', 즉 식민지 쟁탈전을 치르고 있었다. 예를 들면, 스페인 왕위 계승 전쟁이 일어났을 때의 앤 여왕 전쟁(아메리카 쟁탈전), 오스트리아 왕위 계승 전쟁 때의 조지왕 전쟁(아메리카 쟁탈전), 7년 전쟁 때의 프렌치-인디언 전쟁(아메리카 쟁탈전)과 플라시 전투(인도 쟁탈전) 등이 대표적이다.

그 결과, 전투에 승리한 영국이 세계 무역의 최종적인 승자가 되었다. 이렇게 영국은 장차 '대영제국'으로 비약할 발판을 세계 각지에 마련하게 되었다.

'검은 화물'로 돈을 번 유럽

유럽 각국은 신대륙의 식민지를 경영하기 위해서 (같은 아프리카인에게 '노예 사냥'을 시키는 수법으로) 아프리카에서 노예를 모아 아메리카 식민지로 싣고 간 후에 내다 팔았다.

상인들은 잡아온 노예의 몸에 달군 쇠도장을 찍고 이들을 '검은 화물'이라고 불렀으며, 꼼짝달싹도 할 수 없을 만큼 한정된 배 안의 공간에 최대한 많은 인원을 태웠다. 그리고 한 달에서 길게는 반년씩 들여서 아메리카 대륙으로 끌고 갔다. 배

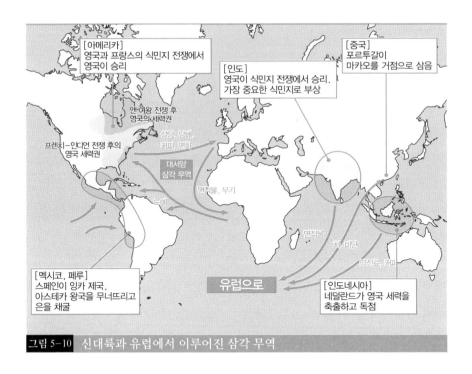

[아메리카]
영국과 프랑스의 식민지 전쟁에서
영국이 승리

[중국]
포르투갈이
마카오를 거점으로 삼음

[인도]
영국이 식민지 전쟁에서 승리.
가장 중요한 식민지로 부상

앤-여왕 전쟁 후
영국의 세력권

설탕, 담배,
커피, 면화

프렌치-인디언 전쟁 후의
영국 세력권

대서양
삼각 무역

면직물, 무기

노예

면직물

차, 비단

[멕시코, 페루]
스페인이 잉카 제국,
아스테카 왕국을 무너뜨리고
은을 채굴

유럽으로

향신료, 커피

[인도네시아]
네덜란드가 영국 세력을
축출하고 독점

그림 5-10   신대륙과 유럽에서 이루어진 삼각 무역

안에서 질병에 노출되어 목숨을 잃는 사람들도 많았는데, 그 시신은 바다에
버렸다.

무사히 아메리카 대륙에 도착한다고 해도 노예들을 기다리는 것은 비참하고
가혹한 생활뿐이었다. 노예들은 멕시코의 은 광산이나 카리브 해의 사탕수수
밭(설탕은 '흰 화물'이라고 불리며 유럽에서 고가에 팔렸다)이나 북아메리카의
면화 밭 혹은 담배 밭에서 일해야 했다. 아메리카에서 생산된 물품은 유럽에
팔렸다.

유럽에서 아프리카로 이동하는 물품은 무기와 면직물이었다. 그중에서 무
기는 아프리카 부족들에게 팔렸는데, 이 무기는 대립 중인 부족을 습격하여
생포해오게 하는 '노예 사냥'에 이용되었다. 아프리카를 노예 공급원으로 이
용한 것이다.

지금까지 살펴본 빛나는 왕들의 역사가 노예 무역을 포함한 삼각 무역과 그
것을 통해서 얻은 부로 뒷받침되었다는 점을 잊어서는 안 된다.

제 6 장

혁명의 시대

제6장 혁명의 시대 큰 줄기

산업 혁명

크림 전쟁

프랑스 혁명

미국 독립
남북 전쟁

나폴레옹의 사망지

역사의 무대

'왕의 국가'에서 '국민의 국가'로
국민이 국가를 움직이는 시대

제6장에는 산업 혁명, 미국의 독립 혁명, 프랑스 혁명, 7월 혁명, 2월 혁명, 3월 혁명 등 다양한 '혁명'이 등장한다.

국가의 형태는 기독교의 영향을 많이 받던 '신의 국가'에서 왕이 절대적인 권력을 행사하는 '왕의 국가'로 넘어갔다. 제6장에 등장하는 혁명의 시대를 거치면 국민이 주권을 가지고 자신들의 결정으로 국가를 움직이는 '국민의 국가'가 형성된다.

혁명을 통해 '국민의 국가들이' 탄생하면서 사회와 전쟁의 모습도 크게 변한다.

이 시대에 유럽 각국은 세계 진출에 더욱 박차를 가했다. 이 과정에서 나타난 이해관계의 대립은 훗날 일어날 세계대전의 '불씨'가 된다.

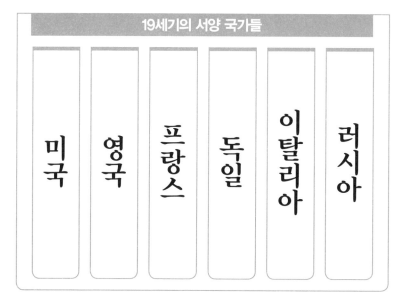

일자리를 잃은 농민, 도시 노동자가 되다

 영국의 발전을 뒷받침한 두 가지

제5장에서는 영국이 네덜란드, 프랑스와 전쟁을 벌이며 세계 무역의 패권을 장악하는 과정을 이야기했다. 이른바 '판로'를 전 세계로 넓히는 과정에 관한 내용이었다. 이번 장에서는 영국이 일찌감치 '산업 혁명'에 성공하여 나라 전체가 '제조업체'가 되어 제품을 생산한 뒤, 전 세계에 퍼져 있는 판로를 이용해 막대한 이익을 창출하는 내용이 소개된다. '세계의 공장'이라고 불린 영국에 이어 유럽의 다른 열강도 차례로 산업 혁명을 일으키고 판로 확대를 위해 해외 공략 정책을 펼친다.

산업 혁명이란 '수공업'에서 '기계공업'으로 변화하는 일련의 기술 혁명을 말한다. 영국이 재빠르게 산업 혁명에 성공하고 '세계의 공장'이라는 지위를 확립할 수 있었던 것은 영국 국내에 '자본'과 '일손'이 충분히 준비되어 있었기 때문이다. 영국은 인도 및 아메리카 내 식민지 획득 경쟁에서 누구보다 앞서 있었고, 대서양에서의 삼각 무역, 아시아 무역 등을 통한 장사 밑천이 어느 정도 확보되어 있었다. 또 인클로저 운동으로 일자리를 잃은 농민이 많다 보니 도시에서 노동자를 모집하면 얼마든지 사람들이 모여드는 상황이었다.

 면직물업에서 시작하여 에너지, 교통 혁명으로

산업 혁명은 일단 면직물업에서 시작되었다. 먼저 존 케이가 면직물을 짜는 기계에 플라잉 셔틀이라는 간단한 장치(기구)를 고안했다. 손으로 직접 움직이지 않아도 직물의 씨실이 감긴 '북'을 좌우로 이동하게 하는 장치였다. 이 '간단한 발상'이 직물의 생산 효율을 단숨에 몇 배로 끌어올린 덕분에 영국 내의 원

214

사가 금세 동이 났다는 이야기도 있었다고 한다.

그러자 이번에는 실을 뽑아내기 위한 방적기가 필요해졌는데, **하그리브스가** 만든 제니 방적기, **아크라이트**의 수력 방적기, **크럼프턴**의 물 방적기 등 개량된 방적기가 순식간에 등장했다.

방적기는 당초 수력으로 작동했지만, **와트**가 증기기관을 여러 용도로 사용할 수 있도록 개량한 후에는 방적기에도 증기기관이 적용되었다. 곧이어 **카트라이트**가 발명한 역직기(자동으로 직물을 짜는 기계)에도 증기기관이 쓰이면서 직물 생산은 더욱 늘어났다. 증기기관은 교통에도 이용되었다. **스티븐슨**이 증기기관차를, 미국의 **풀턴**은 증기선을 실용화했다.

혁명이 불러온 큰 사회적 변화

산업 혁명은 세상에 다양한 영향을 미쳤다.

일단 기계의 발전은 기존 수공업자의 '일을 빼앗는' 결과를 낳았다. 일자리를 잃은 수공업자들은 그 분노를 기계에 대한 원망으로 드러냈고, 기계 파괴 운동(러다이트 운동)이라고 불리는 폭동을 일으켰다.

또다른 변화는 자본가와 노동자의 분화이다. 기계를 사고 공장을 운영할 수 있는 사람은 노동자를 착취하여 점점 더 부유해진 반면, 노동자는 공장에서 장시간 노동을 해야만(하루 18, 19시간 노동이 흔했다) 겨우 생계를 유지할 수 있었다. 노동자들의 불만은 나중에 노동 운동 및 사회주의 운동으로 이어지게 된다.

영국은 일찌감치 산업 혁명에 성공하여 세계의 공장이라는 지위를 확립했다. 주위 국가들도 곧 영국을 따라왔다. 산업 혁명은 바다 건너 벨기에와 프랑스로, 그리고 미국과 독일로, 조금 늦게는 러시아와 멀리 일본까지 퍼졌다.

이 나라들은 당시 '선진국'의 입장에서 물건을 만들어 팔며 세계의 무역을 주도했다. 한편 그외의 나라들, 특히 아시아와 아프리카의 국가들은 선진국에 원자재를 제공하고 선진국에서 생산된 물건을 사들이는 종속국의 입장을 강요당했다.

불합리한 영국에 반기를 든 13개의 식민지

 '왕의 국가'에서 '국민의 국가'로

산업 혁명은 산업과 경제 구조에 불어닥친 혁명이었다. 같은 시기에 정치 구조에도 '혁명'이 일어났다. 그것이 바로 미국의 독립 혁명과 프랑스 혁명 같은 시민 혁명이다. 앞에서 등장한 대부분의 나라는 한 명의 왕이 주권을 장악하고 왕의 생각대로 나라를 움직이는 '왕의 국가'였다.

그러나 미국의 독립 혁명과 프랑스 혁명 같은 '시민 혁명'을 거쳐 나타나는 국가들은 국민의 대표들이 나라의 방침을 논의하고, 국민들의 합의하에 정해진 '법'에 따라 나라가 운영되는 '국민의 국가'이다. 특히 미국은 국민에게 주권이 있다는 사실을 헌법에 명시한 최초의 본격적인 '국민 국가'로, 이후의 민주주의 국가 수립에 지대한 영향을 미쳤다.

 각자의 길을 간 식민지

영국인들은 북아메리카 대륙에 버지니아 식민지를 건설한 이후 총 13개의 식민지를 만들었다(13개 식민지).

영국 본국에서는 자유롭게 믿을 수 없었던 칼뱅파나 가톨릭교도가 신앙의 자유를 찾아 건설한 식민지, 영주가 되어 직접 경영하기 위해 세운 식민지, 영국 왕에게 하사받은 식민지 등 식민지가 만들어진 사정은 각기 달랐다. 그래서 13개 식민지는 제각기 독립된 상태로 존재했다.

그렇다면 각자의 길을 가던 이들 식민지들이 어떻게 단결하여 하나의 나라를 만들고, 영국과 전쟁을 하면서까지 독립하게 되었을까? 그 계기는 프렌치-인디언 전쟁이었다(7년 전쟁의 무대 뒤에서 영국과 프랑스가 벌인 식민지 쟁탈

216

전이다).

결과는 영국의 승리였다. 영국은 프랑스의 광활한 식민지를 탈취했다. 식민지 입장에서도 처음에는 프랑스의 공격으로부터 땅을 보호할 수 있는 데다가 영국의 세력 범위가 넓어지니 환영할 만한 일로 받아들였다. 그런데 새로운 문제가 생겼다. '전쟁에 든 비용을 어디서 조달할 것인가?' 하는 점이었다.

영국 본국은 이 전쟁을 위해 수많은 병사와 물자를 북아메리카 대륙에 쏟아부었기 때문에 막대한 비용을 지출한 상태였다. 그래서 **식민지에 무거운 세금을 부과해 전쟁 비용을 메우려고** 했다. 전쟁 비용을 이른바 '현지 조달하기로' 결정한 것이다. 이에 영국은 설탕과 포도주, 커피와 같은 기호품, 출판물 등 다양한 물품에 무거운 세금을 매겼다.

식민지 측은 영국이 하라는 대로 전쟁의 뒤치다꺼리나 하기 위해 무거운 세금을 감당할 수는 없다며 강력히 반발했다. 그리고 한목소리를 내기 시작했다.

사실 식민지는 본국인 영국 의회에 의석이 없는 탓에 의회에서 '마음대로' 정한 온갖 사항을 따라야만 하는 상황이었다. 식민지는 의견을 모아 대표 없는 곳에 과세할 수 없다는 슬로건을 정하고 '의회에 식민지 대표의 의석이 없는 상황에서는 무거운 세금에 동의할 수 없다!'고 주장했다.

⚔ 홍차 빛깔로 물든 보스턴 항

이런 와중에도 영국 본국은 동인도 회사가 차를 독점 판매한다는 차 법(Tea Act)을 제정했다.

"날마다 마시는 차, 그것도 남아도는 차를 비싼 돈 주고 사 먹으라는 거냐!" 흥분한 급진파는 보스턴 항에 정박해 있던 동인도 회사의 선박을 급습하여 차 상자를 바다에 던져버렸다(보스턴 차 사건). 영국 본국은 이를 반역적인 행위로 간주했지만, 식민지 측도 대륙회의를 열어 한층 강력하게 대응하기로 결속을 다졌다.

이렇게 해서 독립 전쟁이 시작되었다. 그러나 상대는 뭐니 뭐니 해도 영국의 정규군이었고, 그에 반해 식민지군은 급한 대로 모인 민병이었다. 제대로 싸

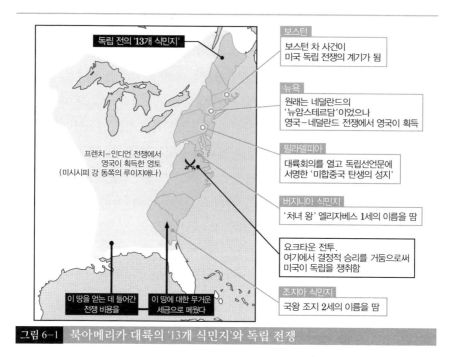

독립 전의 '13개 식민지'

보스턴
보스턴 차 사건이
미국 독립 전쟁의 계기가 됨

뉴욕
원래는 네덜란드의
'뉴암스테르담'이었으나
영국－네덜란드 전쟁에서 영국이 획득

필라델피아
대륙회의를 열고 독립선언문에
서명한 '미합중국 탄생의 성지'

버지니아 식민지
'처녀 왕' 엘리자베스 1세의 이름을 땀

요크타운 전투.
여기에서 결정적 승리를 거둠으로써
미국이 독립을 쟁취함

조지아 식민지
국왕 조지 2세의 이름을 땀

프렌치－인디언 전쟁에서
영국이 획득한 영토
(미시시피 강 동쪽의 루이지애나)

이 땅을 얻는 데 들어간
전쟁 비용을

이 땅에 대한 무거운
세금으로 메웠다

그림 6-1 ┃ 북아메리카 대륙의 '13개 식민지'와 독립 전쟁

워서 이길 수 있는 형편이 아니었다. 이에 식민지 측은 여러 가지 수를 썼다. 작가 **토머스 페인**은 평이한 문장으로 쓴 『상식』이라는 책을 통해 '독립이야말로 상식'이라는 주장을 펼쳐 여론을 진작시켰다. 이어 **제퍼슨** 등이 독립선언문을 작성했다. 전쟁 초반에 건국 이념을 호소하여 '정의가 우리에게 있음'을 주장한 것이다.

영국의 경쟁국들도 도움의 손길을 보내주었다. 프랑스는 병사를 파견해서 미국을 지원했고, 러시아의 황제 예카테리나 2세는 무장 중립 동맹을 결성하여 중립 입장을 표명하면서도, 지속해서 물자를 수출해서 미국을 도왔다. 그 결과 미국은 건국 영웅 **워싱턴**이 지휘한 요크타운 전투에서 결정적인 승리를 거두었다.

결국 영국은 파리 조약에서 미국의 독립을 승인했다. 그로부터 4년 뒤, 국민의 주권이 전문에 명시된 미합중국 헌법이 제정되었다. 왕이 없는 '공화정'인 '민주주의 국가' 미합중국이 수립된 것이다.

국왕을 단두대에서 처형!
전 유럽에 파문이 확산되다!

⚔️ 천국에서 지옥으로, 격동의 프랑스

'프랑스 혁명'이란 민중이 프랑스 **루이 16세**의 왕정을 타도하고 왕이 없는 공화정을 세운 일련의 사건을 가리키는 말이다. 한마디로 '왕정이 민중의 손에 넘어간' 것인데, 생각해보면 루이 16세 조금 앞의 왕이 태양왕 루이 14세이다. 한쪽은 절대군주로서 절정의 권력을 누렸던 루이 14세이고, 한쪽은 민중 앞에 끌려 나와 단두대에서 공개적으로 처형당한 루이 16세이다. 프랑스 왕조는 단 2대만에 그야말로 천지가 뒤바뀌는 격변에 휩싸였던 것이다.

루이 16세의 재위 기간 동안에 프랑스는 심각한 재정난에 허덕였다. 루이 14세 시기에 베르사유 궁전의 건설 등에 국가 살림을 낭비했고, 수차례의 대외 전쟁을 치른 데다가 루이 16세 자신도 미국의 독립 전쟁을 지원했기 때문이다.

이런 재정난의 해결책으로 생각해낸 것이 증세였지만, 평민에 대한 무거운 과세는 한계에 달해 더이상 짜내려고 해도 짜낼 방도가 없는 지경에 이르렀다.

이제는 새로운 재원, 즉 그때까지 '특권 계급'이라며 세금을 면제해주었던 성직자와 귀족 계급에게 세금을 물릴 수밖에 없었다.

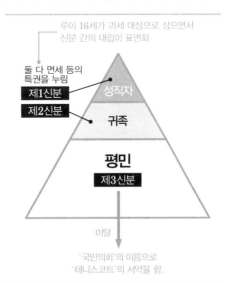

루이 16세가 과세 대상으로 삼으면서 신분 간의 대립이 표면화

둘 다 면세 등의 특권을 누림
제1신분 — 성직자
제2신분 — 귀족
평민
제3신분

이탈

'국민의회'의 이름으로 '테니스코트'의 서약을 함.

그림 6-2　성직자, 귀족과 평민이 대립하다

당연히 반발이 터져 나왔다. 국왕에게 불만을 터뜨리고 싶었던 두 계급은 루이 13세 이후 중단된 삼부회의 개최를 요구했다. 루이 16세는 그들의 요구를 받아들여 삼부회를 개최했다. 그런데 이번에는 삼부회 내에서 지금껏 중과세를 감당해온 평민(제3신분)과, 세금을 면제받아온 성직자(제1신분) 및 귀족(제2신분) 간의 대립 구도가 형성되었다.

 ## 제3신분의 이탈

삼부회의 논의는 당연히 평행선을 달렸다. 제1신분, 제2신분인 성직자와 귀족은 세금을 내기 싫어했고, 제3신분인 평민은 그들에게도 세금을 내라고 요구했다. 논의는 교착 상태에 빠졌는데, 정작 회의 참석자들은 재정 문제보다 '어떻게 의결할 것인가?' 하는 표결 방법을 놓고 옥신각신했다.

그때 제3신분이 움직였다. 삼부회를 이탈해서 독자적으로 '국민의회'를 세우겠다고 한 것이다. 루이 16세는 감히 국왕 앞에서 제3신분이 함부로 행동하는 것을 허락할 수 없다며 그들을 회의장 밖으로 쫓아냈다.

제3신분은 '회의는 어디서든지 열 수 있다'며 테니스코트에 모여 국민의회의 성립을 선언했다. 자신들의 손으로 헌법을 제정할 때까지 해산하지 않겠다는 테니스코트의 서약을 한 것이다. 제1, 제2신분 중에서도 이 의회에 동조하는 사람들이 나왔다.

 ## 제3신분의 움직임이 무력 '혁명'으로 발전하다

루이 16세는 제3신분의 행동을 건방지다고 생각하고 무력으로 탄압했다(루이 16세는 '호인'이어서 국민의회를 승인했으나, 왕비인 마리 앙투아네트와 강경파 귀족이 강력한 탄압을 요구했다). 이에 대해 민중도 실력 행사를 하고 나섰다.

수많은 정치범을 수용하여 압정의 상징이었던 바스티유 감옥을 습격한 것이다. 감옥을 점령하는 행위는 '우리를 감옥에 처넣을 수는 없다!'는 반권력 선언을 했다는 의미이다.

그뿐 아니라 요새나 다름없었던 바스티유 감옥에는 무기와 탄약이 비축되어 있었으니, 무기를 확보하겠다는 민중의 전략이기도 했다. 국민의회는 '정의는 우리의 편'이라며 프랑스 인권선언을 발표하고 '자유와 평등, 그리고 국민주권'이 보장되는 국가의 건설을 부르짖었다.

 극에 달한 '부녀자들'의 분노

바스티유 감옥이 습격을 받고 파리에 혁명의 불길이 타오르자 곳곳에서 군과 민중의 전투가 벌어졌다. 파리 민중은 혁명의 혼란과 지난해 흉작의 영향으로 식량마저 부족한 처지에 몰리게 되었다. 분노한 수천 명의 '부녀자들'은 떼를 지어 베르사유 궁전으로 몰려가서 시위를 했다(베르사유 행진).

"빵을 넘겨라!"

"혼란의 책임을 져라!"

"베르사유에 처박혀 있지 말고 파리로 귀환하라!"

결국 루이 16세와 그 일가는 파리로 연행되었다. 이 사건 이후로 루이 16세 일가는 파리 시민의 감시를 받게 되었다.

 국왕의 탈출 시도, 신뢰도를 추락시키다

그 와중에 루이 16세 일가가 벼랑 끝에 몰리는 사건이 일어났다. 그들의 탈출 미수 사건이다(바렌 도주 사건). 국왕 일가가 다른 사람의 이름을 써서 왕비 마리 앙투아네트의 친정인 오스트리아령으로 피신하려고 한 것인데, 도중에 바렌이라는 도시에서 체포되었다.

이 사건을 계기로 국왕에 대한 민중의 마음은 완전히 돌아섰다. 혁명 초기에 민중은 왕을 무너뜨릴 생각까지는 하지 않았다. 왕이 성직자와 귀족의 특권을 억제하고 자신들의 권리를 인정해주기만 하면 좋겠다는 심정이었다. 그런데 왕이 나라를 버리고 탈출하려고 했으니 그에게는 이미 나라를 통치할 능력도, 애정도 없다는 것이 명백해진 셈이었다.

왕에 대한 민중의 감정은 '신뢰에서 실망'으로 뒤바뀌었고, 국민의회는 헌법을 제정해서 왕의 권리에 큰 폭의 제한을 두었다.

 혁명이 대외 전쟁으로 발전

프랑스 최초의 헌법이 성립되고 국민의회는 입법의회로 이름을 바꾸었다. 입법의회가 소집되자 두 가지 의견이 충돌했다.

하나는 '왕의 존재를 인정하면서 법을 왕 위에 두고 통치하자'는 입헌군주파였다(현재 영국이나 스페인과 북유럽의 여러 나라들이 여기에 해당한다. 천황제가 있는 일본도 입헌군주제의 일종으로 본다).

다른 하나는 '왕의 존재를 아예 없애고 헌법에 따라 나라를 통치하자'며 공화정을 주장하는 지롱드파였다.

입법의회 안에서는 왕정 폐지를 주장하는 지롱드파가 점차 힘을 얻었다. 입법의회는 혁명에 개입하여 프랑스 왕정을 존속시키려고 한 오스트리아에 선전포고를 했다. 이때부터 프랑스 혁명은 대외 전쟁으로 그 양상이 바뀌기 시작했다.

국내 문제였던 프랑스 혁명이 대외 전쟁으로 발전한 이유는 주변 각국이 프랑스 혁명을 바라본 관점을 알면 쉽게 이해할 수 있다.

주변 국가들은 대부분 왕정이었으므로, 국왕들은 프랑스 혁명을 보면서 '내 나라에서도 같은 일이 일어나면 나의 신변이 위험해질 것'이라는 위기감을 느꼈다. 프랑스처럼 불만에 찬 민중이 왕궁을 둘러싸고 온갖 권리를 요구한다면 왕의 권위는 급속히 추락할 것이 뻔했다. 특히 프랑스 왕비 **마리 앙투아네트**의 친정인 오스트리아는 앙투아네트를 위기에서 구하고자 적극적으로 힘썼다.

오스트리아와 프로이센의 정규군이 혁명의 진행을 막기 위해 프랑스에 침입하자, 전투에 익숙하지 않은 평민 중심의 프랑스 혁명군은 곧 고전을 거듭하게 되었다. 프랑스 국내에는 그 이유가 루이 16세 부부가 밀사를 파견해서 혁명군의 작전을 오스트리아와 프로이센 쪽으로 빼돌렸기 때문이라는 소문이 파다했다. 그 때문에 국민들은 '왕은 우리 편이 아니라 오스트리아와 프로이

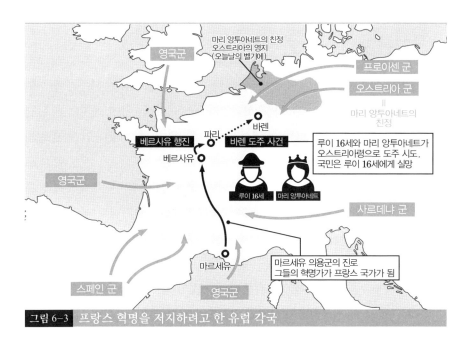

마리 앙투아네트의 친정
오스트리아의 영지
(오늘날의 벨기에)

영국군

프로이센 군

오스트리아 군
=
마리 앙투아네트의
친정

베르사유 행진   파리   바렌
베르사유   바렌 도주 사건

영국군

루이 16세와 마리 앙투아네트가
오스트리아령으로 도주 시도.
국민은 루이 16세에게 실망

루이 16세   마리 앙투아네트

사르데냐 군

마르세유

마르세유 의용군의 진로
그들의 혁명가가 프랑스 국가가 됨

스페인 군

영국군

그림 6-3 프랑스 혁명을 저지하려고 한 유럽 각국

센을 위해 행동하는 적'이라고 믿게 되었다.

바렌 도주 사건으로 국왕에 대한 '실망감'에 빠졌던 프랑스 국민은 대외 전쟁을
거치면서 깊은 '분노'를 느끼게 되었다.

 '왕이 없는' 프랑스가 탄생하다

혁명군이 고전을 거듭하며 위기에 처했다는 소식이 전해지자 프랑스 전역에
서 의용군이 몰려들었다. 이때 의용군이 부른 노래가 오늘날의 프랑스 국가인
라 마르세예즈이다. 혁명군의 출정가였던 만큼 가사에는 '잔인한 적이 우리 처
자식의 목을 노린다. 놈들을 쓰러뜨려 그 피를 우리 밭에 뿌리자!'와 같은 과
격한 표현이 들어 있다.

혁명군은 발미 전투에서 기적적으로 승전보를 올렸다. 상대는 당시 유럽에
서 가장 강하다는 프로이센 정규군이었다. 사기가 오른 혁명군은 궁전을 습격
해 왕권을 중지시키고 왕을 감옥에 보낸 후, 공화정 수립을 선언했다(8월 10
일 사건).

루이 16세의 왕권이 중지된 프랑스에서는 성인 남성의 보통 선거가 실시되었고, 새로운 의회인 국민공회가 구성되었다. 국민공회는 왕정 폐지와 공화정 수립을 선언했고, 마침내 프랑스 역사상 최초의 '왕이 없는 상태'인 제1공화정이 수립되었다.

루이 16세와 왕비 마리 앙투아네트는 민중 앞에 끌려 나와 단두대에서 공개 처형되었다. 프랑스에서 왕이 민중 앞에 끌려 나와 공개 처형된 사건은 주변국 국왕들에게 충격을 안겨주었다.

'내 나라에서도 민중 봉기가 일어나 내가 공개 처형된다면……' 이런 생각을 하면 아마도 온몸이 얼어붙는 기분이었을 것이다.

각국은 프랑스의 공화정을 하루빨리 망가뜨리고 자신들의 왕정을 지키려고 했다. 그리하여 **피트** 영국 총리의 주도로 제1차 대(對)프랑스 동맹을 맺었다. 유럽 전체가 프랑스의 적이 된 것이다.

이런 위기를 극복하기 위해 프랑스 국내에서는 강력한 리더십을 가진 인물에게 권력을 집중시키자는 움직임이 일어났다. 그리하여 지도자로서 뛰어난 능력을 인정받은 **로베스피에르**를 중심으로 한 가장 급진적인 자코뱅파가 지롱드파를 추방하고 정권을 잡았다.

농민과 하층 시민을 지지 기반으로 삼은 자코뱅파는 강력한 권한을 가진 정부의 주도로 농노를 해방하고 파리 빈민을 위해 최고 가격제를 정해 식량 가격의 급등을 막았다. 나아가 민중의 반대를 억누르고 징병제를 강행하는 등 차례로 개혁을 단행했다.

징병제의 효과가 커지면서 대프랑스 동맹에 의한 위기는 조금씩 줄었다. 그런데도 로베스피에르는 계속해서 독재를 강화해 반대파뿐 아니라 혁명 동지까지 하나, 둘 처형하는 등 공포정치를 펼쳤다.

최고 가격제로 인해 자유로운 경제 활동이 불가능해진 파리 시민과 농민들 사이에서는 조금씩 독재에 대한 불만이 터져 나왔고, 결국 로베스피에르는 체포되어 처형되었다(테르미도르의 반동).

 '5인 결정 체제'는 '아무것도 정하지 못하는' 체제

독재는 지긋지긋하다는 국민의 정서를 반영하듯이 그다음으로 들어선 총재 정부는 5인의 총재가 합의하여 운영하는 정부였다. 독재를 우려할 필요는 없었지만, 권력 분산에 중점을 둔 탓에 리더십 부재 문제가 불거지는 등 정권으로서는 허약했다.

 나폴레옹의 쿠데타, 새로운 국면을 열다

독재자 로베스피에르에 이어 리더십이 부족한 총재 정부가 들어서면서 프랑스 혁명은 다시 혼란에 빠졌다. 이런 상황을 본 주변 국가들은 제2차 대(對)프랑스 동맹을 결성해 재차 프랑스 혁명을 와해시키려고 했다.

다시 한번 유럽을 적으로 돌리게 된 프랑스 국민들은 허약한 총재 정부로는 아무런 대응도 할 수 없다는 사실을 알았다. 이때 민중의 기대를 모은 인물이 이탈리아 원정과 이집트 원정으로 명성을 쌓은 **나폴레옹**이었다. 사람들은 그가 오스트리아 군과 영국군을 차례로 격파하는 모습에 열광했고, 프랑스의 위기를 나폴레옹에게 맡겨보자는 생각을 했다.

총재 정부의 다섯 총재 중 한 사람인 시에예스는 나폴레옹에게 군사 쿠데타를 권유했다. 이때 시에예스는 나폴레옹을 군사 쿠데타에 이용한 후에 그를 누르고 자신이 권력을 잡을 생각이었다. 그러나 나폴레옹이 그보다 한 수 위였다. 나폴레옹은 쿠데타와 동시에 선수를 쳐서 제1통령 자리에 올라 통령 정부를 수립하고 프랑스의 실권을 잡는 데 성공했다. 그리고 제2차 대프랑스 동맹을 격파한 뒤 민법전인 나폴레옹 법전을 공포했다. 민중의 권리를 지키겠다는 의지를 표명하여 국민의 인기를 얻은 그는 국민 투표를 통해 황제에 즉위했다.

 궁극의 권력자는 '모두가 선택한 독재자'?

결국 프랑스 혁명은 '왕을 무너뜨리는' 단계에서 '왕이 없는' 단계를 거쳐 '다 같

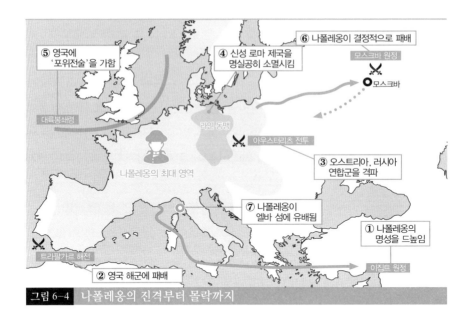

⑤ 영국에
'포위전술'을 가함

④ 신성 로마 제국을
명실공히 소멸시킴

⑥ 나폴레옹이 결정적으로 패배

모스크바 원정

모스크바

대륙봉쇄령

라인 동맹

나폴레옹의 최대 영역

아우스터리츠 전투

③ 오스트리아, 러시아
연합군을 격파

⑦ 나폴레옹이
엘바 섬에 유배됨

① 나폴레옹의
명성을 드높임

트라팔가르 해전

② 영국 해군에 패배

이집트 원정

그림 6-4   나폴레옹의 진격부터 몰락까지

이 독재자를 뽑아 그의 지배를 받는' 단계에 돌입했다.

국민 '모두의 의견'으로 선택한 권력자인 이상, 모든 국민이 그 지배에 따르는 것
도 '모두의 의견'이므로 어떤 의미에서는 (설령 그가 선량한 인물이라고 해도) 왕보
다 훨씬 강력한 독재자가 될 수 있었다.

나폴레옹은 그런 국민의 동의로 차례차례 대외 전쟁을 치렀다.

바다 건너에서는 영국과의 트라팔가르 해전에 패배해 영국 상륙에는 실패
했지만, 육지에서는 아우스터리츠 전투에서 오스트리아, 러시아 연합군을 무
찌르고 승리했다. 나폴레옹은 프로이센까지 격파하고 독일 점령지에 종속
국인 라인 동맹을 만들었다. 이로 인해 이름만 남아 있던 신성 로마 제국은
완전히 소멸되었고, 나폴레옹의 지배 영역은 서쪽으로는 스페인, 동쪽으로는
폴란드와 헝가리에까지 미치게 되었다. 그러나 나폴레옹이 정말 무너뜨리
고 싶었던 상대는 프랑스의 경쟁국인 영국이었다. 영국은 과거에 몇 번이나
프랑스 혁명에 개입했고, 나폴레옹 자신도 해전에서 패배한 적이 있는 '최강
의 적수'였다.

나폴레옹은 영국을 괴롭히기 위해 대륙에 있는 유럽 각국이 영국과 무역을 하

지 못하게 막았다. 영국을 상대로 한 이른바 '보급로 차단작전'이었다(대륙봉쇄령). 공업 제품을 팔지 않고, 식량도 확보하지 못하면 영국이 경제적으로 곤란해질 것이라고 생각한 것이었다.

여러 나라들이 나폴레옹을 두려워하며 그의 명령에 따랐는데, 러시아는 몰래 영국에 곡물을 수출했다. '대륙봉쇄령을 파기해버린 것'이다. 이런 사실이 발각되자 나폴레옹은 제재가 필요하다며 모스크바 원정에 나섰다. 그러나 러시아의 계략은 교묘했다.

러시아 황제 **알렉산드르 1세**는 일부러 패배를 거듭했고, 퇴각하는 척하면서 나폴레옹을 광활한 러시아 땅으로 유인했다. 그리고 겨울이 오기를 기다렸다가 단번에 대반격을 가했다. 러시아의 '넓은 땅과 혹독한 추위'를 십분 활용한 전략을 쓴 것이다. 덫에 걸린 나폴레옹의 군대는 전사와 동상으로 인해 61만 명의 대군이 불과 5,000여 명으로 줄어드는 쓰디쓴 패배를 맛보았다.

나폴레옹의 패배를 기회 삼아 유럽 각국은 또 한번 대프랑스 동맹을 결성했다. 나폴레옹은 라이프치히 전투에서 각국 연합군에게 결정적으로 패배했고, 퇴위의 위기에 몰린 채 엘바 섬에 유배되었다.

그러나 거기서 끝날 나폴레옹이 아니었다. 각국이 전후 처리로 옥신각신하는 사이에 엘바 섬을 빠져나와 프랑스로 돌아간 그는 황제 자리에 복귀했다(100일 천하). 그러나 워털루 전투에서 재차 패배하고 이번에는 대서양의 외딴섬 세인트 헬레나 섬에 유배되었다. '나폴레옹이 부활하지 못하도록' 이곳을 고른 것만 보아도 당시 사람들이 그를 얼마나 두려워했는지 알 수 있다.

세인트 헬레나 섬

나폴레옹은 망망대해 외딴섬에 유배되어 그곳에서 사망했다

그림 6-5 **외딴섬에 유배된 나폴레옹**

왕정으로 돌아간 빈 체제, 반발하는 민중

 다시 '왕의 세상'으로

유럽 전체를 장악했던 나폴레옹이 패배하자 유럽은 다시 '처음'의 상태로 되돌아 갔다.

각국은 나폴레옹 이후의 유럽 영토를 어떻게 분배할지를 논의하기 위해 빈 회의를 열었다. 회의의 기본 노선은 정통주의였다. 정통주의란, 프랑스 혁명이나 나폴레옹을 모두 '없었던 것'으로 하고 왕들이 지배하던 유럽으로 되돌아가자는 의미이다.

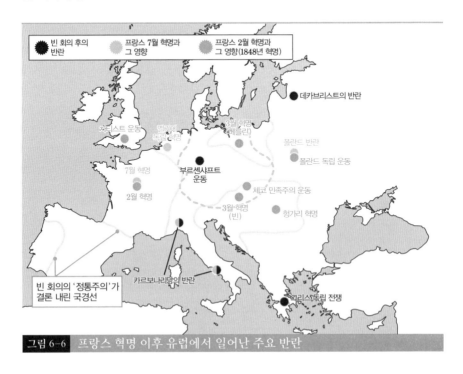

그림 6-6　프랑스 혁명 이후 유럽에서 일어난 주요 반란

프랑스에서는 부르봉 왕조가 부활하여 루이 18세가 왕위에 앉았다. 그리고 나폴레옹에게 승리를 거둔 영국과 러시아에는 큰 '상'이 주어졌다. 영국에는 케이프 식민지와 스리랑카, 러시아에는 폴란드와 핀란드가 주어졌다. 나폴레옹의 프랑스에 복속되었던 스페인, 프로이센, 오스트리아도 부활했다.

다시 어딘가에서 혁명이 일어날 경우, 서로 도와서 즉각 혁명을 진압하자는 4국 동맹, 신성 동맹 같은 동맹관계도 생겼다.

그러나 빈 회의에서는 국가 간 약속의 큰 틀이 정해졌을 뿐 영지 분배 등 세세한 안건에 대해서는 각국이 대립했고 논의가 전혀 진행되지 않았다. 그런데도 빈의 명물인 무도회는 매일 밤 열렸다. 그런 탓에 '회의는 춤을 추나 아무런 진전이 없다'는 풍자가 나돌았다.

왕정 부활에 실망한 민중

프랑스 혁명을 경험한 민중 입장에서는 이제 와서 '왕정의 세상으로 돌아가라'고 해도 납득이 될 리가 없었다.

국민들이 자유롭게 정치에 참여할 수 있고, 지도자도 자유롭게 선출할 수 있으며, 농노제도 없는 평등한 세상. 프랑스 혁명이 내걸었던 이념은 이미 유럽 전역의 모든 민중 사이에 퍼진 뒤였다. 자연스레 자유와 권리를 요구하는 자유주의 운동이 유럽 전역에서 일어났다. 빈 회의가 열린 지 불과 2년 뒤에 독일에서 학생 운동이 일어났고, 10년도 지나지 않아 일어난 이탈리아의 카르보나리당('숯을 굽는 사람들의 당'이라는 뜻/옮긴이)의 반란, 러시아의 데카브리스트의 반란 등 유럽 각지에서 자유와 권리를 요구하는 사람들이 반란을 일으켰다.

빈 체제는 유럽을 왕들의 세상으로 되돌렸지만, 금세 자유주의 운동이 반기를 들면서 왕의 지배에 불만을 품은 민중과 타국의 지배를 받는 나라들이 '우리도 반란을 일으키면 왕정 타도와 독립의 기회를 잡을 수 있을지 모른다!'고 생각하게 되었다. 이런 이유로 19세기 유럽에서는 놀랄 만큼 많은 혁명과 반란이 일어나게 되었다.

왕정으로 돌아간 프랑스, 또 한번의 혁명!

 또 한번 무너진 부르봉 왕조

빈 체제 후의 프랑스로 가보자.

빈 회의 결과, 프랑스는 **루이 18세**의 즉위와 함께 부르봉 왕조가 부활했다. 루이 18세는 의회에 협력적인 자세를 보였지만, 성직자와 귀족을 중용한 탓에 국민들은 실망에 빠졌다. 한편 그의 동생 **샤를 10세**는 의회를 해산하고 독재와 절대주의를 강화해 국민의 원성을 한층 더 키우고 말았다. 이런 불만을 딴데로 돌리기 위해 샤를 10세는 알제리로 출병했지만, 그렇다고 불만이 가라앉지는 않았다. 파리 시민들은 부르봉 왕조를 타도하고자 또 한번의 혁명을 일으켰다.

격렬한 시가전을 벌인 결과(화가 들라크루아는 이 시가전을 소재로 "민중을 이끄는 자유의 여신"을 그린 바 있다), 샤를 10세는 국외로 망명했다. 부르봉 왕조는 다시 무너졌고, 자유주의자로 알려진 오를레앙 가문의 **루이 필리프**가 새로운 왕으로 추대되었다(이 혁명을 7월 혁명이라고 부른다).

 혁명의 기억이 되살아나다

7월 혁명은 유럽 민중 사이에 프랑스 혁명의 기억을 되살려주었다. 이번에야말로 지배자를 무너뜨릴 수 있을 거라는 생각이 끓어오르자 '마지막이 될지도 모를 혁명 운동'의 불씨는 맹렬하게 번져나갔다.

벨기에는 네덜란드에 투쟁하여 독립에 성공했다. 러시아의 속국이었던 폴란드는 독립을 호소하며 러시아를 상대로 지속적으로 반란을 일으켰지만 진압되었다. 이탈리아에서도 카르보나리당이 부활하여 자유와 권리를 요구하며 반란을 일으켰다.

 '부자 우대 정책'에 실망한 민중

7월 혁명을 통해서 왕이 된 루이 필리프의 왕정은 7월 왕정으로 불린다. 국민들은 처음부터 시민의 자유와 권리를 이해하는 그를 '시민 왕'이라고 불렀고, 그런 그가 선량한 정치를 펼칠 것이라고 기대했다.

그러나 뚜껑을 열어보니 루이 필리프는 부자만 우대했다. 선거권도 부자에게만 주었다. 보통 선거에 대한 요구마저 거부하는 루이 필리프에게는 '자산가들의 왕'이라는 별명이 붙었다. 농민과 노동자 계급의 불만은 날로 커졌다.

"역시 왕에게는 기대할 게 없어. 공화정이어야 해!"

공화정을 확신한 시민들은 재차 일어나서 혁명에 가담했다.

루이 필리프는 영국으로 망명했고, 프랑스에는 공화정이 들어섰다(2월 혁명). 이 혁명으로 등장한 공화정은 프랑스 혁명기의 '국민공회'가 세웠던 제1공화정에 이어서 제2공화정이라고 불린다.

 유럽 전역의 국민이 일어서다

2월 혁명도 7월 혁명과 마찬가지로 각지로 번져 반란과 폭동을 일으켰다.

프로이센과 오스트리아에서는 3월 혁명이 일어나 빈 체제를 주도했던 오스트리아의 외상 메테르니히가 국외로 망명했다. 폴란드는 다시 한번 대(對)러시아 독립 운동을 벌였고, 오스트리아에서는 보헤미아와 헝가리가 독립을 요구하며 폭동을 일으켰다. 영국에서는 노동자들이 권리 확대를 요구하며 차티스트 운동을 일으켰다. 이렇게 1848년에 일어난 프랑스 2월 혁명을 발단으로 유럽 전역에 퍼진 반란, 폭동, 혁명 등의 동시다발적 운동을 통틀어서 1848년 혁명이라고 부른다. 기존에 신분이 낮았거나, 권리가 제한되어 있었거나, 타국에 종속되어 있었던 민족이 일제히 봉기해 세상을 뒤집어보자는 움직임이 유럽을 가득 채우고 있었다.

빈 체제는 그야말로 완전히 무너져버린 것이다.

프랑스에 오랜만에 '왕이 없는 정치'(제2공화정)가 돌아왔다. 그런데 새로운 고민거리가 발생했다.

바로 사회구성원의 대부분을 차지하는 계층인 '농민'과 '노동자' 간의 대립이었다. 둘 다 가난한 계층이지만, 차이가 있었다. '노동자'는 토지나 공장 등을 소유하지 않은, 사회에서 가장 빈곤한 계층이지만 '농민'은 작더라도 자신의 토지를 소유한 계층이라는 점이었다.

가장 가난한 계층인 노동자는 토지나 공장을 국가가 소유하고 생산물을 모든 국민이 "평등하게" 받아 쓰는 '사회주의'를 요구했다. 그러나 농민은 작더라도 자신의 토지가 있기 때문에 토지 국유화에 강하게 반발했다.

왕정하에서는 이런 국내 갈등을 왕이 "마음대로" 판가름할 수 있었기 때문에 갈등이 꼬리를 무는 일은 없었다. 그런데 공화정이 들어서면서 자신들의 갈등은 자신들이 해결해야 하니 농민과 노동자 간의 대립은 점차 심각해졌고 이는 곧 사회 불안으로 이어졌다.

나폴레옹의 조카가 나타났다

이즈음 **루이 나폴레옹**이라는 인물이 등장했다. 이름만 보아도 알 수 있듯이 황제 나폴레옹 가문의 일원이었다. 그는 나폴레옹의 조카뻘로 알려졌다.

"나폴레옹이라는 이름을 가진 사람이라면 틀림없이 농민과 노동자의 갈등을 해결해줄 거야!"

국민들 사이에는 이런 기대감이 높았다. 그 결과 루이 나폴레옹은 국민 투표 결과에 따라 황제 자리에 올랐고 **나폴레옹 3세**라는 칭호를 얻었다. 이때를 제2제정이라고 부른다.

나폴레옹 3세는 국민의 눈을 사회 불안에서 멀어지게 하기 위해 대외 전쟁을 적극적으로 치르고, 파리의 도시 환경을 정비했으며, 만국박람회를 개최하는 등 인기영합주의 정책에 몰두했다. 사회 갈등에 대한 근본적인 대책은 없었다.

```
부르봉 왕정
  │ 제3신분이 이탈
국민의회
  │ 헌법을 제정하고 발전적 해체
입법의회
  │ 왕권을 중지하고 공화정으로
국민공회
  │ 테르미도르의 반동으로 종료
총재 정부
  │ 나폴레옹이 쿠데타로 권력의 자리에
통령 정부
  │ 국민 투표로 황제에
제1제정
  │ 나폴레옹이 퇴위

부르봉 복고 왕정
  │ 7월 혁명
7월 왕정
  │ 2월 혁명
제2공화정
  │ 나폴레옹 3세에게 권력 집중
제2제정
  │ 프로이센-프랑스 전쟁에 패배
임시 정부
  │ 노동자가 권력 탈취
파리 코뮌
  │ 단기간에 진압됨
제3공화정
```

그림 6-7 프랑스 혁명 이후의 체제 변천

사실 나폴레옹 3세는 크림 전쟁, 애로 호 사건, 인도차이나 파병, 이탈리아 통일 전쟁 등 대외 전쟁에서 거듭 승리했기 때문에 국민들 사이에 인기가 높았다. 그리고 그에 반비례하여 사회 각층의 불만은 잦아들었다.

그러나 문제는 인기영합 정책을 계속 펼치기 위해 승산이 낮은 전쟁에도 고개를 들이민 것이었다. 멕시코 원정 때 멕시코를 프랑스의 위성국으로 삼겠다며 억지로 전쟁을 벌이다가 크나큰 패배를 맛보더니 이어 프로이센의 비스마르크가 도발했을 때는 포로로 잡혀가는 망신을 당했다(프로이센-프랑스 전쟁). 결국 제2제정은 막을 내리고 말았다.

프로이센에 항복한 것이나 다름없었던 프랑스에서는 한동안 혼란이 이어졌다. 사회 최하위층이 정부를 수립하는 사상 최초의 노동자 정권(파리 코뮌)이 들어서지만, 무력에 의해 곧 진압되었다.

그후 제3공화국이 들어서면서 정치는 안정을 찾았다. 프로이센이 독일 제국이 된 후, 프랑스 국민의 불만은 독일을 향하게 되었다. 이는 나중에 제1차 세계대전 발발의 원인이 되었다.

영국 역사상 전례 없는 번영기, 빅토리아 시대

 프랑스와 달리 영국은 '개혁'

유럽의 19세기 전반은 혼란의 시대였다. 프랑스에서는 프랑스 혁명 이후 7월 혁명과 2월 혁명이 일어났고, 그로부터 비롯된 벨기에와 폴란드, 독일에서의 폭동과 반란이 잇달았다.

그러나 영국은 애초에 왕권보다 의회의 힘이 강했기 때문에, 민중은 무력 봉기에 의한 '혁명'이 아니라 의회에 '개혁'을 요구하는 것을 선택했다. 이들은 평화로운 분위기 속에서 자신들의 자유와 권리를 확대해갔다.

예를 들면, 민중이 '상업의 자유를 달라!'고 의회에 개혁을 요구하면 동인도 회사의 상업 활동이 전면 금지되고 민중이 아시아 무역에 자유롭게 참여할 수 있게 되었다. 또 '영국 국교회 외에 기독교도에게도 종교의 자유를 달라!'고 개혁을 요구하면 정치적으로 종교 차별을 철폐해주었다.

노동 환경을 개선하는 공장법도 제정되었다. 그야말로 '개혁'을 통해 사람들의 자유와 권리가 조금씩 확대된 것이다.

 '대영제국'의 황금기, 빅토리아 시대

19세기 후반 빅토리아 여왕 시대에 들어 영국은 역사상 최고의 번영기를 구가했다. 아편 전쟁, 크림 전쟁, 애로 호 사건과 같은 대외 전쟁에서 모두 승리했으며, 수에즈 운하를 사들였고, 캐나다, 인도, 이집트 등을 차례로 손에 넣었다.

국내 정치 면에서는 공업 노동자부터 농민, 광산 노동자로 조금씩 선거권이 확대되었고 보수당의 **디즈레일리** 총리와 자유당의 **글래드스턴** 총리가 번갈아서 정권을 맡는 안정적인 양당제가 탄생했다.

군사, 외교의 천재 비스마르크, '독일'을 만들다

 통일이 늦어진 독일과 이탈리아

프랑스와 영국이 혁명과 개혁을 반복하며 강국으로서의 단계를 오르고 있던 반면, 독일과 이탈리아에서는 내부 분열이 계속되면서 좀처럼 하나로 뭉치지 못하고 있었다.

경제만 보아도 국내의 소국들끼리 서로 관세를 부과해서 작은 경쟁에 열을 올리는 상태였으므로, 안으로는 온 나라가 똘똘 뭉쳐 제품을 생산하고, 밖으로는 식민지를 건설해 상품을 내다 파는 프랑스나 영국을 이길 재간이 없었다. 군사 면에서도 각각의 군사 규모가 작았기 때문에 대외 전쟁에서 실력을 발휘하기 어려웠다. 독일과 이탈리아는 소국 간 담장을 부수려고 몇 번이나 통일을 시도했지만, 양국 모두 그 길이 평탄하지 않아서 좀처럼 실현을 하지 못했다.

 프로이센과 오스트리아의 주도권 경쟁

독일은 앞에서 언급한 바와 같이 신성 로마 제국 시절부터 '영방(領邦)'이라고 불리는 수많은 제후 국가들이 모인 지역이었다. 나폴레옹 군대에 패배해 신성 로마 제국은 소멸했지만, 소국의 분열 상황에는 변함이 없었다.

게다가 프로이센과 오스트리아 간의 '자존심 대결'이 독일의 통일을 막았다.

이런 상황에서 프로이센은 관세 동맹을 제안해 경제적 통일을 통해 산업 및 무역 측면에서부터 독일을 하나로 뭉쳐보려고 했다. 그러나 프로이센이 독일 내 주도권을 노린다고 생각한 경쟁국 오스트리아는 관세 동맹에 가담하려고 하지 않았다.

'경제적'인 통합에 이어서 '정치적'으로도 독일을 통합하기 위해 열린 회의 (프랑크푸르트 국민의회)에서도 프로이센과 오스트리아는 충돌했다. 통일 독일에 관한 구상은 오스트리아를 포함하는 '대독일주의'와 오스트리아를 제외하는 '소독일주의'로 나뉘었고, 통일의 길은 참으로 요원해 보였다. 그러나 상황은 프로이센의 왕 빌헬름 1세가 즉위하고 그의 총리 비스마르크가 취임하면서 변하기 시작했다.

비스마르크는 '독일의 통일은 군대와 전쟁으로 이룰 수 있다!'고 강조하는 철혈정책을 내세워 군비를 증강했다. 그리고 '독일 통일에 대해서 이러쿵저러쿵 트집을 잡는 오스트리아는 제외해야 한다'며 프로이센–오스트리아 전쟁에서 오스트리아를 제압했다. 그런 후에 독일이라는 통일 국가에서 오스트리아를 제외한다는 자세를 분명하게 하고, 프로이센을 중심으로 한 북독일 연방을 결성했다.

그러나 남독일에는 프로이센의 지배에 따르지 않는 소국이 아직 있었다. 이에 비스마르크는 프랑스를 도발해 전쟁을 일으킨다. 덫에 걸린 프랑스가 독일에 선전포고를 하자 비스마르크는 프랑스를 '독일 공통의 적'으로 돌려 남독일 국가들의 일치단결을 호소했다. 그렇게 남독일 국가들을 전쟁에 끌어들여서 프로이센의 지배하에 두었다.

프로이센–프랑스 전쟁을 통해 프랑스의 나폴레옹 3세를 포로로 잡는 대대적인 승리를 거둔 프로이센은, 전쟁에 협력한 남독일 국가들을 모두 통합한 뒤 독일의 맹주로서 '독일 제국'의 성립을 선언했다.

 '북'에서는 사르데냐, '남'에서는 가리발디가 진군

독일과 마찬가지로 이탈리아에서도 통일의 움직임이 일어났다. 프로이센의 주도로 독일이 통일을 이룬 것처럼 이탈리아에서는 사르데냐 왕국을 중심으로 통일이 이루어졌다. 사르데냐의 왕 **비토리오 에마누엘레 2세**와 총리 **카보우**

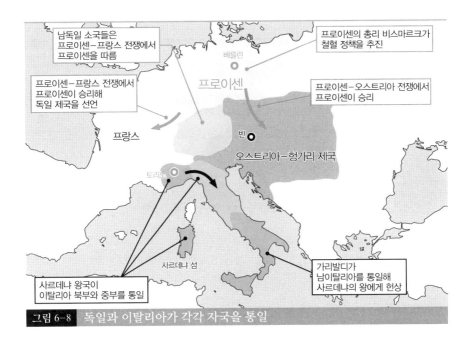

남독일 소국들은 프로이센–프랑스 전쟁에서 프로이센을 따름

프로이센의 총리 비스마르크가 철혈 정책을 추진

프로이센–프랑스 전쟁에서 프로이센이 승리해 독일 제국을 선언

프로이센–오스트리아 전쟁에서 프로이센이 승리

베를린

프로이센

프랑스

빈

오스트리아–헝가리 제국

토리노

사르데냐 섬

사르데냐 왕국이 이탈리아 북부와 중부를 통일

가리발디가 남이탈리아를 통일해 사르데냐의 왕에게 헌상

그림 6-8 　독일과 이탈리아가 각각 자국을 통일

르는 프랑스의 지원을 약속받고 북부와 중부 이탈리아를 통일했다(이탈리아 통일 전쟁). 그리고 영웅 **가리발디**는 의용군 '붉은 셔츠대'를 이끌고 이탈리아 남부의 시칠리아 섬과 나폴리를 점령하고 나서 통일을 원하는 사람들의 지원까지 얻어 금세 남이탈리아를 통일했다.

북쪽에서는 사르데냐, 남쪽에서는 가리발디의 활약이 눈부셨다. 두 통일 세력이 충돌할까 걱정이 될 때즈음 극적인 장면이 연출되었다. 이탈리아 남부를 통일한 가리발디가 사르데냐의 왕에게 이탈리아의 남부를 바치고 자신은 뒤로 빠지겠다고 선언한 것이다. 만약 이때 군사 충돌이 일어났다면 나라를 분열시킬 전쟁으로 발전해 이탈리아의 통일은 더 늦어졌을 것이 틀림없다. 이탈리아인다운 처신에 사람들은 감탄과 칭찬을 보냈다.

이탈리아는 통일되었지만, 오스트리아가 계속 북부의 이탈리아인 거주 지역(트리에스테 등)을 지배하고 있었다. 이런 탓에 이 땅은 두고두고 '잃어버린 이탈리아의 땅'으로 남아서 이탈리아와 오스트리아 간 갈등의 원인으로 남게 되었다.

따뜻한 땅으로! 러시아 남하의 야망과 좌절

 얼지 않는 항구를 찾아서

　모스크바 원정에서 나폴레옹 격파라는 '최고의 공'을 세워 빈 회의의 주인공으로 떠오른 러시아는 남하 정책을 본격적으로 추진했다. 겨울이 되면 항구가 얼어붙어 군사 행동은커녕 무역도 할 수 없는 러시아에게 얼지 않는 항구는 그야말로 '간절한 바람'이었다.

　그러나 가장 가까운 남쪽 바다인 흑해와 지중해로 나가는 출구인 보스포루스 해협, 다르다넬스 해협은 모두 오스만 제국이 지배하고 있었다. 러시아로서는 일단 오스만 제국으로부터 이 두 해협을 빼앗아야 바다로 나갈 수 있었다.

　러시아는 '오스만 제국의 지배를 받던 발칸 반도의 민족들'에게 주목했다. 세르비아, 루마니아, 불가리아 등 그 당시 오스만 제국의 지배를 받고 있었던 나라들은 언젠가는 독립을 하고자 했다. 러시아는 그 소국들을 아군으로 끌어들여 오스만 제국을 흔들고 해협을 얻으려고 했다. 이와 관련한 일련의 움직임을 '동방 문제'라고 한다.

　당초 러시아는 오스만 제국의 분쟁에 개입함으로써 항구를 얻으려고 했지만, 이는 순조롭게 진행되지 않았다. 그러자 러시아는 직접 전쟁을 일으켜 오스만 제국을 격파한 뒤 정면으로 두 해협을 뺏고자 했다(크림 전쟁).

　대국 러시아가 정면 공격을 하자 오스만 제국은 영국과 프랑스에 구원 요청을 했다. 영국과 프랑스는 서로 경쟁관계이지만, 러시아가 얼지 않는 항구를 얻으면 '호랑이가 날개를 단 격'이 되기 때문에 그 점을 경계하고 오스만 제국을 도왔다.

　영국의 빅토리아 여왕, 프랑스의 나폴레옹 3세는 최강의 '콤비'를 이루어 전쟁사에 남을 격전을 펼친 끝에 러시아에 패배를 안겨주었다.

　전쟁이 끝난 뒤 러시아는 보스포루스, 다르다넬스 두 해협은 물론이고 흑해에도 해군을 보내지 못한다는 혹독한 조약을 받아들여야 했다(파리 조약). 전쟁을 주도했던 니콜라이 1세는 쇠약해진 몸에 패전의 충격까지 겹쳐 병사했다.

 ## 영국 및 프랑스와의 힘 차이를 메우고자 개혁을 단행하다

　다음 황제 **알렉산드르 2세**는 크림 전쟁에 패배한 원인이 러시아의 산업 혁명이 충분히 진전되지 못했기 때문이라고 생각했다. 이미 산업 혁명에서 만족할 만한 성과를 얻은 영국, 프랑스와 러시아 사이에는 군함이나 대포 같은 군비 면에서 엄연한 차이가 있었다. 알렉산드르 2세는 국내 개혁에 나섰다. 가장 먼저 개혁에 착수한 분야는 농노 해방이었다. 산업 혁명의 기초가 될 국가 생산력을 높이려면 '영주에게 속박되어 노동하는 농노'를 해방해 '자주적 의지로 일하는 자영농'을 늘려야 한다고 생각한 것이다.

　그러나 농노 해방령은 농민들에게 '너희는 자유다!'라는 선언만 해주고 끝났다. 농민들은 땅을 직접 사야 했다. 땅을 살 돈이 없는 가난한 농민들은 '미르'라고 하는 농촌 공동체에서 농지를 빌려 근근이 경작할 수밖에 없었으니 농민 입장에서는 불만이 남는 개혁이었다.

 ## 러시아의 야망을 재차 저지한 독일 총리

　어찌 되었건 징병제를 실시하고 산업화를 추진한 러시아는 다시 한번 오스만 제국과 전쟁을 일으켜 크림 전쟁의 설욕을 시도했다(러시아-튀르크 전쟁). 이번에는 러시아가 승리했기 때문에 오스만 제국이 루마니아, 세르비아, 몬테네그로(친러시아 국가들)와 불가리아를 독립시켜 러시아의 보호국으로 삼는 것을 승인해야 했다(산 스테파노 조약). 그 결과 러시아는 두 해협뿐 아니라 루마니아와 불가리아의 땅을 통과해 불가리아의 항구도 사용할 수 있게 됨으로써 '얼지 않는 항구'을 손에 넣게 되었다. 상황이 이렇게 되자 러시아의 힘이 세지면서 세계의 힘의 균형이 무너졌다. 독일의 총리 **비스마르크**는 러시아를 위험한

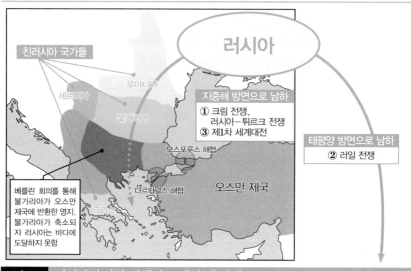

친러시아 국가들

루마니아

세르비아

불가리아

러시아

지중해 방면으로 남하

① 크림 전쟁,
러시아-튀르크 전쟁
③ 제1차 세계대전

보스포루스 해협

태평양 방면으로 남하

② 러일 전쟁

베를린 회의를 통해
불가리아가 오스만
제국에 반환한 영지.
불가리아가 축소되
자 러시아는 바다에
도달하지 못함

다르다넬스 해협

그리스

오스만 제국

그림 6-9 러시아의 남하 정책이 초래한 세 전쟁

나라로 보았다. 오스트리아, 영국, 프랑스, 이탈리아 등의 동의를 얻어 베를린
회의를 개최한 그는 산 스테파노 조약에 수정 조항을 추가할 것을 요구했다.
그리하여 불가리아를 축소하고 지중해 연안의 영지를 오스만 제국에 반환하
게 함으로써 '러시아가 불가리아 땅을 통과해 지중해로 들어오지 못하게' 막
았다. 러시아의 야망은 그렇게 또 한번 좌절되었다.

 서쪽으로의 남하는 포기하고 동쪽으로

지중해 방면을 노리고 억지로 남하하려고 하다가는 유럽 전체를 적으로 만
들 수 있다는 사실을 알게 된 러시아는 방침을 바꾸었다. 그리고 다음 목표를
동아시아 방면으로 정한 것이다. 목표를 실현하기 위해 러시아는 시베리아 철
도 공사를 시작했다. 동아시아의 얼지 않는 항구를 얻는다는 말은 곧 일본,
만주, 한반도의 주도권을 장악해야 한다는 의미이기도 했다. 이러한 러시아의
남하 정책은 러일 전쟁을 일으킨 원인이 되기도 했다. 러일 전쟁에 패배한 러시아
는 다시 지중해 방면으로 남하를 시도하는데, 그 과정에서 제1차 세계대전이 일어
난다.

경제 정책과 노예제 때문에 둘로 나뉜 미국

 독립 후 거듭된 서부 개척

독립 후의 미국은 인수와 합병, 때로는 전쟁을 통한 할양 등을 통해 서쪽으로, 서쪽으로 영토를 늘려갔다. 바로 이 서쪽을 향한 영토 확장 주의를 미국에서는 '명백한 운명(Manifest Destiny)'이라고 불렀다.

 노예에 대한 시각이 둘로 나뉘다

서부 개척과 더불어 부상한 미국 사회의 숙제는 노예제를 둘러싼 남북의 의견 대립이었다. 북쪽은 상공업에 주력했고 질 높은 상품을 만들어 팔았기 때문에 교육받은 '시민'이 노동력으로 필요했다.

반면에 남부는 농업이 중심이었고 면화 농장이 많았기 때문에 '노예'와 같은 값싼 노동력이 많이 필요했다.

노예를 해방해서 노동력으로 고용하고 싶었던 북부는 노예 해방을 주장했고, 남부는 노예가 없어지면 농장의 일손이 사라지니 노예제도의 존속을 고집했다.

이 같은 산업 구조의 차이는 무역 정책에도 영향을 미쳐서 북부의 자본가는 정부에 값싸고 질 좋

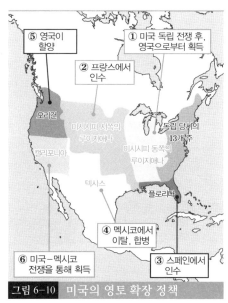

⑤ 영국이 할양

② 프랑스에서 인수

① 미국 독립 전쟁 후, 영국으로부터 획득

오리건

미시시피 서쪽의 루이지애나

독립 당시의 13개주

미시시피 동쪽의 루이지애나

캘리포니아

텍사스

플로리다

④ 멕시코에서 이탈, 합병

⑥ 미국-멕시코 전쟁을 통해 획득

③ 스페인에서 인수

그림 6-10 미국의 영토 확장 정책

제6장 혁명의 시대

은 영국 제품이 국내에 들어오지 못하도록 보호 무역을 요구한 한편, 남부의 농장주들은 영국의 자본가들이 면화를 대량으로 구매하기를 원했기 때문에 영국과의 무역을 촉진하는 자유 무역을 정부에 요청했다. 노예 문제, 무역 문제 모두 남북이 마치 '다른 나라'처럼 첨예하게 대립한 것이었다.

 ## 진정한 '자유'에 이르는 머나먼 길

북부에서 노예제에 반대하는 공화당이 만들어지고 **링컨**을 16대 대표로 추대하자, 남부는 제퍼슨 데이비스를 대통령으로 한 '남부 연합'을 세워 대항했다. 이로써 미국을 둘로 나눈 남북 전쟁이 발발했다. 처음에는 남부가 우세했지만, 링컨이 노예 해방 선언을 발표해 이 전쟁의 정의가 자신들에게 있음을 내외에 천명하자 전황은 점차 북부군에게 우세하게 돌아갔다. 북부군은 게티즈버그 전투에서 결정적인 승리를 거둔다. '국민의, 국민에 의한, 국민을 위한 정치'라는 슬로건으로 익숙한 게티즈버그 연설이 바로 게티즈버그 전투 후에 나온

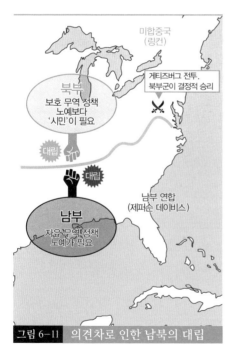

그림 6-11 | 의견차로 인한 남북의 대립

것이다. 전쟁이 끝난 뒤, 노예 해방 선언이 공포되었고, 그에 따라 노예들은 해방되었다.

그러나 자유가 주어졌다고 해서 땅과 일자리까지 보장된 것은 아니었다. 해방되었다고는 하지만 해방된 노예들은 아무것도 없는 맨땅에서 맨손으로 시작해야 했다. 결국 해방된 노예들은 일자리를 찾아서 원래 주인의 농장에서 소작인으로 일하게 되었다(셰어크로퍼 제도). 그후에도 흑인들은 자유와 권리를 얻기 위해서 길고 긴 고통의 역사를 거치게 된다.

제 7 장

제국주의와
세계대전의 시대

제7장 제국주의와 세계대전의 시대 큰 줄기

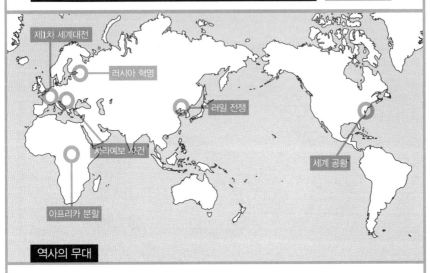

제1차 세계대전

러시아 혁명

러일 전쟁

사라예보 사건

세계 공황

아프리카 분할

세계대전이
두 차례나 일어난 이유는?

제7장에서는 전 세계를 고통에 빠뜨린 두 차례의 세계대전을 살펴본다.

대항해 시대 이후, 세계는 하나로 연결되어 움직였고 제국주의의 등장은 그런 움직임을 가속했다.

산업 혁명을 거치면서 형성된 자본주의 경제 체제는 시장 확보를 위한 뜨거운 식민지 획득 경쟁을 낳았다.

이런 경쟁의 종착지는 제1차 세계대전, 제2차 세계대전이라는 인류 역사상 유례없는 비극이었다.

한편, 이 시대에는 '평등'을 부르짖은 새로운 형태의 국가인 '사회주의 국가'도 등장했다.

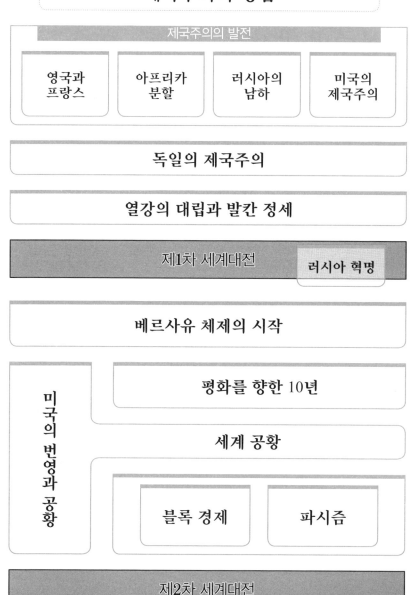

제국주의의 성립

제국주의의 발전

| 영국과 프랑스 | 아프리카 분할 | 러시아의 남하 | 미국의 제국주의 |

독일의 제국주의

열강의 대립과 발칸 정세

제1차 세계대전

러시아 혁명

베르사유 체제의 시작

미국의 번영과 공황

평화를 향한 10년

세계 공황

| 블록 경제 | 파시즘 |

제2차 세계대전

제7장 "제국주의와 세계대전의 시대" 개요도

식민지 확장은
자본주의 발전의 결과

 '왕국'에서 '제국'의 시대로

영화나 애니메이션에 등장하는 '제국'은 강력한 무력을 바탕으로 지구나 우주를 지배하겠다며 주인공 앞을 가로막고 나선다. '제국'이라는 단어를 들으면 대부분의 사람들이 그런 강한 힘과 야욕으로 가득 찬 국가라고 생각하지 않을까?

'제국'이라는 단어를 사전에서 찾아보면, '복수(複數)의 지역이나 민족을 지배하는 국가'라고 나와 있다. 유럽이 패권을 쥐고 세계 각지에 폭발적인 기세로 식민지를 건설했던 19세기부터 20세기까지를 '제국주의 시대'라고 부른다. 유럽 각국이 전 세계를 상대로 지배 영역을 넓힌 것은 그저 '힘을 과시하고 싶어서'가 아니었다. '국내 산업의 보호'라는 경제적인 이유도 있었다.

18세기 영국에서 일어난 산업 혁명은 석탄으로 "물이 끓어오르면서" 증기를 뿜어내는 힘으로 기계를 움직여서 제품을 생산하는 생산양식의 변화를 가져왔다. 시대가 흘러 19세기 후반부터 20세기에 이르면 '석탄은 석유로', '증기는 전기로' 치환되고, 제품을 생산할 뿐 아니라 '제품을 생산하는 기계를 기계로 만든다'는 생산양식의 변화(제2차 산업 혁명)가 나타난다. 그전에는 '상품 100개를 만드는 기계'를 생산했다면, 이때부터는 '상품 100개를 만드는 기계 100대를 만들어내는 기계'를 생산한 것이었다.

 하이리스크 하이리턴이 '제국주의'를 낳았다

생산력이 증대된 것은 좋았지만, 기계로 물건을 만드는 자본가('산업 자본가')들의 고민은 늘어났다. 기존에는 100개만 팔면 되었는데, 이제 적어도 1만

개는 팔아야 하기 때문이었다. 모두 팔면 이익이 100배가 되지만, 사전에 재료와 설비 투자에 돈을 들였으니 팔지 못할 경우에는 바로 도산할 가능성이 있었다.

은행과 주주('금융 자본가')들도 산업 자본가에게 빌려준 돈의 이자로 돈을 벌었기 때문에 빌려준 돈을 회수하지 못하면 그 자리에서 도산할 가능성이 있었다. 이처럼 제2차 산업 혁명 이후(지금까지도)의 산업 구조는 '하이리스크 하이리턴'이 될 수밖에 없었다.

그래서 산업 자본가와 금융 자본가는 정부를 상대로 군대를 파견해서 식민지를 획득한 뒤, 상품을 팔고(시장) 원료를 공급받을 수 있게 해달라고 요청했다.

식민지를 넓히지 않으면 국내 산업은 도산하고, 경쟁국에는 추월당할 것이며, 심지어 사회 불안이나 혁명으로 이어질 수도 있었다. 요컨대 '자본주의의 고도화'가 식민지를 확대하고 여러 민족을 지배하는 제국주의로 이어진 것이다.

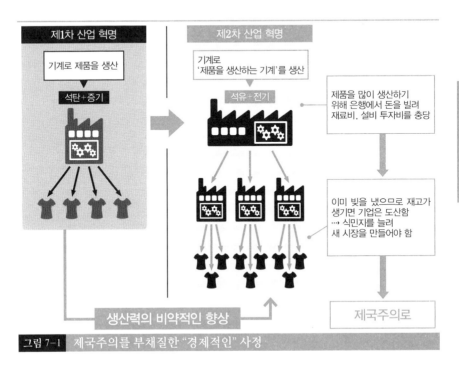

그림 7-1 제국주의를 부채질한 "경제적인" 사정

'세계의 절반'을 지배한 영국과 프랑스

 제국주의의 선봉에 섰던 영국과 프랑스

대표적인 제국주의 국가는 영국과 프랑스이다. 오늘날 세계에는 약 190개 국이 존재하는데, 20세기 초반의 영국은 그중에서 약 70개국을, 프랑스는 약 30개국을 식민지로 지배했다. 두 나라가 무려 '세계의 절반'이나 되는 국가를 장악했던 것이다.

세계 최초로 산업 혁명에 성공하고 막대한 자금을 확보한 양국의 자본가들은 타국의 기업에 자금을 빌려주고 수익을 올렸다. 영국 런던의 더 시티(The City) 지역은 세계 금융의 중심지로 부상해 영국의 별명을 '세계의 공장'에서

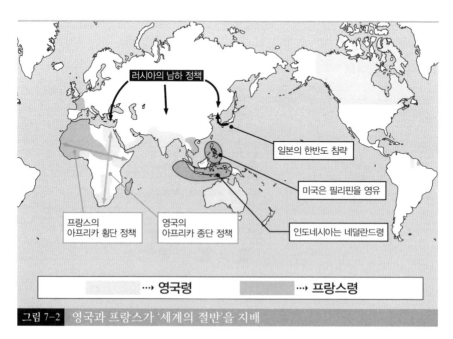

그림 7-2 영국과 프랑스가 '세계의 절반'을 지배

'세계의 은행'으로 바꿀 정도였다. 프랑스는 성장 중인 러시아 등에 선행 투자를 한 뒤에 높은 이자를 챙겼기 때문에 '고리대 제국주의'라고 불리기도 했다.

 ## '대영제국'의 영광

영국의 제국주의를 이끈 인물은 **디즈레일리 총리**와 케이프 식민지 총독인 **세실 로즈**, 식민지 장관인 **조지프 체임벌린** 등이다. 디즈레일리는 수에즈 운하를 인수하고, 인도에 영국 여왕 빅토리아를 황제로 하는 '인도 제국(영국령 인도)'을 건설했다.

케이프 식민지 총독인 세실 로즈는 아프리카 종단 정책을 추진해 아프리카 내 식민지를 넓힌 인물로, "영국은 지구 표면을 1센티미터라도 더 가져야 한다. 할 수만 있다면 나는 밤하늘에 반짝이는 별까지도 영국령에 넣고 싶다"라고 말할 만큼 열렬한 식민주의자였다.

조지프 체임벌린은 '아프리카 종단 정책'을 완성하기 위해서 네덜란드계 아프리카 국가였던 트란스발 공화국과 오렌지 자유국을 노리고 남아프리카 전쟁을 일으켰다. 결과적으로는 양국을 지배하게 되지만, 장기전에 휘말려 국력을 소진하게 된 영국은 '압도적인 선두'에서 '선두 집단 중의 하나'로 떨어지게 된다.

 ## 베트남에서 '맛있는 프랑스 빵'을 먹을 수 있는 이유

프로이센–프랑스 전쟁에 패배한 후에도 프랑스에서는 독일에 복수해야 한다는 우익 성향의 국민감정이 가라앉지 않았다. 이 때문에 국내 정세가 혼란스러웠고 사건 발생이 잦았다(독일의 간첩이라고 의심받은 드레퓌스라는 유대인 장교가 아무런 죄도 없이 체포, 투옥된 사건이 대표적 사례이다).

그러나 그런 와중에도 해외 진출은 활발했다. 아프리카에서는 영국에 맞서 모로코에서 홍해 연안의 지부티까지를 '가로'로 연결하는 아프리카 횡단 정책을 펼쳤다. 또 아시아에서는 베트남, 캄보디아, 라오스를 합하여 프랑스령 인도차이나 연방을 수립했다.

'속도전'으로
식민지 확보에 나선 열강

 서서히 베일을 벗은 '미지의 대륙'

아프리카는 영국과 프랑스를 비롯한 열강이 적극적인 식민지 확보전에 나선 땅이다.

원래 아프리카 내륙은 19세기까지 유럽 세계에 거의 알려지지 않은 '미지의 대륙'이었다. 그런데 19세기 중반, 아프리카 내부를 탐험하면서 포교 활동을 벌이던 영국의 선교사 **리빙스턴**의 소식이 끊어지는 사건이 발생했다. 이 사건에 주목한 미국 신문 「뉴욕 헤럴드」의 사장은 영국인 기자 **스탠리**에게 '보상금을 줄 테니 리빙스턴을 찾으라'는 지시를 내렸다.

막연한 여정이었으나, 그 무슨 운명이었는지 스탠리는 탕가니카 호수 근처에서 리빙스턴과 "딱" 마주쳤다. 바로 이 리빙스턴과 스탠리의 탐험을 통해 아프리카는 단순한 '미지의 대륙'이 아니라 전선의 재료로 쓰이는 동과 금, 다이아몬드가 널린 '천혜의 땅'임이 서서히 밝혀졌다.

 '발 빠른 자가 임자!' 가열되는 식민지 확보전

아프리카 내륙에 최초로 발을 들여놓은 나라는 벨기에였다. 벨기에는 콩고를 왕의 사유지로 만들고 '콩고 자유국'이라고 명명했다. 이런 벨기에의 영유 선언에 여러 강대국이 맹렬히 반발하자 유럽에서 제일가는 외교 능력의 소유자인 **비스마르크**가 이해관계의 조정자로 나섰다. 비스마르크는 베를린 회의(베를린-콩고 회의)를 열고 아프리카 분할의 규칙을 정해 열강의 이해관계를 조정했다. 그리하여 '열강의 "선점권"을 인정하자. 다만 실질적으로 지배하는 경우여야 한다'라는 내용의 아프리카 분할 규칙을 끌어냈다. 요컨대 '아프리카 분할은

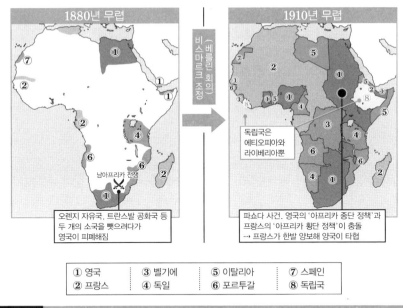

1880년 무렵	1910년 무렵

〈베를린 회의〉비스마르크 조정

독립국은 에티오피아와 라이베리아뿐

남아프리카 전쟁

오렌지 자유국, 트란스발 공화국 등 두 개의 소국을 뺏으려다가 영국이 피폐해짐

파쇼다 사건. 영국의 '아프리카 종단 정책'과 프랑스의 '아프리카 횡단 정책'이 충돌 …→ 프랑스가 한발 양보해 양국이 타협

① 영국	③ 벨기에	⑤ 이탈리아	⑦ 스페인
② 프랑스	④ 독일	⑥ 포르투갈	⑧ 독립국

그림 7-3 '속도전' 끝에 아프리카 대륙은 단숨에 식민지로

"발 빠른 자가 임자"이지만, 명목상 지배가 아닌 실질적인 지배 상태여야 한다'는 내용이었다.

'발 빠른 자가 임자'라고 했으니 무조건 다른 나라보다 먼저 점령해야 했다. 백화점 타임 세일 때 "먼저 집는 사람이 임자!"라고 안내하면 금세 상품이 동이 나듯이, 아프리카 곳곳에 유럽 국가의 깃발이 휘날렸다. 종국에는 라이베리아와 에티오피아를 제외한 모든 국가가 유럽의 식민지로 변하고 말았다.

그후, '아프리카 종단 정책'을 펼친 영국과 '아프리카 횡단 정책'을 펼친 프랑스가 수단의 파쇼다에서 맞닥뜨리는 사태가 일어난다(파쇼다 사건). 일촉즉발의 위기 속에서 프랑스가 영국에게 한발 양보해 심각한 충돌을 피했다. 프랑스의 입장에서 볼 때, 적국은 어디까지나 독일이었으므로 영국과 분쟁을 일으켜 독일에 대한 복수의 힘을 잃는 것은 상책이 아니라고 판단한 것이다. 그런 타협을 계기로 영국과 프랑스는 점차 가까워져 훗날 '삼국 협상'을 맺기에 이른다.

남북 전쟁으로 한발 늦은 미국, 태평양을 공략하다

 늦은 출발을 만회하고자 중국도 공략

남북 전쟁이라는 내전을 치른 미국은 제국주의 국가의 '세계 침략' 경쟁에 뒤늦게 뛰어들었다. 그리고 늦은 출발을 만회하기 위해 남북 전쟁이 끝나자마자 태평양 분할에 열을 올렸다.

첫 도전은 미국-스페인 전쟁이었다. 스페인령이었던 카리브 해의 섬나라 쿠바가 스페인으로부터 독립하려는 것을 미국이 지원하면서 이 전쟁은 시작되었다.

스페인에 승리한 미국은 스페인령인 필리핀과 괌을 획득했고, 독립을 이룬 쿠바의 외교 및 군사권을 장악함으로써 쿠바를 사실상 보호국으로 만들었다.

그리고 그다음 해에는 중국에 무역을 위한 시장 개방을 요구하겠다고 세계 열강을 향해 선언했다(문호 개방 선언). 청일 전쟁이 끝난 뒤 중국 영토의 절반은 이미 영국, 프랑스, 러시아, 독일, 일본 등에 반식민지 상태로 넘어가 있었다. 미국은 문호 개방 선언을 통해 그 상황을 뒤늦게나마 만회하고자 한 것이었다.

 카리브 해를 완전히 장악한 미국

미국은 '제집 앞마당'처럼 여기던 카리브 해 일대에도 크나큰 영향력을 발휘했다. **시어도어 루스벨트** 대통령은 일명 곤봉 정책이라고 불린 강경 외교(군비를 은근히 과시함으로써 카리브 해 일대의 국가들이 자발적으로 미국을 따르게 하는 방식)를 통해 카리브 해 일대를 지배했다. 돈을 빌려주고 그 이자로 수익을 올리기도 했다. 그중에서도 파나마 운하를 파나마로부터 획득(나중에 반환)한 일은 미국에 큰 이익이 되었다.

러시아의 총구,
마침내 일본을 향하다

 '동쪽으로 남하하는' 길목에 일본이 있다

러시아–튀르크 전쟁 후에 열린 베를린 회의의 결정에 따라 지중해로의 진출이 막힌 러시아는 그 대신 동아시아 방면으로 남하했다. 그리고 중국의 청 왕조와 아이훈 조약, 베이징 조약을 맺어 거대한 영토를 획득했다(제4장 177쪽에서 언급한 '네르친스크 조약'처럼 평화롭게 영토를 확정하기 위한 것이 아니라 '영토를 강제로 빼앗기 위한' 조약이었다).

러시아가 중국 쪽으로 본격적인 남하를 시도할 무렵에는 일본도 한반도 침략을 시도하면서 청과 전쟁을 벌이고 있었다. 얼지 않는 항구를 원한 러시아의 입장에서는 일본이 한반도를 거쳐 중국까지 진출하게 내버려두면 자신의 야망을 이루는 데 걸림돌이 될 것이 뻔했다. 그래서 러시아는 청일 전쟁 후 프랑스와 독일을 끌어들여 삼국 간섭을 했다. 그리하여 일본에는 청일 전쟁에서 얻은 랴오둥 반도를 반환하게 했고, 자국은 뤼순과 다롄을 획득했다.

전쟁에서 획득한 영지를 대국의 강요 때문에 도로 내놓은 일본은 분해서 참을 수가 없었다. 바로 그때였다. 남아프리카 전쟁으로 지칠 대로 지친 데다가 자국의 힘만으로는 러시아의 남하를 막기 어렵다고 판단한 영국이 일본에게 접근한 것이다. 그리하여 양국은 영일 동맹을 맺는다.

러시아는 랴오둥 반도 남단의 뤼순과 다롄을 손에 넣었지만, 출구인 서해의 '제해권'이 일본에 있었기 때문에 일본으로부터 제해권을 빼앗아야 했다. 그리하여 제해권 탈취를 노린 러시아와 영국의 뒷배를 업은 일본 사이에 러일 전쟁이 발발하게 되었다.

양국의 국력 차이는 컸지만, 일본은 간발의 차이로 거듭 이겼다. 미국 시어도어 루스벨트 대통령이 양국을 중재했고, 결과적으로는 일본이 이른바 '판정 승'을 거두며 승자가 되었다(포츠머스 조약). 그렇게 동아시아 방면으로의 남하에도 실패한 러시아는 재차 지중해 쪽으로 눈을 돌렸다.

 ## 사실 러시아는 전쟁을 할 처지가 아니었다

사실 러일 전쟁을 하는 동안 러시아는 제1차 러시아 혁명이라는 일련의 비상 사태를 겪고 있었다.

러일 전쟁은 러시아 입장에서도 매우 타격이 큰 전쟁이었다. 전황이 나빠지자 국내 물자는 눈에 띄게 부족해졌고, 공장의 노동자들이 급료를 받지 못해 곳곳에서 불만이 쌓였다. 결국 황제에게 생활 개선을 요구하는 시위가 일어났다. '사건'은 시위대가 페테르부르크의 왕궁 앞에 모여들었을 때에 일어났다.

황제 **니콜라이 2세**가 시위대의 요구를 들어주기는커녕 황제 친위대에게 민중을 향해 발포하라는 명령을 내린 것이다. 순식간에 2,000명이 넘는 사망자가 발생하는 대참사가 일어났다(피의 일요일 사건). '황제는 무섭지만 의지할 수 있는 존재'라는 민중의 믿음은 '황제는 국민의 적일 수도 있다'는 생각으로 변했다.

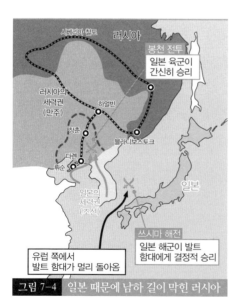
그림 7-4 일본 때문에 남하 길이 막힌 러시아

이 사건을 계기로 러시아 전역에서 폭동과 반란이 빈번히 발생했다. 국가를 믿지 못하는 노동자와 농민들은 소비에트라는 자치조직을 결성해 정부와 무관하게 독자적인 정치를 꿈꾸게 되었다. 제정 러시아의 기반은 마구 흔들리기 시작했고, 이런 상황은 훗날 러시아 혁명으로 이어졌다.

세계를 도발한
독일의 "청년" 황제

 '현상 유지'에 힘쓴 비스마르크

제국주의 국가 중에서 미국 말고도 '경쟁에 늦게 뛰어든' 나라가 또 한 군데 있었다. 바로 독일이다. 독일은 프로이센-프랑스 전쟁이 끝난 뒤, 비스마르크의 주도로 '현상 유지'를 최우선하는 외교 전략을 세웠다. 주변 국가들과는 동맹, 협상을 맺어 평화를 유지했고, 프로이센-프랑스 전쟁의 복수를 꿈꾸는 프랑스를 고립시켰다. 또 발군의 외교 감각을 바탕으로 각국 대표가 모이는 '베를린 회의'를 개최하여 서로의 이해관계를 조정하면서도 독일 제국의 '안전 유지'를 가장 중요하게 여기는 전략을 펼쳤다. 그 때문에 식민지 확대 전략은 다른 열강에 비해 활발하지 않았다.

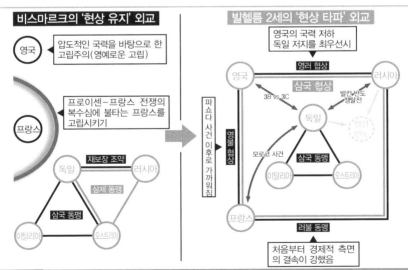

그림 7-5 '현상 유지'에서 '현상 타파' 외교로 노선을 수정한 독일

청년 황제, 늙은 비스마르크를 부정하다

그러나 **빌헬름 2세**가 황제에 즉위하면서 상황이 달라졌다. 빌헬름 2세의 즉위 당시 나이는 스물아홉 살, 비스마르크는 일흔세 살이었다. 젊은 황제에게 비스마르크의 현상 유지 정책은 너무나 "늙은이 같은" 느낌을 주었다. 게다가 총리가 황제인 자신보다 훨씬 명성이 높았으니 마음에 들지도 않았다. 빌헬름 2세는 비스마르크를 은퇴시키고 친정을 시작하면서 세계 정책이라는 명목하에 식민지 획득 경쟁에 뛰어들 것을 선언했다. '현상 유지'에서 '현상 타파'로 노선을 수정한 독일은 전 세계 나라들을 적으로 돌리며 제1차 세계대전의 계기를 만들었다.

 제1차 세계대전의 구도가 형성되다

독일의 빌헬름 2세는 '세계 정책'을 내세우며 공격적인 자세로 돌아서자마자 예전부터 사이가 나빴던 프랑스의 식민지부터 빼앗으러 나섰다. 먼저 프랑스령 모로코로 군함을 몰고 가서 모로코를 포기하라는 도전장을 던졌다(모로코 사건).

그리고 아시아로 진출할 길을 내기 위해 같은 독일 민족인 오스트리아와의 동맹관계 및 오스만 제국에서 얻은 철도 부설권을 이용해 3B 정책을 전개하고자 했다. 여기서 3B 정책이란, 발칸 반도를 통과해서 베를린, 비잔틴(이스탄불), 서아시아의 바그다드를 연결하는 '바그다드 철도'를 부설하는 정책을 말한다. 이는 영국과 러시아를 자극했다.

철도는 수송 능력이 높기 때문에, 만약 바그다드 철도가 완성되면 독일의 공업 제품을 아시아로 몽땅 실어나르게 될 뿐만 아니라 군대까지 아시아로 파견할 수 있기 때문이었다. 당시 카이로, 케이프타운, 콜카타를 뱃길로 연결하는 3C 정책을 추진 중이었던 영국의 입장에서 독일의 3B 정책은 '너희들이 기대하는 이윤? 내가 모조리 빼앗아주지!'라는 선언이나 다름없었다. 그러니 독일과 영국의 대립은 심해질 수밖에 없었다.

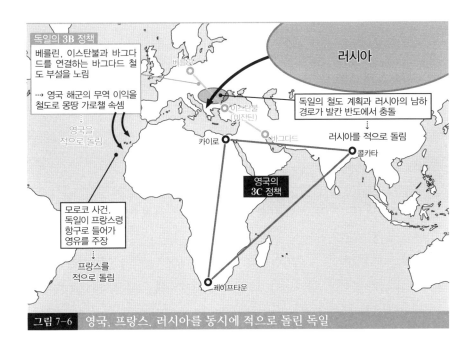

독일의 **3B** 정책

베를린, 이스탄불과 바그다드를 연결하는 바그다드 철도 부설을 노림

···➤ 영국 해군의 무역 이익을 철도로 몽땅 가로챌 속셈

러시아

베를린

이스탄불
(비잔틴)

독일의 철도 계획과 러시아의 남하 경로가 발칸 반도에서 충돌

러시아를 적으로 돌림

바그다드

영국을
적으로
돌림

카이로

콜카타

영국의
3C 정책

모로코 사건.
독일이 프랑스령
항구로 들어가
영유를 주장

프랑스를
적으로
돌림

케이프타운

그림 7-6 | 영국, 프랑스, 러시아를 동시에 적으로 돌린 독일

독일에서 발칸 반도, 그리고 튀르크, 페르시아 만을 연결하는 바그다드 철도의 경로는 러시아의 지중해 방향 남하 경로를 완전히 차단하는 것이기도 했다. 이에 따라 바그다드 철도 건설이 시작되자 러시아도 독일의 적으로 돌아섰다.

러시아, 영국, 프랑스는 각자의 속셈을 안고 서로 가까워졌다.

프랑스와 러시아는 원래 관계가 나쁘지 않은 데다가 러시아 산업계가 프랑스로부터 끌어온 융자에 의존하는 경우가 많다는 점, 동시에 독일을 '협공할' 수 있는 지리적 이점이 있는 나라라는 점이 작용해 두 나라는 러불 동맹을 맺었다.

프랑스와 영국은 앞에서 언급한 파쇼다 사건 이후로 관계가 호전되어 영불 협상을 맺었으며, 모로코 사건 때에는 영국이 프랑스를 지원하기도 했다. 러일 전쟁 때는 영국과 러시아가 대립했지만, 영국은 남아프리카 전쟁 때문에, 러시아는 러일 전쟁 때문에 국력이 떨어진 상태여서 양국 모두 압도적인 제국으로서의 힘을 잃어가는 중이었다. 그래서 영국은 '독일에 바그다드 철도를 깔게 하느니 러시아를 지중해로 진출시키는 것이 낫겠다!'는 결심하고 러시아

제7장
제국주의와
세계대전의
시대

의 남하 정책을 인정하는 영러 협상을 체결했다.

독일, 오스트리아, 이탈리아의 삼국 동맹과 영국, 프랑스, 러시아가 서로 간에 맺은 '영불 협상, 영러 협상, 러불 동맹', 즉 삼국 협상이 완성되면서 비스마르크 체제 이후의 새로운 관계 형성이 끝이 났다. 제1차 세계대전의 구도가 잡힌 것이다.

'유럽의 화약고'에 불이 붙다

제1차 세계대전의 발발은 시간문제로 다가왔다. 전쟁의 '불씨'는 유럽의 화약고라고 불리는 발칸 반도에서 일어났다.

발칸 반도에는 '친독일 국가'인 오스트리아와 오스만 제국, '친러시아 국가'인 세르비아, 루마니아, 불가리아, 그리스 같은 나라가 있었고, 게르만계와 슬라브계 민족들도 혼재했다.

독일, 러시아 모두 이들 작은 나라들을 동맹국으로 끌어들였는데, 독일은 그들의 영토를 바그다드 철도의 경로로, 러시아는 남하 경로로 이용하겠다는 속셈이 있었다. 이런 독일 측의 동맹 확대 움직임을 가리켜 독일 주도하에 '게르만족' 국가들을 규합하려고 한다는 범(汎) 게르만주의, 러시아 측의 동맹 확대 움직임을 가리켜 러시아를 중심으로 '슬라브족'을 통합하려고 한다는 범(汎) 슬라브주의라고 부른다.

발칸 반도에 먼저 손을 뻗친 나라는 독일의 동맹국인 오스트리아였다. 오스트리아는 보스니아헤르체고비나를 합병하는 것으로 '첫 수'를 두었다. 독일 세력의 발칸 반도 진입을 위험하다고 생각한 친러시아 국가들은 발칸 동맹을 맺었다.

발칸 동맹은 자신들의 '우두머리 격'인 러시아가 '바다로 나갈 길'을 열어주기 위해 발칸 전쟁을 일으켜서 오스만 제국 세력을 발칸 반도에서 제거하려고 했다. 두 번의 발칸 전쟁을 통해 발칸 동맹국가들의 공격을 받은 오스만 제국, 그리고 영토 분배를 놓고 발칸 동맹 내 다른 국가들과 대립이 격화된 불가리아는 독일 쪽으로 돌아서게 된다.

이제 제1차 세계대전의 전야가 되었다. 독일 측은 오스트리아, 불가리아, 오스만 제국을 묶어 '바그다드 철도'를 부설하고자 했고, 러시아 측은 루마니아, 세르비아, 그리스를 묶어서 남하할 경로를 확보하고자 했다. 그리고 **이들의 진출 경로는 계획상 발칸 반도에서 맞부딪히게 되어 있었다.**

이런 가운데 오스트리아의 황태자가 보스니아의 수도 사라예보에서 비밀단체 소속의 세르비아인 청년에게 암살당한 사라예보 사건이 발생했다. 오스트리아는 세르비아에 선전포고를 했고, 세르비아는 '우두머리 격'인 러시아에 도움을 요청했다. 그러자 러시아가 오스트리아에 선전포고를 했고, 오스트리아는 독일에 도움을 요청했다. 이 같은 흐름이 독일, 영국, 프랑스까지 뛰어든 제1차 세계대전으로 발전하게 되었다.

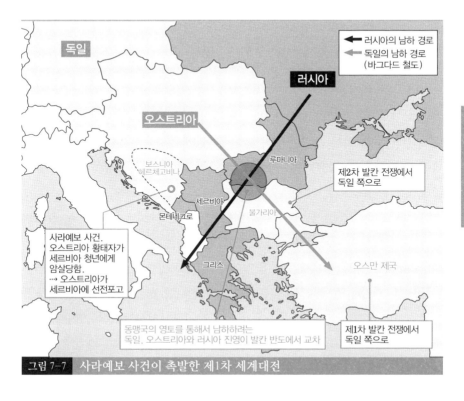

그림 7-7 사라예보 사건이 촉발한 제1차 세계대전

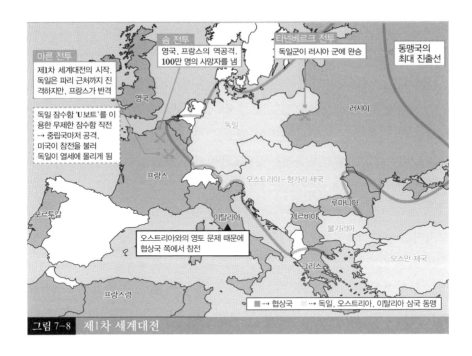

마른 전투
제1차 세계대전의 시작. 독일은 파리 근처까지 진격하지만, 프랑스가 반격

솜 전투
영국, 프랑스의 역공격. 100만 명의 사망자를 냄

타넨베르크 전투
독일군이 러시아 군에 완승

동맹국의 최대 진출선

독일 잠수함 'U보트'를 이용한 무제한 잠수함 작전 ⋯→ 중립국마저 공격. 미국이 참전을 불러 독일이 열세에 몰리게 됨

영국

독일

러시아

프랑스

오스트리아 – 헝가리 제국

루마니아

포르투갈

이탈리아

세르비아

불가리아

오스트리아와의 영토 문제 때문에 협상국 쪽에서 참전

그리스

오스만 제국

프랑스령

■ ⋯→ 협상국   ✕ ⋯→ 독일, 오스트리아, 이탈리아 삼국 동맹

그림 7-8 제1차 세계대전

전쟁의 개념을 완전히 뒤바꾼 일대 소모전

제1차 세계대전 중에는 군함과 항공기에서부터 독가스, 잠수함에 이르기까지 차례로 '살육용 무기'가 만들어졌고, 전쟁이 장기화되면서 사망자가 무섭게 늘어났다. 전쟁 전에 준비된 탄약을 한 달 만에 전부 써버렸다는 소모전이 4년이나 이어졌다. 국가의 생산력을 모두 쏟아붓는 총력전 양상이 계속되었고, 종국에는 생산력의 기반이 되는 시민들까지 공격의 대상이 되었다.

독일의 오산은 동맹국 이탈리아를 너무 믿은 것이었다. 이탈리아는 결정적인 순간에 협상국 측으로 돌아섰고, 그런 탓에 독일은 프랑스, 러시아, 영국, 이탈리아에 포위되는 신세가 되고 말았다. 단기간에 상황을 타개하고자 서두른 독일은 잠수함 'U보트'를 이용한 무제한 잠수함 작전에 착수했고, 영국과 프랑스 쪽으로 가던 중립국 미국의 수송선을 침몰시켰다. 미국이 협상국 측에 참전하게 되자 독일은 결정적인 패배를 맞보게 되었고, 제1차 세계대전은 영국, 프랑스, 미국 등 협상국의 승리로 끝이 났다.

두 번의 혁명으로 탄생한 '최초'의 사회주의 국가

 병사들의 소비에트 결성에 황제가 퇴위를 결정하다

제1차 세계대전이 한창일 때, 러시아에서는 재차 혁명의 불길이 치솟고 있었다.

제1차 러시아 혁명 후에 혁명의 불길이 사그라졌기 때문에 러시아의 황제는 다시 억압적인 정책을 펼쳤다. 그러나 제1차 세계대전이 장기화되고 물자 부족 현상이 퍼지자 국민의 원성이 터져 나왔다. 수도 페트로그라드(페테르부르크)에서 식량 배급을 요구하는 주부들의 시위가 확대되더니 급기야 노동자와 농민, 병사들까지 합세한 봉기가 일어났다.

황제의 독재를 뒷받침해주던 군대까지도 소비에트를 결성해 반란에 가담한 것을 보고 황제 **니콜라이 2세**는 스스로 물러났고 이로써 로마노프 왕조는 멸망했다. 이것이 러시아의 2월 혁명이다.

 레닌의 주도로 일어난 두 번째 혁명

2월 혁명으로 황제가 퇴위하고 대신 임시 정부가 수립되었다. 그런데 임시 정부는 국민의 기대를 저버리고 전쟁을 계속하겠다는 방침을 세웠다. 임시 정부의 구성원 중에는 공장을 가진 자본가들이 많았고, 무기, 탄약과 물자를 대량 소비하는 전쟁은 이들에게 큰돈을 벌 기회였던 것이다.

민중이 물자와 식량 부족으로 고통을 겪는데도 전쟁이 계속되는 상황에 나타난 인물이 사회주의자 **레닌**이었다. 레닌은 망명지인 스위스에서 돌아와 '전쟁을 당장 멈추자!', '모든 권력을 소비에트로 집중하고, 독자적인 자치 정부를 만들자!'라는 내용의 4월 테제를 발표했다. 반년 후에는 그가 이끄는 급진적 사회주의 정당인 볼셰비키가 무장봉기를 일으켜 단숨에 임시 정부를 무너뜨렸다(10월 혁명).

 세계 최초로 '생산 수단을 국유화한' 국가

임시 정부를 타도한 레닌은 '토지도, 배상금도 필요 없다. 당장 전쟁을 멈추자', '모든 토지를 국가 소유로 만들고 생산물은 평등하게 분배하자'라는 내용을 공표했다. 그리고 동맹국들과 브레스트리토프스크 조약을 체결하여 **제1차 세계대전에서 스스로 이탈했다.**

볼셰비키는 자신들의 당명을 공산당으로 정한 뒤, 소비에트(자치 정부)가 국가를 움직이며 토지와 생산 수단을 국가에 모으고 생산물은 국민에게 평등하게 분배하는, '평등'을 국가의 근간으로 삼는 사회주의 정책을 추진했다.

그러나 '세계 최초의 사회주의 국가가 수립될 것 같다'는 정보는 전 세계 국가 정부들에게 결코 반가운 소식이 아니었다.

어쨌든 노동자들이 마음대로 자치 정부를 만들고, 폭동을 일으켜 국가를 가로챈 것이니까 말이다. 이런 일이 자기 나라에서 일어나면 곤란하다는 듯이 영국, 프랑스, 미국, 일본 등은 러시아의 혁명을 망치기 위한 간섭 전쟁을 일으킨다. 이 간섭 전쟁은 막 들어선 소비에트 정권에 대단히 힘든 싸움이었다. 정권은 전쟁을 치러내기 위해 농촌을 강제 수탈했고, 이 때문에 다수의 아사자가 발생했다. 간섭 전쟁을 끝내고 나서야 겨우 러시아, 우크라이나, 백러시아, 자카프카스 지역을 아우른 소비에트 사회주의 공화국 연방, 이른바 '소련'이 수립되었다. 레닌 사후에는 **스탈린**이 뒤를 이었는데, 5개년 계획 등 사회주의 정책을 통한 사회주의화가 추진되었다.

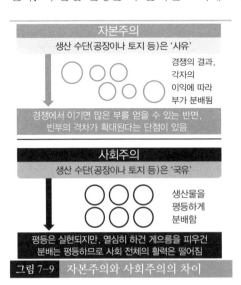

자본주의
생산 수단(공장이나 토지 등)은 '사유'

경쟁의 결과, 각자의 이익에 따라 부가 분배됨

경쟁에서 이기면 많은 부를 얻을 수 있는 반면, 빈부의 격차가 확대된다는 단점이 있음

사회주의
생산 수단(공장이나 토지 등)은 '국유'

생산물을 평등하게 분배함

평등은 실현되지만, 열심히 하건 게으름을 피우건 분배는 평등하므로 사회 전체의 활력은 떨어짐

그림 7-9 자본주의와 사회주의의 차이

새 체제는 다음 전쟁 전까지만 유지된 '짧은 평화'였다

 거액의 배상금 지불 의무를 지게 된 독일

러시아는 혁명 세력의 주도로 제1차 세계대전에서 이탈했다. 독일에도 혁명이 일어나서 황제 빌헬름 2세가 퇴위하자 제1차 세계대전은 수습 국면으로 접어들었고, 전후(戰後) 처리를 위한 파리 강화 회의가 열렸다.

파리 강화 회의의 기본 원칙은 미국의 대통령 윌슨이 발표한 14개조 평화 원칙이었다. 주요 내용은 군비 축소와 국제 평화 기구의 설립, 비밀 외교 금지, 그리고 해당 민족이 원하는 한 그 민족의 국가를 건설해야 한다는 민족 자결의 원칙 등이다.

패전국이 된 독일은 강화 조약인 베르사유 조약을 체결해야 했다. 독일은 모든 식민지를 잃었고, 군비에도 제한이 걸린 데다가 '천문학적'이라고 할 만한 거액의 배상금을 지불할 의무를 져야 했다. 국민총소득의 2.5배에 달하는 금액이었으니 오늘날 일본 돈으로 계산하면 1,250조 엔. 국민 한 사람당 1,000만 엔 정도 되는 금액이다. 놀랍게도 독일은 최근까지 배상금을 갚았으며, 완불 시점은 2010년 10월 3일이었다.

 '무력한 조직'이 되어버린 국제 연맹

파리 강화 회의를 통해 마련된 새로운 세계 질서를 베르사유 체제라고 부른다. 독일과 러시아, 오스트리아의 지배를 받던 핀란드, 폴란드, 헝가리 같은 민족은 '민족 자결'의 원칙에 따라서 차례로 독립을 이루었다. 단 '민족 자결'의 원칙은 유럽 각국에만 적용되었고, 아시아와 아프리카의 식민지는 여전히 '유럽의 소유물'이었다. 세계 질서를 슬로건으로 내세우면서도 '승전국의 기득권 유지

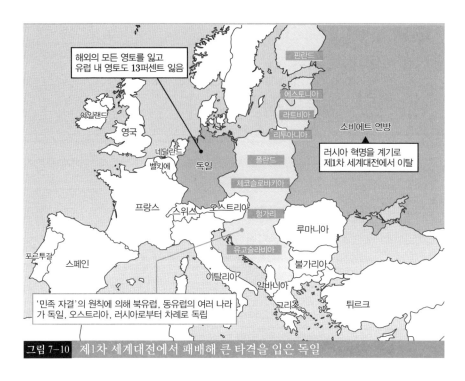

해외의 모든 영토를 잃고
유럽 내 영토도 13퍼센트 잃음

핀란드

에스토니아

라트비아

리투아니아

소비에트 연방

러시아 혁명을 계기로
제1차 세계대전에서 이탈

아일랜드

영국

네덜란드

벨기에

독일

폴란드

체코슬로바키아

프랑스   스위스 오스트리아

헝가리

루마니아

포르투갈   스페인

유고슬라비아

불가리아

이탈리아   알바니아

'민족 자결'의 원칙에 의해 북유럽, 동유럽의 여러 나라
가 독일, 오스트리아, 러시아로부터 차례로 독립

그리스   튀르크

그림 7-10 제1차 세계대전에서 패배해 큰 타격을 입은 독일

와 독일 봉쇄'만이 베르사유 체제의 본심이었던 것이다.

파리 강화 회의가 열린 다음 해에는 미국 대통령 윌슨의 제창으로 국제 연맹이 설립되었다. 국제 평화 유지 기구가 생겼다는 점에서는 획기적이었지만, 국제 평화의 유지라는 면에서 보면 국제 연맹은 힘이 없었다. 결정 사항은 총회의 만장일치로 결정되었는데, '평화를 위해 전원이 납득할 수 있는 결정을 내리자'는 취지는 일리가 있었으나 40개국 넘는 회원국들이 '만장일치'에 이른다는 것은 애초부터 불가능했다. 또 평화를 위해서라고 하지만 국제군과 같은 무력 제재는 할 수 없었고, 경제적 측면의 제재만 가능했다. 게다가 연맹의 설립을 주장한 미국이 정작 자국 의회의 반대로 가입을 하지 않아 설득력 없는 집단이 되고 말았다.

그러나 어찌 되었건 전후 사회는 평화를 향해 크게 방향을 튼 셈이었다. 이때부터 10년 동안 각국은 군비 축소를 실천했고, 부전(不戰) 조약 등을 통해 외교 면에서 서로 협조하며 착실히 평화를 향한 발걸음을 내디뎠다.

"돈 많은" 미국, 황폐해진 유럽을 구제하다

 영국, 프랑스의 쇠퇴기와 패전국 독일의 위기

제1차 세계대전 전의 영국, 프랑스는 그야말로 초강대국이라는 이름이 아깝지 않았다. 그러나 승전국이기는 해도 전쟁을 치르는 동안 국력 소모가 컸던 양국은 미국에게 거액의 빚을 지게 되었다. 이리하여 양국의 세력은 정체되었고, 초강대국의 지위는 미국으로 넘어가게 되었다. 특히 국토의 서쪽 절반이 전쟁터였던 프랑스는 황폐화가 심해 복구를 위해서는 무슨 일이 있어도 독일로부터 배상금을 받아야만 했다.

한편 패전국 독일은 바이마르 공화국으로 불린 공화제 국가로 재출발했지만, 천문학적인 금액의 배상금을 안고 출발해야 했다. 전쟁터였던 자국 내 복구도 시급했는데 옆 나라 프랑스는 '우리도 복구가 급하니 배상금이나 빨리 내놓으라!'고 재촉했다. 당연히 배상금 지급은 늦어졌다.

이런 상황에서 프랑스가 벨기에를 끌어들여서 벌인 일이 루르 점령이다. 배상금의 '처리'를 재촉하며 독일 공업의 중심부인 루르 공업지대를 점령한 것이다.

프랑스의 점령으로 인해 루르 공업지대에서 독일 각지로 공급되던 물자 수송이 중단되자 독일 내에서는 극단적인 물자 부족 현상이 일어났다. 한편 전후 복구를 위한 건축 및 토목 비용, 노동자에게 지급할 급료도 필요했다. 이에 독일 정부는 끝없이 돈을 찍어 눈앞의 경제를 돌리고자 했다. 독일 국내에 '물자 부족과 지폐 공급'이 동시에 일어나자 재화에 대한 화폐 가치가 떨어져 단숨에 인플레이션 압력이 커졌다. 결과는 전후 10년 동안 물가가 1.2조 배로 상승하는 거짓말 같은 초 인플레이션으로 나타났다.

갈수록 곤경에 처하는 독일을 보고 미국이 개입하게 되었다. 미국은 영국과 프랑스, 독일에 이 배상금 문제의 해결을 제안했다(도스 안[Dawes Plan]).

미국이 제안한 '도스 안'의 내용은 일단 독일 기업에 융자를 해주는 것이었다. 독일 경제가 호전되면 독일은 영국과 프랑스에 배상금 갚는 데 쓰기로 했다. 나중에 영국과 프랑스는 그 돈으로 미국으로부터 빌린 제1차 세계대전 당시의 차용금을 변제할 수 있었다.

미국이 독일에 융자금을 제공함으로써 미국에서 들어온 자금이 돌고돌아 배상금 변제와 차용금 변제에 쓰이고, 모든 나라에 엄청난 선순환을 일으킨 것이다. 독일 기업에는 미국에 대한 차용금이 남았지만, '배상금'보다는 '차용금'이 훨씬 더 나았다.

미국의 개입으로 프랑스는 루르 지방에서 철수했다. 독일에서는 인플레이션이 해소되면서 마침내 안정이 찾아왔다. 독일은 로카르노 조약을 맺어 다시는 군사 행동을 일으키지 않겠다는 약속을 했고 국제 연맹에 대한 가입을 허락받았다. 독일의 부흥은 유럽에 안정을 가져왔고, 사람들은 서서히 세계대전의 상처를 치유했다. 부전 조약, 군축 조약을 맺는 등 세계는 순조롭게 평화를 향해 나아갔다. 그러나 이 같은 안정은 미국의 융자에 기댄 것일 뿐이었다. '돈이 떨어지면 인연도 떨어진다'고 했던가. 미국 경제에 공황이 발생함과 동시에 이런 안정은 허무하게 무너지고 말았다.

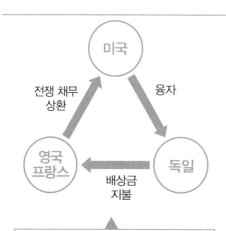

미국이 독일 기업에 융자를 제공하여 독일 경제를 구제한 덕분에 독일은 배상금을 지불할 수 있었고, 영국과 프랑스도 미국에 채무를 상환할 수 있었다

그림 7-11 '배상금 순환도'

'영원한 번영'이라던 미국 경제, 뜻밖의 시련을 맞다

 제1차 세계대전은 미국의 '등용문'이었다

결과적으로 제1차 세계대전은 미국이 '초강대국'으로 진입하는 등용문이었다. 자국의 국토는 어지럽히지 않고 전쟁 후반에 운 좋게 '승전국'에 합류했을 뿐만 아니라 전쟁 중에 영국과 프랑스에 막대한 금액의 융자를 제공함으로써 세계대전 중에 채무국(빚을 진 나라)에서 채권국(돈을 빌려준 나라)으로 훌륭하게 변신까지 했으니 말이다.

제1차 세계대전 이후 미국은 황폐해진 유럽 국가들을 대신해 세계 경제의 중심으로 부상했다. 디즈니, 재즈, 코카콜라 등은 그 시대에 미국이 낳은 대중 소비사회의 대표적인 문화였다.

 '영원한 번영'을 호언장담한 후버 대통령

그 시절에 미국 대통령이 된 하딩, 쿨리지, **후버**는 순조로운 경제 상황에 힘입어 자유방임식 경제 정책을 펼쳤다. 상품은 만드는 족족 팔렸고, 주식은 사기만 하면 올랐다. 이 같은 '거품 경제'에 미국인들은 한없이 들떠 있었다.

 전 세계로 퍼진 '검은 목요일'의 여파

더할 나위 없이 좋은 초호황을 유지하던 어느 날, '검은 목요일'이라고 불리는 1929년 10월 24일이 찾아왔다.

그날, 뉴욕 주식시장의 주가가 느닷없이 대폭락했다. 목요일에 시작된 폭락세는 금요일에도 멈추지 않았고, 주말에는 대폭락 뉴스가 전국으로 번졌다. 주말이 지나자 투매가 시작되더니 절망적인 공황으로 이어졌다.

앞에서 제국주의 항목에서도 설명했다시피 기업은 은행과 주주로부터 융자를 받아 상품을 생산했기 때문에 '재고'가 생기면 도산할 위험이 있었다.

황금기의 미국은 은행과 주주들이 기업에 마구 돈을 빌려주었고, 미국의 기업은 그 돈으로 상품을 과잉 생산했기 때문에 공황이 시작되자 시장에는 엄청난 양의 재고품이 나돌았다. 재고가 나는 순간 기업은 융자금을 상환할 수 없었고, 주주에게는 배당금이 돌아가지 않았다.

기업과 융자를 제공한 은행은 연쇄적으로 도산을 맞았다. 미국 경제의 붕괴는 독일 경제의 붕괴를 불렀고, 영국, 프랑스의 붕괴로 이어지는 세계 공황으로 발전했다.

🔫 '자유방임'을 버리고 정부가 경제에 적극적으로 개입하다

공황에 직면한 공화당의 후버 대통령은 시장에 대한 방임주의를 바꾸는 데 실패했다. 실업자가 마구 늘었고, 실업률은 25퍼센트를 넘어 사회 불안이 급속도로 커졌다. 그 무렵, 대통령 선거가 치러졌다.

선거에서는 새로운 뉴딜 정책(대변혁 정책)을 내건 민주당의 **프랭클린 루스벨트** 대통령이 승리해 공황에 맞서게 되었다. 그는 적극적으로 경제에 개입했다.

기업이 '단번에 도산하는 사태'를 막기 위해서 '과잉 생산'을 방지하는 생산 조정을 실시했고, 과잉 생산한 농산물은 정부가 사들여서 가격 하락을 막았다. 또 공공사업을 추진해서 실업자들을 고용했다. 이로써 간신히 위기를 극복하는 데 성공했다.

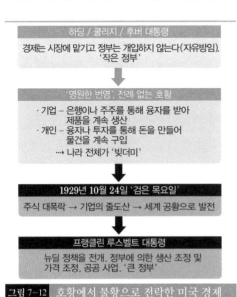

하딩 / 쿨리지 / 후버 대통령
경제는 시장에 맡기고 정부는 개입하지 않는다(자유방임).
'작은 정부'

⬇

'영원한 번영', 전례 없는 호황
· 기업 – 은행이나 주주를 통해 융자를 받아
　제품을 계속 생산
· 개인 – 융자나 투자를 통해 돈을 만들어
　물건을 계속 구입
⟶ 나라 전체가 '빚더미'

⬇

1929년 10월 24일 '검은 목요일'
주식 대폭락 → 기업의 줄도산 → 세계 공황으로 발전

⬇

프랭클린 루스벨트 대통령
뉴딜 정책을 전개. 정부에 의한 생산 조정 및
가격 조정. 공공 사업. '큰 정부'

그림 7-12　호황에서 불황으로 전락한 미국 경제

제2차 세계대전의 구도와 '부자 나라', '가난한 나라'

 '돈이 떨어지면 인연도 떨어진다'

미국에서 일어난 공황은 유럽까지 번지면서 심각한 영향을 끼쳤다.

'부자 나라'라고 불리는, 경제적 기반이 단단한 나라(식민지를 많이 보유한 영국, 프랑스 및 소련 같은 사회주의 국가)와 '가난한 나라'라고 불리는, 경제적 기반이 약한 나라(독일, 이탈리아) 사이에서 명암이 갈리게 되었다.

 '부자 나라'의 공황 대책

영국, 프랑스는 공황으로 실업률이 늘어나기는 했지만, 식민지를 많이 보유한 덕에 큰 타격을 피할 수 있었다. 식민지와 본국이 블록 경제권을 형성해 미국과의 경제적 연결 고리를 끊고 자급자족 태세에 돌입한 것이다. 영국은 '파운드 블록', 프랑스는 '프랑 블록'이라는 경제권을 만들어 외부 국가와의 무역에는 높은 관세를 부과해 블록 밖과의 무역을 제한하고 타국의 경제적 영향이 자신들의 블록에 미치지 않도록 했다. 이 시기에는 양국 모두에서 실업자 증가로 인해 노동자 친화적인 정권이 탄생했다.

한편 소련은 사회주의 정권하에서 계획경제를 도입해 사람들이 국영 기업이나 국영 농업에서 일한 뒤, 평등하게 분배하는 체제를 운영했다. 따라서 '과잉 생산'으로 인한 공황은 발생하기 어려운 환경이었다. 다른 나라들이 공황으로 힘들어할 때, 소련 경제는 약진하며 사회주의의 우월성에 관한 인상을 여타 국가들에 강하게 심어주었다.

다만 소련의 약진 뒤에서는 레닌의 후계자 스탈린의 독재와 개인숭배가 강화되고 있었고, 반(反) 스탈린파의 대량 처형이 자행되었다.

'가난한 나라'의 선택은 파시즘

식민지 덕분에 가까스로 공황을 극복한 영국과 프랑스, 사회주의 정책으로 세계적 공황을 버텨내고 약진한 소련과는 달리 보유한 식민지도 없고 경제 기반도 약한 '가난한 나라' 독일과 이탈리아는 자급자족이 불가능했다. 이 두 나라는 파시즘의 길로 들어섰다.

'결속'이라는 단어를 어원으로 하는 파시즘은, 권력으로 민중을 억누르고 타국에 대해서는 침략주의 노선을 취하는 독재적 국가 체제를 일컫는다. 독재자가 공황으로 인한 불안을 이용해서 권좌에 오르고는 '이 고통스러운 상황을 해결할 테니 내 말을 들어라'라고 독재적인 전체주의를 표방하는 정치 체제라고 할 수 있다.

 ## 이탈리아의 파시즘은 무솔리니로부터

이탈리아는 공황이 발생하기 전부터 이미 파시즘이 시작된 상태였다. 제1차 세계대전 때는 독일을 배신하고 협상국 측에 참전해 잠깐 승전국이 되는가 했지만, 기대한 식민지를 얻지 못해 국민의 불만만 샀다. 그런 기운을 제대로 읽어 낸 이가 파시스트당을 이끈 **무솔리니**였다. 무솔리니 정권은 파시스트당 일당 독재 체제를 구축한 뒤, 아드리아 해의 항만 도시 피우메를 점령해 알바니아를 보호국으로 만들었다. 또 세계 공황으로 타격을 입은 뒤에도 에티오피아를 강제 합병해 국민의 불만을 잠재우는 방식으로 내부 지지를 다졌다.

독일의 파시즘은 히틀러로부터

독일은 세계 공황의 영향을 가장 심각하게 받았다. 제1차 세계대전 후 독일이 부흥할 수 있었던 것은 미국의 융자 덕분이었고, 그 혜택을 정부뿐만 아니라 개별 기업들도 크게 입은 터였다. 그런 미국으로부터 자금이 끊어졌으니 그 타격이 엄청났다.

바로 그런 기회를 잘 포착한 이들이 **히틀러**가 이끄는 나치당, 즉 '국가사회주의 독일 노동자당'이었다. 히틀러는 '독일의 고난은 베르사유 조약의 배상금에서 비롯되었다. 다시금 군비에 박차를 가해 활로를 모색할 것'이라며 베르사유 조약의 파기와 재군비를 호소했다. 그리고 '독일 민족이야말로 가장 뛰어난 민족이다!'라며 민족의식을 자극하여 패전으로 침울해진 국민들의 사기를 진작시켰다. 나아가 '폭스바겐'으로 잘 알려진 자동차 산업을 육성했고 아우토반(고속도로)을 건설해 실업자들에게 일자리도 제공했다. 독일 민족은 히틀러에게 열광했고, 선거 때마다 나치당의 의석이 늘어나 거의 100퍼센트의 의석 수를 얻기에 이르렀다. 이 같은 압도적인 지지하에 국제 연맹을 탈퇴한 독일은 곧이어 전권위임법을 통과시켜서 히틀러를 총통의 자리에 올려놓았다. 그리고 그때부터 공공연히 베르사유 조약을 어기기 시작했다. 재군비를 선언하고 징병제를 부활시켰으며 프랑스와의 국경 지대인 라인란트에 군대를 배치해 본격적인 전투태세를 갖추었다.

🔫 '위험한 두 사람'이 하나로

이탈리아의 무솔리니와 독일의 히틀러. 이름하여 '세계에서 가장 위험한 두 사람'이 역사의 무대에 등장했다. 그리고 이 두 사람은 손을 잡았다. 계기는 스페인 내전이었다. 부르봉 왕조의 왕가가 무너지자 스페인에서는 '인민전선 내각'이라는 친(親)사회주의 정권과, 자본가들이 지원하는 프랑코 장군 측이 대립하는 형국이 펼쳐졌다. 이때 프랑코 장군을 지원한 세력이 무솔리니와 히틀러였다.

히틀러가 가상 적국으로 여기던 소련이 적군인 인민전선 내각을 지원했다는 사실도 히틀러가 스페인 내전에 개입한 계기가 되었다. 결과적으로 프랑코의 반란은 성공했고, 히틀러와 무솔리니는 스페인 내전을 계기로 가까워져서 독일, 이탈리아의 동맹관계가 성립되었다. 국제 연맹을 탈퇴한 일본도 독일, 이탈리아에 접근해 독일, 일본, 이탈리아의 3국(추축국)이 군사 동맹을 맺게 되면서 제2차 세계대전의 동맹관계가 만들어졌다.

한편 영국과 프랑스는 스페인 내전을 보고도 히틀러를 자극하지 않기 위해 불간섭 정책을 내세우며 히틀러의 군사 행동을 정면으로 저지하지 않았다(양국의 '방관자적' 자세 때문에 히틀러를 저지할 기회를 놓쳤다는 후세의 비판이 있다).

파죽지세의 나치스와 어정쩡한 영국, 프랑스

 히틀러를 우쭐하게 만든 유화 정책

히틀러의 기세는 누그러들 줄을 몰랐다. 그는 동유럽 독일 민족의 통합을 부르짖으며 독일의 지배권을 확대해나갔다.

먼저 같은 독일계인 오스트리아를 합병해 독일의 일부로 포함시켰다. 그리고는 체코슬로바키아 안에서 독일인이 많이 거주하는 수데텐 지방을 노리고 체코슬로바키아에 '수데텐 지방을 내놓으라!'고 요구했다.

체코슬로바키아는 당연히 히틀러의 요구를 거절했다. 그러나 독일과 이탈리아, 영국, 프랑스 4개국의 정상(독일의 히틀러와 이탈리아의 무솔리니, 영국의 네빌 체임벌린 총리, 프랑스의 달라디에 총리)은 뮌헨 회담을 열어 이 문제를 해결할 방안을 논의했다. 회담의 결과 영국과 프랑스는 히틀러의 요구를 그대로 수용했고, 체코슬로바키아에 '수데텐을 히틀러에게 할양하라'고 권고했다.

영국과 프랑스 양국이 '히틀러의 요구를 받아들이지 않으면 전쟁이 발발하고 말 것이다'라는 생각에 어정쩡한 자세로 히틀러의 눈치만 보면서 전쟁을 피하기 위한 유화 정책을 편 것이다. 뮌헨 회담에는 초대받지도 못하고 강대국들의 놀음에 피해만 입은 체코슬로바키아는 어쩔 수 없이 수데텐을 포기했는데, 이는 지금까지도 체코 역사의 최대 굴욕으로 회자된다.

그후 점점 더 기세등등해진 히틀러는 체코를 강제 합병했고, 여기서 더 나아가 슬로바키아도 독일의 보호국으로 삼았다. 영국과 프랑스가 독일에 대해 펼친 '유화 정책'은 히틀러를 우쭐하게 만들어 결국 제2차 세계대전의 원인을 만들었다.

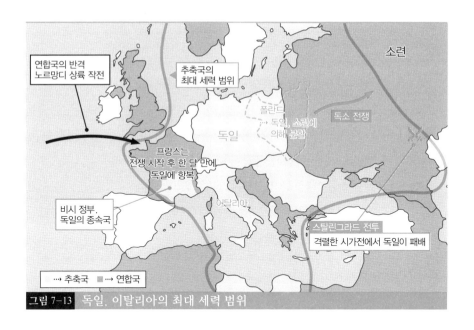

그림 7-13　독일, 이탈리아의 최대 세력 범위

독일과 러시아로 찢겨나간 폴란드

　독일이 다음으로 노린 것은 폴란드였다. 독일은 여태까지의 가상 적국이자 스페인 내전에서도 편이 갈렸던 소련과 독소(獨蘇) 불가침 조약을 맺은 다음, 폴란드를 침공하여 단숨에 폴란드를 소련과 나누어 가졌다. 영국과 프랑스는 상황이 여기까지 전개되고 나서야 정신을 차렸다. '독일을 이대로 두었다가는 큰일나겠구나!' 하는 깨달음을 얻은 영국과 프랑스는 뒤늦게 독일에 선전포고를 하고 유럽 내의 전쟁을 시작했다(유럽 전선).

　그러나 독일은 폴란드의 서쪽 절반을 차지하자마자 프랑스를 공격했고, 불과 한 달 만에 프랑스의 항복을 받아냈다. 그리하여 프랑스 북부는 독일이 직접 통치했고, 남부는 비시라는 도시를 수도로 하는 독일의 종속국이 되었다.

　프랑스의 **드골** 장군은 영국으로 피신해 자유 프랑스 정부라는 지하조직을 세우고 프랑스 탈환을 위해 끈질긴 저항 운동을 전개했다.

　그리고 히틀러는 마침내 영국 본토에 대한 공습을 개시했다.

독소 전쟁과 태평양 전쟁의 시작

그러나 영국은 좀처럼 항복하지 않았다. 소련의 지원을 의심한 히틀러는 소련에도 대거 군사를 투입했다(독소 전쟁). 이에 소련은 과거 나폴레옹을 굴복시켰듯이 '적을 모스크바 근처까지 유인한 뒤 겨울이 오면 단번에 반격하는' 작전을 다시 한번 구사해 독일을 곤경에 빠뜨렸다.

한편 독일의 동맹국 일본도 이 시기에 진주만을 공격해 태평양 전쟁이 시작되었다. 태평양 전쟁의 개전으로 유럽 전쟁과 태평양 전쟁이 연결되어 제2차 세계대전으로 확대되었다.

 인류가 경험한 가장 큰 전쟁

제2차 세계대전은 인류가 경험한 가장 큰 전쟁이었다. 희생자 수가 제1차 세계대전의 3배나 되는 6,000만-8,000만 명으로 알려질 정도이다. 희생자 중에는 나치의 민족 말살 정책에 따라 학살된 유대인도 포함되어 있다. 나치는 아우슈비츠 등 강제수용소를 각 지역에 건설해서 유대인들을 가스실에 몰아넣고 생명을 빼앗는 등 대량 학살(홀로코스트)을 자행했다. 그 외에도 태평양 전쟁에서는 원자폭탄이 실전에 사용되면서 세계는 핵의 시대에 돌입하게 되었다.

 '사상 최대 작전'이 종전을 당기다

독소 전쟁 최대의 시가전인 스탈린그라드 전투에서 독일이 패배하면서부터 전황은 기울기 시작했다. 압도적인 물량을 내세운 미국 중심의 연합국 군대가 노르망디 상륙 작전을 통해 북프랑스에 상륙하자, 독일은 순식간에 파리를 잃었다. 소련도 독일을 침공해 협공하다가 독일의 수도 베를린을 점령했다. 그로부터 열흘 뒤, 히틀러가 자결하면서 유럽 전선은 종결되었다. 3개월 후, 일본도 무조건 항복해 태평양 전쟁이 끝났고 이로써 제2차 세계대전은 막을 내렸다.

근대 중동과 인도

제8장 근대 중동과 인도

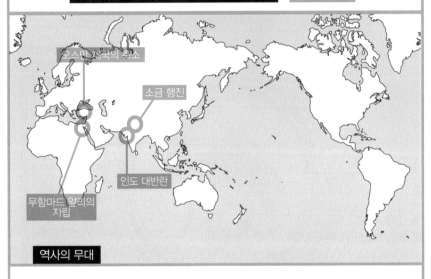

오스만 제국의 축소

소금 행진

인도 대반란

무함마드 알리의
자립

역사의 무대

영국과 러시아의 싸움에
휘말린 중동과 인도

중동과 인도는 근대에 들어서 유럽 열강의 '지배를 받는 처지'가 되었다.

중동에서는 강대함을 자랑하던 오스만 제국이 점차 쇠망한 대신에 러시아와 영국이 세력을 키웠다. 이란에도 러시아와 영국의 압력이 가해졌다.

인도에는 영국이 세운 '인도 제국'이 들어섰다. 남하를 노리는 러시아와 그에 맞서 이집트와 인도, 중국 등에 대한 지배를 굳혀 러시아의 남하를 막으려는 영국 사이에는 식민지 쟁탈전이 치열하게 벌어졌다. 중동과 인도는 맥없이 그 소용돌이 속으로 휘말려 들어갔다.

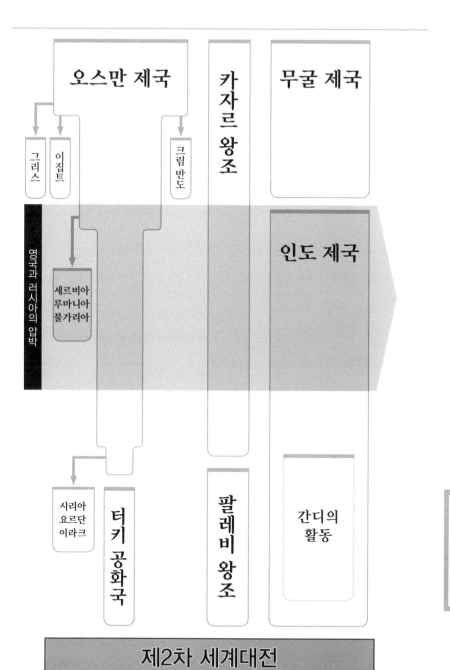

오스만 제국

그리스

이집트

크림 반도

카자르 왕조

무굴 제국

영국과 러시아의 압박

세르비아
루마니아
불가리아

인도 제국

시리아
요르단
이라크

터키 공화국

팔레비 왕조

간디의 활동

제2차 세계대전

제8장   "근대 중동과 인도" 개요도

제8장
근대 중동과 인도

'안으로부터' 그리고 '밖으로부터' 쇠퇴한 오스만 제국

 내부에서 먼저 무너진 오스만 제국

제2장 '중동의 역사'에서 최종 승자는 오스만 제국이었다고 언급한 적이 있다. 오스만 제국은 서아시아의 초강대국으로서 빈을 포위하는 등 유럽 국가들을 고민에 빠뜨리는 존재였다. 그러나 17세기 말의 제2차 빈 포위에 실패한 뒤 점차 쇠약해지더니 그후로는 줄곧 쇠퇴의 길을 걸었다.

오스만 제국이 쇠퇴한 원인은 두 가지였다. 하나는 '외부' 요인으로, 주권 국가 체제가 확립되고 산업 혁명이 일어나 유럽 국가들의 힘이 강대해진 것이었다. 특히 오스만 제국을 남하 정책의 타깃으로 삼은 러시아는 끈질기게 오스만 제국을 괴롭혔다. 또 하나의 요인은 '내부' 요인으로, 제국의 다양한 민족들이 독립을 요구한 탓에 내부 붕괴가 일어났던 것이다.

오스만 제국은 '튀르크족'이 여러 민족을 지배한 다민족 국가였다. 그래서 각 민족을 묶은 '고삐'가 느슨해지면 느슨해지는 만큼 지방 세력이 하나, 둘 오스만 제국으로부터 독립을 요구했다.

 튀르크족이 아님을 자각한 아랍인

각 민족을 묶은 '고삐를 느슨하게 만든' 사건이 와하브 운동이다. 와하브라는 인물이 일으킨 운동에, 유력 부족인 사우드 가문(사우디아라비아는 '사우드 가문의 아라비아'라는 의미이다)이 힘을 합쳐 아라비아 반도에 와하브 왕국이라는 나라를 세운 것이었다.

와하브파는 '지금의 이슬람은 타락했다. 무함마드가 창시한 순수한 이슬람으로 돌아가자!'라고 주장했다. 특히 튀르크족이나 이란인처럼 아랍인이 보기에 '이방인'인 민족이 이슬람 세계를 지배하는 상황을 비판했다. 그리고 '튀르크족'의 국가인 오스만 제국에 사는 '아랍인'에게 민족의식('우리는 튀르크족이 아니라 아랍인이다!'라는 생각)을 일깨워 서서히 오스만 제국의 힘을 약하게 만들었다.

 ## '군의 일인자'마저 독립을 획책

18, 19세기의 오스만 제국은 쇠퇴와 개혁의 시대였다. 제2차 빈 포위의 실패로 헝가리를 잃은 데다가 러시아의 황제 예카테리나 2세의 공격을 받아 크림 반도마저 잃었다. 나폴레옹이 이집트를 공격한 덕분에 나폴레옹의 위협은 피했으나, 대신 독립 전쟁을 일으킨 그리스를 잃었다.

이런 상황 속에서 오스만 제국의 이집트 총독 **무함마드 알리**가 오스만 제국으로부터 자립하겠다며 이집트-터키 전쟁을 일으켰다. 무함마드 알리는 수백 명의 소부대장 중에서 뛰어난 실력으로 두각을 드러내서 이집트 총독에 임명된 '군의 일인자'였다. 그런 일인자가 이끄는 이집트가 부국강병과 근대화를 추진한 후에 오스만 제국으로부터 독립을 요구한 것이었다.

무함마드 알리는 전투에 승리해 이집트의 행정권을 얻어내서 사실상의 독립을 달성한 뒤, 이집트에 무함마드 알리 왕조를 세웠다.

그후 이집트는 프랑스와 공동으로 수에즈 운하를 완성하는데, 건설비가 예상보다 늘어나 거액의 빚을 안게 되면서 결국에는 영국에 수에즈 운하의 주식을 매각했다. 영국 '좋은 일만 시켜준 꼴'이었다. 게다가 영국의 군사 공격에 굴복해 보호국 신세가 되고 말았다.

헝가리, 크림 반도, 그리스, 이집트를 차례로 잃은 오스만 제국은 눈에 띄게 세력이 줄었다. 이를 넘보기라도 하듯이 이번에는 러시아가 본격적으로 남하하기 시작했다.

 ## 가장 큰 적은 러시아이다!

조금씩 영토를 잃다가 결국 군의 일인자까지 독립한 상황을 오스만 제국도

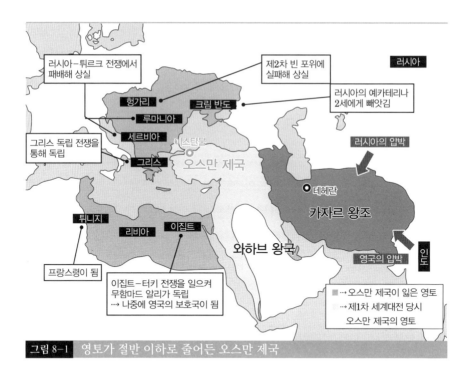

러시아-튀르크 전쟁에서
패배해 상실

제2차 빈 포위에
실패해 상실

러시아

러시아의 예카테리나
2세에게 빼앗김

헝가리

크림 반도

루마니아

세르비아

그리스 독립 전쟁을
통해 독립

이스탄불

러시아의 압박

그리스

오스만 제국

투니지

리비아

이집트

프랑스령이 됨

이집트-터키 전쟁을 일으켜
무함마드 알리가 독립
⋯▸ 나중에 영국의 보호국이 됨

테헤란

카자르 왕조

와하브 왕국

영국의 압박

인도

■ ⋯▸ 오스만 제국이 잃은 영토
▨ ⋯▸ 제1차 세계대전 당시
       오스만 제국의 영토

그림 8-1   영토가 절반 이하로 줄어든 오스만 제국

묵인할 수만은 없었다. 술탄인 **압둘메지드 1세**는 탄지마트(은혜 개혁)라고 불리는 개혁에 착수하여 오스만 제국의 서양화와 근대화를 추진했다.

이 개혁은 산업 근대화와 법 정비 등 일정한 성과를 올렸지만, 서구화 과정에서 유럽 경제에 편입되면서 외국 제품이 유입되어 국내 산업이 쇠퇴하는 결과를 낳고 말았다.

그런 가운데 러시아가 남하했다. 러시아는 오스만 제국이 제해권을 장악한 흑해로 나가기 위해 보스포루스, 다르다넬스 두 해협을 요구하며 크림 전쟁을 일으켰다. 오스만 제국은 영국과 프랑스의 도움을 얻어 간신히 러시아를 물리쳤지만, 이 전쟁으로 완전히 파산에 이르렀다.

이런 위기 속에서 재상인 **미드하트 파샤**는 아시아 최초라고 알려진 미드하트 헌법을 제정했다.

의회를 설치하고, 이슬람교도와 비이슬람교도에 대한 평등 정책을 강구하면서 '같은 오스만인'이라는 '국민 의식' 아래 국민을 하나로 만들어서 사태를 극복하고자 한 것이었다.

　그러나 개혁은 불완전하게 끝나고 말았다. 러시아가 재차 남하해 러시아-튀르크 전쟁을 일으켰기 때문이다. 전쟁을 이용해 권력을 취하고 자신의 독재를 강화하려고 한 술탄 **압둘하미드 2세**는 헌법을 정지하고, 의회도 폐쇄한 뒤 독재로 돌아갔다.

 ## 우리도 '메이지 유신'을 일으키자!

　그러나 오스만 제국은 러시아-튀르크 전쟁에서 참패해 루마니아, 세르비아, 몬테네그로, 불가리아를 잃었다. 압둘하미드 2세에 대한 국민의 원성은 날로 커졌다. 그때 충격적인 소식이 날아들었다. 머나먼 동쪽 나라 일본이 바로 그 러시아를 굴복시켰다는 러일 전쟁에 관한 소식이었다. '우리도 "메이지 유신"을 일으켜 근대화하자!'라고 주장한 '통일과 진보 위원회(청년 튀르크당)' 중심의 혁명 세력은 청년 튀르크 혁명을 일으켜서 압둘하미드 2세로 하여금 미드하트 헌법을 부활시키게 했다.

 ## 러시아와 영국의 침략을 받은 이란

　이란도 오스만 제국과 마찬가지로 유럽, 특히 러시아와 영국의 압박을 서서히 받게 되었다.

　먼저 사파비 왕조가 멸망한 뒤, 새로 카자르 왕조가 들어선 무렵에 이미 러시아의 표적이 되어 러시아가 내민 불평등 조약인 투르크만차이 조약을 맺게 되었다. 그후 이란은 차례로 이권을 유럽 각국에 넘겨주고 그들의 '먹잇감'이 되었다. 국민의 반발이 거셌는데, 특히 영국의 담배 독점권에 저항해 담배를 입에 대지 않는 담배 보이콧 운동이 퍼져 영국이 그 이권을 포기하게 하는 힘을 보여주기도 했다.

　이런 운동이 이란인의 민족의식을 드높여 마침내 의회와 헌법을 요구하는 이란 입헌 혁명으로 발전했다. 그러나 러시아의 개입 때문에 혁명은 중도에 좌절되고 말았다.

오스만 제국과 이란에서 의회와 헌법을 요구하는 혁명이 일어난 한 가지 요인은 일본의 '메이지 유신'이다. 메이지 유신을 통해 의회와 헌법이 만들어진 일본은 급속한 근대화를 이루었고, 그 덕분에 러일 전쟁에서 오스만 제국과 이란 양국의 공통의 적인 러시아를 굴복시킬 수 있었다.

　오스만 제국과 이란은 러일 전쟁을 치르는 동안 자국에 대한 러시아의 압박이 느슨해진 것에 대해 일본에 고맙게 생각했다. 또 '의회와 헌법을 만들어 국민의 힘을 모아 근대화를 이루면 러시아를 이길 수 있을지도 모른다!'는 희망을 주었다는 점에서 지금도 터키(오스만 제국의 후신)와 이란은 일본을 가깝게 여긴다고 한다.

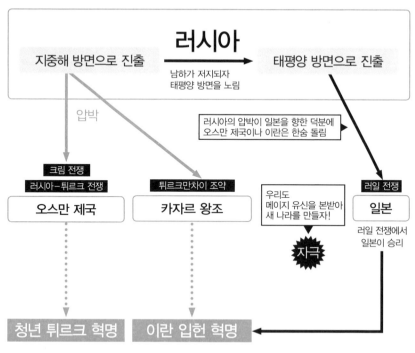

그림 8-2 일본의 행보에 자극을 받은 오스만 제국과 이란

'튀르크인의 아버지', 터키 공화국을 세우다

 제1차 세계대전 후 '패전국'이 된 튀르크

제1차 세계대전 중 러시아에 대한 적대심에서 독일 측에 선 오스만 제국은 독일의 패배와 동시에 패전국 신세로 전락했다.

그리고 이라크와 시리아, 요르단, 레바논 등 영토의 상당 부분을 상실했다(세브르 조약). 이들 지역은 나중에 독립이 인정되어 오늘날 중동 국가의 원형이 되었다.

그중에서도 팔레스타인 지역은 영국이 제1차 세계대전 중에 적국인 오스만 제국을 내부에서 흔들기 위해 튀르크인의 지배를 받던 '아랍인'과 '유대인'에게 각각의 독립국 건설을 약속했던 '일구이언(一口二言) 외교'에 이용된 땅이다.

영국은 두 민족과의 약속을 모두 이행하지 않았고, 팔레스타인 땅을 영국의 위임통치령, 즉 자국의 관리하에 두었다. 이후 아랍인과 유대인은 팔레스타인 땅을 놓고 줄곧 대립하게 되었고, '팔레스타인 문제'라고 불리는 양측의 분쟁은 지금까지 이어지고 있다.

 '튀르크인의 아버지'가 일으킨 혁명

오스만 제국은 제1차 세계대전에 패배해 영토를 상당 부분 상실했다. 이때 걸출한 인물이 등장해 고난을 극복하는데, 그가 바로 **무스타파 케말**이다.

케말은 제1차 세계대전에서 패배한 오스만 제국에 또 한번의 타격을 주려고 압박을 가한 그리스 군을 격퇴했고, 승전국들에게도 반격을 했다. 그리고 앙카라에 새 정부를 세우고, 오스만 제국의 술탄제를 없애고 오스만 제국을 멸망시킨 뒤에 새로 터키 공화국의 수립을 선언했다(터키 혁명). 각국은 승전국도

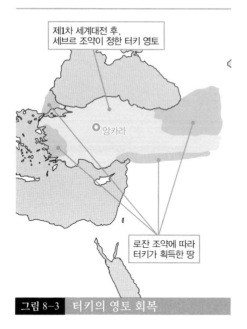

제1차 세계대전 후,
세브르 조약이 정한 터키 영토

○앙카라

로잔 조약에 따라
터키가 획득한 땅

그림 8-3 터키의 영토 회복

가리지 않고 공세를 펼치려고 드는 케말을 보고 놀란 각국은 세브르 조약을 파기하고 로잔 조약을 새로 체결했다. 여기에는 영토의 일부 회복 및 불평등 조약 철폐 등에 관한 내용이 포함되었다.

패전국이 자신의 힘으로 조약을 새로 체결하고 영토를 회복한 사례는 역사 속에서 매우 드물다. 케말이 비범한 인물이었음을 알 수 있는 대목이다.

그렇게 해서 케말은 아타튀르크 (튀르크인의 아버지)라는 별명을 얻었고, 터키 공화국의 초대 대통령이 되었다. 그는 문자를 아라비아 문자에서 알파벳으로 완전히 교체하면서 기존의 문자를 버리는 과감한 문자 개혁을 단행했고, 여성의 참정권을 확립했으며, 이슬람 전통 복장에서 해방되도록 복장을 개혁하는 등 차례로 국내 개혁을 추진했다.

 오늘날 중동의 골격이 형성되다

제1차 세계대전이 끝난 후, 영국의 보호국 상태였던 이집트의 무함마드 알리 왕조는 이집트 왕국으로 독립했다. 그러나 수에즈 운하는 영국 소유로 남았고, 영국의 이집트 지배는 실질적으로 지속되었다. 사우디아라비아에서는 사우드 가문이 아라비아 반도를 지배하면서 사우디아라비아 왕국을 건국했다. 지금도 사우드 가문은 사우디아라비아의 왕가를 이루고 있다. 이란에서는 레자 칸이라는 인물이 카자르 왕조를 무너뜨리고 팔레비 왕조를 창건한 뒤 국호를 이란으로 바꾸었다.

여왕이 통치하는
영국의 가장 중요한 식민지

 반란의 원인은 동물 기름?

오스만 제국과 마찬가지로 인도도 유럽 각국의 침략을 받아 점차 힘을 잃었다. 특히 영국은 플라시 전투 등을 통해 프랑스 세력을 몰아내고 인도에 대한 지배력을 공고히 했다.

영국의 인도 지배는 동인도 회사가 맡았다. 동인도 회사는 한때 '무역 회사' 였지만, 개인과 기업이 아시아 무역에 뛰어들면서 더 이상 '국책 무역 회사'가 필요 없어지자 19세기에 '인도 통치 기구'로 바뀌었다.

동인도 회사의 인도 지배력이 강화되자 영국의 값싼 면직물이 인도로 유입되었고, 인도의 전통 수직 면직물 공업은 쇠퇴했다. 또한 동인도 회사는 새로운 토지와 세금 제도를 시행했는데, 이에 대해서도 인도 사람들의 불만이 쌓여 있었다.

그런 가운데 동인도 회사가 고용한 인도인 용병(세포이)이 폭동을 일으켰고, 그 폭동은 인도 전체를 휩쓴 세포이 항쟁으로 발전했다. 사태의 발단은 인도인 용병에게 배급한 총에 쓰이는 종이 약협이었다(종이 약협이란 화약을 싸는 종이이다. 최근의 형사 드라마나 영화를 보면 총탄이 발사된 뒤에 '탄피[약협]'가 튀어나오지만, 당시에는 화약을 종이에 싸서 장전했다). 약협이 매끄럽게 발사되게 하기 위해 돼지나 소의 기름을 먹인 종이를 썼는데, 총에 탄을 넣을 때 그 종이를 입에 물고 찢어야 했다. 그런데 그렇게 하면 돼지나 소의 기름이 입에 들어간다는 것이 문제였고, 돼지를 싫어하는 이슬람교도와 소를 신성시하는 힌두교도가 항쟁을 일으킨 것이었다.

2년이나 계속된 인도의 반란을 가라앉힌 영국은 이 반란의 책임을 동인도

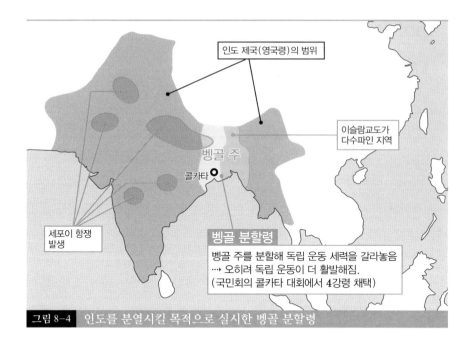

인도 제국(영국령)의 범위

이슬람교도가
다수파인 지역

벵골 주
콜카타

세포이 항쟁
발생

벵골 분할령
벵골 주를 분할해 독립 운동 세력을 갈라놓음
⋯▸ 오히려 독립 운동이 더 활발해짐.
(국민회의 콜카타 대회에서 4강령 채택)

그림 8-4 인도를 분열시킬 목적으로 실시한 벵골 분할령

회사에 떠넘긴 뒤, 통치 능력에 한계가 있었다며 동인도 회사를 해산함과 동시에 형태만 남아 있던 무굴 제국을 멸망시키고, 영국이 직접 통치하는 형태로 바꾸었다. 그리고 빅토리아 여왕이 인도 황제에 즉위하는 형식으로 '인도 제국'을 수립했다.

인도를 '가장 중요한 식민지'로 생각한 영국은 동인도 회사의 통치 실패를 두 번 다시 반복하지 않고자 관료조직과 사법 제도를 정비해 구석구석 통치할 수 있는 체제를 갖추었다.

 '가스 빼기'에 실패해 불만이 팽배

인도 제국이 수립되자 인도에서는 영국에 대한 불만이 점점 커졌다. '식민지'를 많이 상대해온 영국으로서는 충분히 '예상 가능한' 상황이었다. 이에 당장 인도 국민회의를 조직했다. 연 4회 정도 개최하는 회의를 통해 인도인의 불만을 파악하는 동시에 인도인 엘리트층을 식민지 지배를 위한 협력자로 끌어들이고자 한 것이다.

그러나 상황은 일을 '온건하게' 처리하고자 한 영국의 속셈대로 풀리지 않았다. 틸라크라는 급진주의자가 지도자로 나서서 자치와 독립을 호소하자 국민회의는 급속히 반영(反英) 항쟁의 성격이 강해졌다.

반영 감정과 독립, 자치에 대한 요구가 강해지자, 영국은 인도의 종교 구성에 주목해 '내부 분열'을 획책하여 불만을 다른 곳으로 돌리려고 했다.

일단 독립 운동이 가장 격렬하게 전개되었던 벵골 주에 벵골 분할령을 내려 이 지역을 동서로 나누었다. 그런 다음 이슬람교도가 다수인 '동벵골'의 자치를 인정했고, 이를 통해 이슬람교도의 환심을 사서 영국에 우호적인 주로 만들려고 했다. 그러자 세력이 약해질 수밖에 없는 힌두교 중심의 독립 운동 세력이 반발하고 나섰다.

 '분열'을 일으켜 불만을 다른 곳으로 돌리려고 한 영국

속셈이 훤히 들여다보이는 영국의 '분열 작전'에 반영 투쟁의 열기는 한층 더 뜨거워졌다.

콜카타에서 열린 인도 국민회의에서는 영국 상품 배척, 스와데시(국산품 애용), 민족 교육, 스와라지(완전 자치)(영국 상품을 사지 말고 국산품을 애용해 국내 산업을 지키자. 그리고 민족의식을 고양하고 독립을 쟁취하자)라는 '4대 강령'을 정하고 민족 운동을 활발히 펼쳤다.

국민회의파가 서슴없이 독립을 부르짖자, 영국은 당초의 '분열 작전'을 숨기려고 하지도 않고 당당하게 추진했다. 예를 들면 이슬람교도를 지원해 전(全) 인도 무슬림 연맹을 결성하게 한 뒤, 힌두교도와 마찰을 빚게 하고 인도를 둘로 쪼개려고 하는 식이었다.

이 작전으로 말미암아 인도는 '반영 성향의 힌두교도 중심 인도 국민회의파'와 '친영 성향의 이슬람교도 중심 전 인도 무슬림 연맹파'로 분열되었다.

이런 분열은 지금도 이어지고 있는 인도와 파키스탄 간 대립의 원인이기도 하다.

약속을 무시한 영국에
불복종으로 맞선 인도

 약속을 깨고 탄압하는 영국

세계는 제1차 세계대전에 돌입했다. 전쟁에 이기기 위해서라면 '무슨 짓이든 해야 했던' 영국은 인도의 힘도 빌리려고 했다. 그래서 전쟁 후의 자치를 약속할 테니 전쟁에 협력하라고 요구했다. 인도는 '독립을 위해' 수많은 병사들을 유럽에 파견했다(제1차 세계대전 당시의 사진을 보면 터번을 두른 인도인 병사들이 여러 장면에 등장한다).

제1차 세계대전은 인도의 협력 덕분에 영국의 승리로 끝났다. 그러나 영국은 '전쟁에 협력한 이상 약속대로 자치를 얻을 수 있겠다'고 생각한 인도인들을 도리어 탄압했다. 롤럿 법을 제정해 인도인을 영장 없이 체포하고 재판 없이 투옥할 수 있게 함으로써 민족 운동을 한층 억압한 것이다.

인도인들이 이 법에 대한 항의 시위를 벌이자 영국군은 발포로 대응했고, 이로 인해 1,500명이 넘는 사상자가 발생했다(암리차르 학살 사건). 영국의 배신에 인도인의 분노는 정점에 달했다.

 "위대한 영혼" 간디의 등장

이때 등장한 인물이 인도인들에게 '위대한 영혼(마하트마)'이라고 칭송받는 **간디**였다. 제1차 세계대전 때는 자치를 약속한다는 영국의 말을 믿고 영국군 지원 운동을 펼치던 인물이었다.

영국의 배신이 드러나자 간디는 '영국에 대한 협력은 독립과 무관하다'는 사실을 뼈저리게 깨닫고 '영국에는 "불복종"의 태도로 임해야 한다'는 생각을 굳히게 되었다.

그리하여 인도의 완전한 독립 푸르나 스와라지를 요구하며 비폭력, 불복종 운동을 전개했다.

당시 이 운동을 찍은 영상에서는 몽둥이와 총을 든 경찰에게 무지막지하게 맞으면서도 절대 맞받아치지 않고 고집스럽게 독립을 주장하며 영국 제품의 불매 운동을 이어가는 인도 사람들의 모습을 볼 수 있다.

그런 간디의 '비폭력, 불복종'을 상징하는 대규모 행군이 '소금 행진'이었다. 당시 인도에서 소금은 영국의 독점 판매 상품이어서 함부로 소금을 생산하는 행위는 법으로 금지되어 있었다.

누구나 만들 수 있는 생활필수품조차도 착취의 수단으로 전락한 상황에 의문을 품은 간디는 400킬로미터나 떨어진 해안까지 도보로 행진하며 인도인이 직접 소금을 생산하자고 호소했다.

'우리의 생활을 위해 영국 법을 당당히 깨부수자!'라는 간디의 주장에 공감한 사람들이 차츰 행진에 가담했고, 시위대의 규모는 수천 명으로 늘어났다. 다 찢어진 넝마를 걸치고 그저 '걷는 행위'만으로 저항을 대신하는 모습은 그야말로 간디의 '비폭력, 불복종'을 가장 명확하게 보여주는 것이었다.

그렇게 해안에 도달한 간디 일행은 바닷물을 끓여 한 줌의 소금을 만들고 '이 소금이 영국을 뒤흔들 것이다!'라는 말을 했다고 전해진다. 간디는 행진에 신문 기자의 동행을 허락하여 전 세계에 사실을 보도하게끔 했다. 참으로 영리한 선택이었다.

소금 행진을 계기로 전 세계의 이목이 인도에 집중되었고, 간디의 투옥이나 몽둥이로 폭행을 당하는 인도인들의 모습이 보도될 때마다 영국 국내에서도 간디를 동정하는 여론이 형성됨과 동시에 영국 식민주의에 대한 비판이 거세졌다.

 영국의 타협안을 인도가 거부하다

여론의 압력과 세계 공황으로 인한 경기 침체로 여러모로 난처해진 영국은 인도에 한발 물러서 타협안을 제시했다.

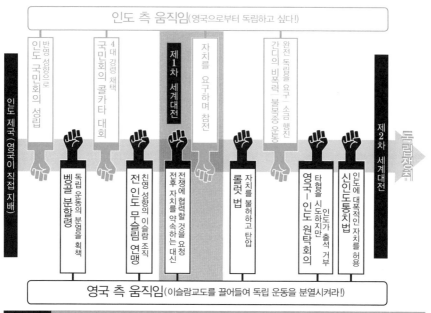

그림 8-5 인도가 독립하기까지의 흐름

 자치 권한을 주겠다며 영국–인도 원탁회의를 열어 타협하자고 제안한 것이다. 그러나 인도 국민회의파는 '우리의 요구는 자치가 아니라 완전한 독립이다!'라며 거부했다. 당황한 영국은 다시 타협안을 냈지만, 완전 독립과는 거리가 먼 내용이었다(신인도통치법). 세계 공황으로 인해 경제적으로 곤란했던 영국에게 인도는 수익을 지탱하는 소중한 식민지였기 때문에 인도가 말을 듣지 않으면 영국은 당장 곤란해질 것이 뻔했다. 그러니 영국은 어떻게 해서든 '인도가 완전히 멀어지지 않을 정도의 자치'를 주는 선에서 해결해야 했다.

 영국은 타협과 함께 또 한번 인도의 종교적 분열을 획책하는 '분열 작전'을 병행했다. 그 결과 친영 성향의 이슬람교도와 반영 성향의 힌두교도의 종교적 대립은 더욱 심해졌다.

 인도는 제2차 세계대전 후 독립할 때까지도 이런 갈등 상황을 그대로 가지고 있었다.

제9장

근대 중국

제9장 근대 중국

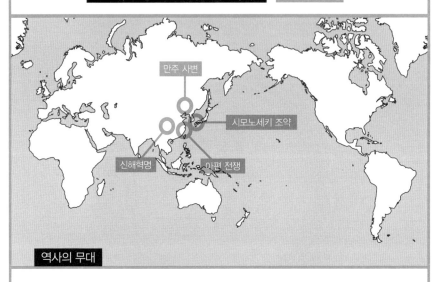

만주 사변

시모노세키 조약

신해혁명

아편 전쟁

역사의 무대

청 왕조가 쇠퇴하고
새로운 혁명 세력이 대두

   제9장의 주인공은 중국의 마지막 왕조인 청 왕조와 청이 무너진 뒤에 성립한 중화민국이다.

   청 왕조의 전반기에는 명군이 많아 나라가 융성했으나, 후반기로 갈수록 쇠락했다. 이 시기에는 서양 세계가 제국주의 침략을 시작한 시기와 정확하게 겹치면서 청이 외세의 압력에 시달리기도 했다.

   내부에서 여러 번 개혁 운동이 일어났지만, 황제의 지배라는 근본적 부분에 변화가 없었기 때문에 개혁은 모두 흐지부지 끝나고 말았다.

   최종적으로는 청 왕조의 타도와 근대화, 민주화를 부르짖은 혁명 세력이 새로운 중국을 탄생시켰다.

아편 전쟁

태평천국 운동   애로호 사건

양무 운동

청일 전쟁   (일본)

(서양)   중국 분할 가속화

변법자강 운동

의화단 운동

신해혁명

제1차 세계대전

문학 혁명

공산당 성립   제1차 국공 합작   국민당 성립

국공 내전

만주 사변

중일 전쟁

제2차 국공 합작

제2차 세계대전

제9장

근대 중국

'차'를 찾아서 중국으로 간 영국

🏛 영국에서 중국 차가 인기 절정!

영국은 세계에서 가장 먼저 산업 혁명에 성공하고 무역로를 넓혔다. 그 덕분에 머나먼 동방의 나라 중국(청 왕조)의 물건들이 영국으로 유입될 수 있었다.

도자기와 생사(生絲)도 인기가 많았지만, 독특한 향과 풍미가 있는 중국 홍차는 특히 인기가 많았다. 급기야 영국 전역에 차를 마시는 풍습이 퍼졌고, 중국과의 무역 중 90퍼센트 이상을 차 수입액이 차지하게 되었다(차는 상류층의 습관이기도 했지만, 자본가들이 노동자의 노동 효율을 높이기 위해 카페인이 함유된 차를 마시도록 적극적으로 권장함으로써 사회 전 계층에 차를 마시는 풍습이 생겼다).

한편 중국은 청의 건륭제 시대에 무역 제한령을 내려 대외 무역항을 광저우한 곳으로 한정하고 공행이라는 조직에 대외 무역 독점권을 부여했다. 영국 상인이 차를 살 때에도 공행에서 사야 했으므로 공행이 찻값으로 아무리 횡포를 부려도 받아들일 수밖에 없었다. 공행은 찻값을 은으로 받았는데, 이로 인해 영국에서 중국으로 유출되는 은의 양은 갈수록 늘어났다.

문제가 있다고 판단한 영국 측은 공행 외의 상인에게서 차를 자유롭게 살 수 있게 해달라고 요청했다. 그러나 청은 '무역을 허락한 것만 해도 황제의 온정인데 불만이 있다니 그 무슨 불손한 태도냐!'라며 일축했다.

🏛 차를 사려고 아편을 판 영국

이런 상황에서 영국은 인도산 마약인 아편을 중국에 수출하고, 지급에 사용한 은은 인도를 경유해 회수하는 삼각 무역을 시작했다.

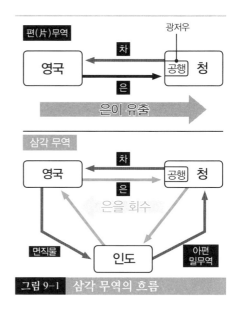

아편은 중독성과 금단 증상이 특히 강한 마약이었다. 중국 사회는 황족부터 관료, 민간에 이르기까지 순식간에 "마약에 중독되었고," 아편 수입은 점점 늘어나 이번에는 중국에서 영국으로 대량의 은이 유출되는 지경에 이르게 되었다.

당황한 청은 아편 무역을 금지했지만, 이미 아편에 중독된 관료들이 상인들과 결탁해 대량의 밀수입을 시도했다. 그대로 두었다가는 전 국민이 아편에 중독되고, 은이 대량 유출되어 왕조의 존속도 장담할 수 없었다. 이때, 초조해진 청 왕조 내부에서 **임칙서**라는 인물이 나섰다.

임칙서는 황제의 특명을 받아 지체 없이 아편 무역의 단속을 감행했다. 군대를 동원해 아편을 들여오는 영국인 거주 구역을 에워싼 뒤, 2만 상자나 되는 대량의 아편을 몰수해 폐기했다.

청의 군대가 자국민들의 거주 구역을 둘러싸고 압박했다는 이유를 들어 영국은 아편 전쟁을 일으켰다. 전쟁은 해군력에서 청을 압도하는 영국의 일방적인 승리로 끝났고, 영국은 청에 난징 조약을 맺게 했다. 이로 인해 홍콩 섬이 영국의 수중에 넘어갔고, 차를 독점 판매하던 공행이 폐지되어 상인들끼리 자유롭게 거래할 수 있게 되었다.

또 광저우 한군데로 제한되어 있던 무역항이 상하이, 샤먼 등의 5개 항구로 늘어났다. 그리하여 영국은 가장 싼 가격을 제시한 상인에게서 차를 살 수 있게 되었다. 나아가 추가 조약들을 차례로 체결하는 과정에서 치외법권, 협정 관세 등의 추가 사항들이 더해져 난징 조약은 차츰 '불평등 조약'이 되어갔다.

제9장

근대 중국

안팎에서 일어나는 전쟁, 속수무책의 청나라

🏛 이권 확대에 박차를 가하는 영국

아편 전쟁에 승리한 영국은 난징 조약에 만족하지 않았다.

중국 남부의 5개 항구를 개항했지만, 중국의 최대 소비 시장인 베이징 주변의 항구는 개항되지 않았다. 게다가 영국이 정말 팔고 싶은 물건은 인도에서 밀수하던 '아편'이 아니라 산업 혁명을 통해 대량 생산하던 주력 상품인 '면직물'이었기 때문이다.

영국은 더 많은 돈을 벌려면 전쟁을 일으켜 무역항을 더 많이 개항하게 만든 다음, 자유롭게 장사를 할 수 있어야 한다고 생각했다.

바로 그때 애로 호 사건이 발생했다.

어느 날, '애로 호'라는 영국 배를 가장한 중국인 해적선이 광저우 앞바다에 정박해 있었다. 그 정보를 입수한 청의 관리가 단속을 하려고 애로 호를 덮쳤더니 예상대로 중국인 해적들이 있었다. 관리는 그들을 체포했고 사건은 일단락되는 듯했다. 그런데 배를 덮칠 때 해적들이 위장을 위해 사용했던 영국 국기를 청의 관리가 끌어내려 바다에 버린 사실이 불거졌다.

영국은 이를 자국에 대한 모욕이라고 주장하며 프랑스를 끌어들여 전쟁을 일으켰다. 이것이 바로 제2차 아편 전쟁이다.

영국, 프랑스 연합군에 맞서 싸우던 청의 군대는 항복했고, 톈진 조약을 통해 정전이 성립되었다. 이 조약을 본국에 승인받기 위해 영국과 프랑스 군대가 귀국한 사이, 청 내부에서는 이 조약에 반대하는 세력이 철저히 싸울 것을 주장하기 시작했다.

그리하여 영국, 프랑스 군대가 조약의 최종 확인을 위해 청을 다시 방문했

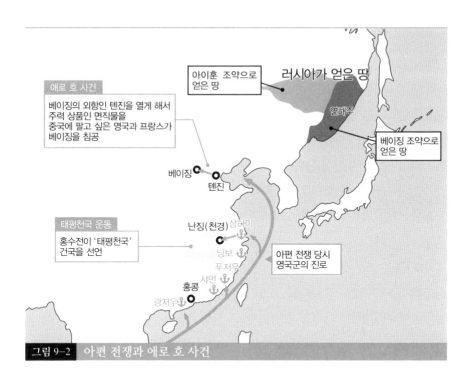

아이훈 조약으로 얻은 땅

러시아가 얻은 땅

연해주

베이징 조약으로 얻은 땅

애로 호 사건

베이징의 외항인 톈진을 열게 해서 주력 상품인 면직물을 중국에 팔고 싶은 영국과 프랑스가 베이징을 침공

베이징

톈진

태평천국 운동

난징(천경) 상하이

홍수전이 '태평천국' 건국을 선언

닝보

푸저우

아편 전쟁 당시 영국군의 진로

샤먼

홍콩

광저우

그림 9-2 아편 전쟁과 애로 호 사건

을 때 사건이 터졌다. 청의 군대가 톈진 항에서 영국, 프랑스 함대를 포격한 것이다.

정전에 돌입한다는 조약을 확인하러 왔는데 갑자기 포격을 퍼붓는 배신 행위에 격분한 영국, 프랑스 군대는 베이징까지 침공해 청 황제의 별궁이었던 원명원을 부수고 약탈했다.

견딜 수 없었던 청은 러시아에 중재를 부탁했고, 베이징 조약을 체결함으로써 재차 정전에 들어갔다. 그러나 체결 중이던 조약을 휴짓조각으로 만들었던 대가는 컸다. 청나라 정부는 주룽 반도 남부 할양(홍콩 섬 건너편에 해당), 톈진 등 11개 항 개항, 아편 무역 공인, 그리고 외국인의 중국 여행 자유 등을 수용했다. 이로써 영국은 중국 어디에서나 자유롭게 장사를 할 수 있게 되었고, 아편도 원하는 만큼 반입할 수 있게 되었다.

그 결과 중국의 은은 영국으로 더 많이 유출되었고, 중재자 역할을 한 러시아도 요구한 대로 블라디보스토크 주변의 연해주를 챙겼다.

아편 무역 공인, 개항 등으로 인해 중국의 은은 영국으로 마구 빠져나갔다. 고통은 중국 민중의 몫이었다. 당시 민중은 은으로 세금을 납부했다. 중국의 은은 끊임없이 영국으로 흘러갔고, 시중에서는 구하기조차 어려운 상황에서 은으로 세금을 낸다는 것은 실질적인 증세나 다름없었다.

민중이 고난에 신음하던 중, **홍수전**이라는 인물이 등장했다. '배상제회(拜上帝會)'라는 기독교 결사의 일원이었던 홍수전은 빈농과 실업자를 흡수해 청을 무너뜨리고 새로운 국가 태평천국을 세우자고 주장하며 병사를 일으켰다. 그가 내세운 것은 멸만흥한이었다. '만주족'이 세운 청의 외교와 세제에 불만을 가진 민중이 새로 '한족'의 나라를 일으키자는 의미였다. 불만에 찬 민중이 대거 태평천국에 가담했고, 난징을 점령한 뒤 그곳을 수도 '천경'으로 삼아 건국을 선언했다.

이런 대규모 반란에 청의 정규군은 각지에서 태평천국군에게 속수무책으로 격파당했다. 태평천국군을 제압하고 청 왕조를 위기에서 구한 것은 **증국번**, **이홍장** 같은 지방 유력자들이 조직한 의용군과 영국, 미국 등 서양인으로 구성된 상승군이라는 군대였다. 영국은 애로 호 사건 때 청을 상대로 전쟁을 치렀지만, 이때는 청 왕조를 돕게 되는 묘한 상황이 벌어졌다. 그러나 사정을 알고 보면 어차피 불평등 조약을 맺은 상대이니 멸망하게 두지 않고 '살리지도, 죽이지도 않은 채' 최대한의 이익을 짜내려는 것이 속셈이었다.

🏛 근대화를 위한 개혁

증국번과 이홍장은 아편 전쟁과 애로 호 사건, 그리고 태평천국 운동 같은 일련의 전투 상황 속에서 영국과 프랑스, 미국을 지척에서 경험하며 선진국의 근대 장비가 가진 위력에 놀라움과 부러움을 동시에 느꼈던 것 같다. 그 영향으로 양무 운동이라는 근대화 운동을 전개하면서 무기 공장을 짓고 광산을 개발하는 등 군사적인 측면의 준비에 적극적으로 힘을 쏟았다.

부실한 국력이 들통난 청, 반(半)식민지의 길에 들어서다

🏛 '한 수 아래' 일본에 패배

　그러나 양무 운동은 청일 전쟁에서의 패배라는 결과로 인해 실패한 운동이었음이 드러났다.

　당시 일본은 한반도를 노리고 있었다. 그런데 조선은 청과 예속관계였기 때문에 일본이 조선에 압력을 가하면 가할수록 조선은 청에게 의지했다. 일본은 조선을 온갖 조약으로 엮어 식민지로 만들고자 했지만, 청이 매번 개입하고 방해했다. 그 결과로 일어난 전쟁이 청일 전쟁이다. 조선과 청의 관계를 끊고 조선과 단독으로 조약을 맺으려는 일본과 청이 격돌한 것이다.

　전쟁은 일본의 압도적 우세 속에 치러졌다. 무기 수준은 양국이 비슷했지만, 군대의 질적 수준은 일본이 압도적으로 우세했기 때문이다.

　메이지 유신을 경험한 일본은 헌법과 의회, 교육의 성과를 얻어 '국민 국가'를 수립했고, '우리는 일본인이며 국가를 대표해 싸운다'는 의식이 병사들 사이에 자리 잡고 있었다.

　청의 군대도 양무 운동을 전개하면서 일본에 뒤지지 않을 정도의 군사력은 갖추었지만, 강한 독재권을 휘두르는 황제 밑에서 관료들이 일방적으로 국민을 지배하는 체제였기 때문에 '명령을 받았으니 싸울 뿐'인 병사들의 전투 의욕은 매우 낮았다.

　청일 전쟁이 끝나고 체결한 시모노세키 조약에는 조선이 자주국이라는 점(일본이 원하는 대로 조선과 청의 관계를 부인), 타이완과 랴오둥 반도의 할양, 배상금 지급 등에 관한 내용이 들어 있었다(랴오둥 반도는 '삼국 간섭'으로 인해 청에 반환되었다).

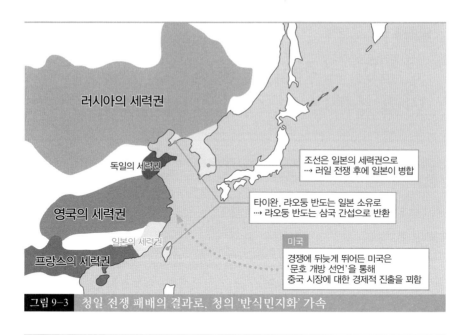

러시아의 세력권

독일의 세력권

영국의 세력권

프랑스의 세력권

일본의 세력권

조선은 일본의 세력권으로
⋯▶ 러일 전쟁 후에 일본이 병합

타이완, 랴오둥 반도는 일본 소유로
⋯▶ 랴오둥 반도는 삼국 간섭으로 반환

미국

경쟁에 뒤늦게 뛰어든 미국은
'문호 개방 선언'을 통해
중국 시장에 대한 경제적 진출을 꾀함

그림 9-3 청일 전쟁 패배의 결과로, 청의 '반식민지화' 가속

약점이 잡혀 반식민지 상태로

청일 전쟁에서 청이 일본에 패하자 청을 보는 세계 열강의 눈이 달라졌다. 청은 뭐니 뭐니 해도 유라시아 대륙의 동부를 장악한 대국이었고, 마음먹고 싸우면 상대에게 큰 타격을 입힐 '잠자는 사자'라는 것이 기존의 시각이었다. 그러나 청보다 한 수 아래로 평가되던 일본이 청에 완승함으로써 순식간에 청이라는 나라의 부실함이 만천하에 들통나고 말았다.

그때부터 세계 열강은 아무 망설임 없이 청을 침략했다. 조차지를 만들었고, 거주 구역의 지배권을 강화했으며, 철도를 부설하고 광산을 채굴하는 등의 경제 활동을 했다. 각국은 자신들의 세력 범위를 지속적으로 확대해서 청을 '반식민지'로 만들었다.

남북 전쟁과 미국—스페인 전쟁의 장기화로 중국 분할 경쟁에 뒤늦게 뛰어든 미국의 경우, 공개적으로 문호 개방 선언을 하고 세계 열강이 중국을 완전한 식민지로 만들기 직전에 제동을 걸었다. 이는 각국의 기회균등을 주장하는 내용이었는데, 중국 시장에 대한 경제적 진출을 노린 행위였다.

근대화를 거부한 청,
마침내 무너지다

 묵살당한 개혁

치열하게 각축전을 벌이던 세계 열강이 중국 전역을 '반식민지'로 만들어버리는 사태를 맞고 나서야 청은 겨우 무거운 몸을 움직이기 시작했다. 이름하여 변법자강 운동이었다. 변법자강 운동은 황제의 독재를 갈아엎고 헌법을 제정하자는 목표를 내세운 정치 개혁이었다. 이는 일본의 메이지 유신을 본뜬 것으로, 중국도 "몸과 마음을" 완전히 근대화하자는 시도였다.

그러나 이 개혁도 실패했다. '황제의 독재가 끝나면 우리의 권위도 떨어진다'고 생각한 황제의 '측근들'과 황제의 숙모인 **서태후**가 개혁을 좌절시켰기 때문이다.

베이징을 빼앗기고 곤경에 처한 청

상황은 엎치락뒤치락했다. 종교 결사 의화단을 주축으로 한 세력은 강대국들이 중국을 반식민지로 만드는 것을 보고 외국인을 몰아내자고 주장하며 대규모 반란을 일으켰다. 그들은 '청을 돕고 서양을 물리치자'라는 의미의 부청멸양을 부르짖었다. 민중이 직접 외국 세력을 몰아내준다면 청 왕조로서는 더없이 반가운 일이었다. 서태후는 의화단의 힘을 빌려 열강을 몰아내겠다고 각국에 선전포고했지만, 영국, 러시아, 일본 등 8개국이 출병하면서 혹을 떼려다 도리어 혹을 붙이는 꼴이 되고 말았다. 수도 베이징과 자금성을 점령당한데다가 막대한 배상금, 외국 군대의 베이징 주둔을 수용해야 하는 그야말로 가혹한 베이징 의정서를 체결하게 된 것이다. 이로써 청은 '변법자강 운동'이라는 개혁의 기회를 제 손으로 망친 뒤 열강을 상대로 전쟁까지 벌이다가 결국은 패하고 감당하기 어려운 조약을 체결해야 하는 곤경에 처하고 말았다.

여기서 **쑨원**이라는 인물이 등장한다. 그는 하와이와 영국령 홍콩, 일본 등 해외에서 오랜 기간 머물면서 국제 감각을 익힌 인물이었다. 청 왕조의 일련의 행보를 해외에서 객관적으로 볼 수 있었던 쑨원은 **중국을 구하려면 청 왕조를 무너뜨리고 새로운 민주주의 국가를 수립해야 한다**고 생각했다. 그리하여 도쿄에서 혁명조직인 중국동맹회를 조직했다.

청에 불만을 품은 쓰촨 성의 토착 자본가들을 중심으로 폭동(쓰촨 폭동)이 일어나자, 중국동맹회의 후원을 받은 혁명파는 이 폭동을 청 왕조 타도의 기회라고 판단했다. 그리하여 이들은 우창이라는 도시에서 봉기해 청 왕조로부터의 독립을 선언했다.

중국동맹회와 연관이 있었던 다른 조직들도 차례로 이 봉기에 가담해 각 성에서 독립 선언을 연달아 내놓았다. 미국에서 중국 국내의 혁명 소식을 알게된 쑨원은 당장 중국으로 돌아와 열광적인 민중의 환영을 받았다.

쑨원은 공화정 중화민국의 건국을 선언하고 임시 대총통에 취임했다. 이렇게 청이 무너지고 중화민국이 성립하기까지의 일련의 움직임을 신해혁명이라고 한다.

한편 청 왕조는 정변의 회오리 속에서 실각했던 군의 실력자 **위안스카이**를 기용해 군권을 주고 중화민국을 타도하고자 했다. 그러나 위안스카이는 쑨원 세력과 비밀리에 연락을 주고받으며 중화민국의 임시 대총통 취임을 약속받았고, 결국 청을 배신하고 군대를 베이징으로 돌려 청의 황제 **선통제**에게 퇴위를 강요했다. 군의 실력자가 왕조를 배신하고 중화민국의 수장이 되어 퇴위를 강요하니 청 왕조는 어찌할 도리가 없었다. 선통제는 물러났고 청은 멸망했다.

중화민국의 일인자가 된 위안스카이는 독재를 강화하고 스스로 황제가 되려고 획책했다. '황제가 없는 중국'을 바랐던 민중은 위안스카이의 움직임에 실망했고, 지방 유력자들은 차례로 위안스카이에 대한 기대를 버리고 반란을 일으켰다. 고립된 위안스카이는 쓸쓸히 병사했다. 이때부터 중국은 반란을 일으킨 지역 유력자(군벌)들이 서로 싸우는 새로운 '전국 시대'에 돌입한다.

국민당과 공산당, 2대 세력의 탄생

🏛 제1차 세계대전 후 한층 거세진 일본의 기세

청이 무너지고 2년 후, 제1차 세계대전이 발발했다. 이에 중국에 들어와 있던 유럽 강대국들은 유럽에서 일어난 전쟁에 집중하느라 중국에 대한 압박을 다소 늦추게 되었다.

그러나 이번에는 일본이 기세 좋게 중국을 넘보기 시작했다.

이런 상황 속에서 베이징 대학 학생들이 주축이 된 운동이 활발하게 일어났다. 학생들은 위안스카이의 황제 취임 및 일본이 위안스카이 정부에 들이밀었던 21개조 요구에 대한 강한 반발심을 원동력 삼아서 학생 운동을 전개했다.

그들의 사상적 배경은 문학 혁명이었다. 문학 혁명은 잡지 『신청년』의 **천두슈**, 작가 후스와 루쉰 등이 '어른들 말씀에 얌전히 따르라'는 유교의 도덕을 비판하고, 젊은 지식인들이 '청년의 힘으로 새로운 중국을 만들자'는 메시지를 담은 문학을 발표한 데에서 자극을 받은 사상 개혁 운동이었다.

일본이 중국에 내밀었던 '21개조 요구'는 랴오둥 반도와 산둥 반도에서 일본의 이권을 늘리기 위한 것이었다. 공공연하게 압력을 가하면서 일방적으로 권익을 '내놓으라!'고 윽박지르는 모양새가 중국인에게는 굴욕적으로 받아들여졌다.

이런 상황에서 세계 열강은 제1차 세계대전 후 열린 파리 강화 회의에서 일본의 '21개조 요구'를 승인했다. 그 결과, 베이징 대학의 학생들을 중심으로 파리 강화 회의를 반대하고 항일을 호소하는 시위가 일어났다. 중국 전역으로 퍼진 이 운동은 시작된 날짜를 따서 5-4 운동이라고 부른다.

5-4 운동으로 민심이 크게 끓어오른 데다가 러시아 혁명의 영향까지 받아 두 개의 정당이 만들어졌다. 하나는 쑨원이 주축이 되어 창설한 민주주의 정당인 중국 국민당, 또 하나는 사회주의 정당인 중국 공산당이었다. 중국 공산당은 중국에 사회주의를 소개한 천두슈와 리다자오 등이 주축을 이루었고, 중국에 소련과 같은 사회주의 국가를 건설하려고 했다.

지식인과 자본가가 중심인 국민당과 가난한 노동자와 농민이 중심인 공산당은 정당의 성격이 크게 달랐다. 그러나 중국 북부에서는 군벌이 '전국 시대'를 방불케 하는 전투를 계속하고 있었고, 그런 상황이 지속되면 열강(특히 일본)에 중국 침략의 기회를 줄 것이 뻔했기 때문에 국민당과 공산당은 군벌 타도를 위해 손을 잡게 되었다(제1차 국공 합작).

그러나 국공 합작은 별안간 붕괴되었다. 군벌을 치기 위한 '북벌군'의 사령관이었던 **장제스**가 공산당 진영을 공격한 사건으로 인해 국민당과 공산당이 갈라섰기 때문이다(상하이 쿠데타). 그후 장제스는 국민당 군대를 이끌고 차례로 군벌을 무찔렀고, 마침내 베이징에 입성하여 북벌을 완료하고 국민당에 의한 중국 통일을 선언했다.

한편 북벌로 인해 베이징에서 쫓겨난 군벌 중에 일본에게 지원을 받던 군벌 **장쭤린**이라는 인물이 있었다. 북벌군에 밀려 베이징을 잃은 장쭤린은 자신의 근거지인 만주로 돌아가던 도중, 만주의 일본군(관동군)의 열차 폭파로 살해당했다. 이 사건은 북벌군이 만주에 이르기 전에 장쭤린을 폭살해 만주를 '공석'으로 비워둠으로써 일본의 만주 공략을 용이하게 하기 위한 것이었다.

한편 상하이 쿠데타를 거치며 국민당에 밀려난 뒤, 공산당은 루이진이라는 도시에 거점을 마련해 사회주의 혁명의 시기를 가늠하고 있었다. 공산당에 대한 국민당의 압박은 계속되었고, 이는 두 정당 사이의 내전으로 이어졌다.

일본의 등장에
똘똘 뭉친 경쟁자들

🏛 만주국 수립으로 일본의 중국 침략 본격화

이때부터는 두 가지 상황이 동시에 일어난다. 하나는 일본의 대륙 침략, 또 하나는 중국 내부에서 일어난 국민당과 공산당의 투쟁이다.

만주에 체류하던 일본군인 관동군은 류탸오후라는 호수 근처에서 일본이 운영하던 남만주 철도를 직접 폭파한 뒤, 그것이 중국군의 소행이라고 주장하며 군사 행동을 일으키고 만주를 점령했다(만주 사변).

그후, 일본은 청의 마지막 황제(선통제)였던 **푸이**를 집정이라는 자리에 앉히고 일본의 종속국인 만주국의 건국을 선언했다. 이런 군사 행동은 일본의 잘못이라는 중국의 호소에 국제 연맹은 리튼 조사단을 파견했다. 국제 연맹은 일본의 잘못을 지적하며 만주국을 인정하지 않았다. 그러자 일본은 국제 연맹에서 탈퇴해버렸다.

🏛 국민당에 쫓겨 다닌 공산당

한편 중국 내부에서 일어났던 국민당과 공산당의 투쟁은 새로운 국면을 맞았다. 난징 국민정부(국민당의 정부)는 만주 사변에 대한 대응보다 일단은 내부의 적인 공산당 세력의 타도를 우선시하며 공산당의 근거지인 루이진을 치밀하게 포위 공격했다. 공산당은 끝내 루이진을 포기하고 국민당의 공격 속에서 새로운 거점을 찾아 옮겨 다니며 전투를 계속했다.

그들의 행군은 도합 1만2,500킬로미터에 이르는 대장정이었다. 국민당의 추격을 받으며 험한 길을 옮겨 다니는 사이, 당초 10만 명이었던 병력은 1만 명도 채 되지 않을 정도로 줄어들었다. 극도의 사투 끝에 공산당은 옌안이라는

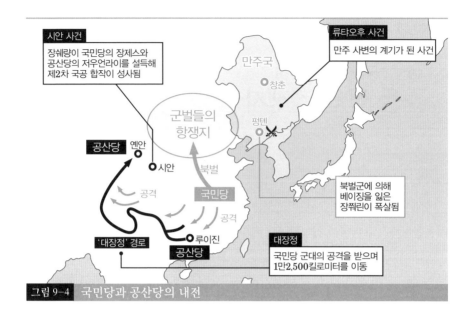

시안 사건
장쉐량이 국민당의 장제스와 공산당의 저우언라이를 설득해 제2차 국공 합작이 성사됨

류탸오후 사건
만주 사변의 계기가 된 사건

만주국

창춘

군벌들의 항쟁지

공산당 옌안

시안 북벌

공격 국민당

펑톈

공격

'대장정' 경로 루이진

공산당

북벌군에 의해 베이징을 잃은 장쭤린이 폭살됨

대장정
국민당 군대의 공격을 받으며 1만2,500킬로미터를 이동

그림 9-4 국민당과 공산당의 내전

도시에 본거지를 정했다.

다시 손잡은 국민당과 공산당

그토록 격전을 벌이던 국민당과 공산당은 제2차 국공 합작을 성사시킨다. 시안에 체류 중이던 장쭤린의 아들 **장쉐량**이 자신을 찾아온 장제스를 덮쳐 감금한 뒤, 공산당의 저우언라이까지 시안으로 불러들여 억지로 손을 맞잡게 한 것이다(시안 사건). 장쉐량이 두 사람에게 호소한 내용은 '지금 당장 협력관계를 맺어 일본에 대항해야 한다'는 것이었다. 부친인 장쭤린을 잃고 근거지인 만주를 일본에 빼앗긴 장쉐량으로서는 대륙에 대한 야심을 키워가는 일본이야말로 '진짜 적'이라는 생각이 강했을 것이다.

제2차 국공 합작이 성립된 뒤, 일본에 대항하는 '항일 민족 통일 전선'이 결성되었다. 그리고 루거우차오 사건을 계기로 본격적으로 중국을 침공한 일본은 중일 전쟁을 시작했다. 미국의 지원을 받은 '항일 민족 통일 전선'의 끈질긴 저항으로 일본의 고전 속에 중일 전쟁은 장기화되었다. 전황을 타개하기 위해 일본은 미국에 선전포고를 하고 태평양 전쟁을 일으켰다.

제10장

현대 세계

제10장 현대 세계　큰 줄기

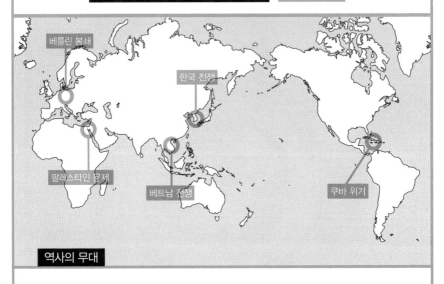

베를린 봉쇄

한국 전쟁

팔레스타인 문제

베트남 전쟁

쿠바 위기

역사의 무대

세계를 양분한
미국과 소련의 대립

　대망의 마지막 장에서는 제2차 세계대전 후의 세계를 다룬다.

　제10장의 주인공은 미국과 소련이다. 그전까지 양국은 세계사 속에서 어찌 보면 '조연' 같은 존재였다. 그러나 제2차 세계대전 이후로는 미국이 자본주의, 소련이 사회주의를 대표하며 세계를 양분했다. 특히 양국은 핵무기를 쥐고 서로를 적대시하며 첨예한 대립을 이어갔다.

　냉전이 종식된 후에는 다양성이 가장 큰 화두로 등장했다. 그런 가운데 세계는 냉전 시대에는 보지 못했던 민족 간의 대립과 새로운 난제에 부딪히게 되었다.

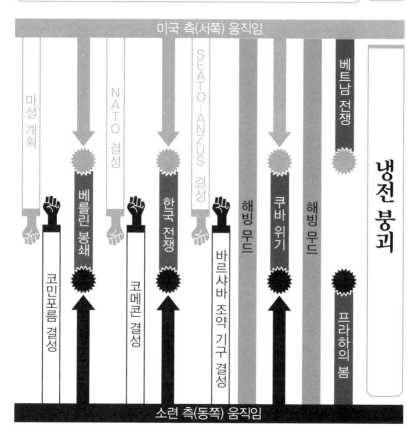

전후 서유럽

EC

EU

전후 동유럽

미국 측(서쪽) 움직임

마셜 계획

NATO 결성

SEATO·ANZUS 결성

베트남 전쟁

냉전 붕괴

베를린 봉쇄

한국 전쟁

해빙 무드

쿠바 위기

해빙 무드

코민포름 결성

코메콘 결성

바르샤바 조약 기구 결성

프라하의 봄

소련 측(동쪽) 움직임

전후 중동

전후 인도

전후 중국

제10장   "현대 세계" 개요도

새로운 국제 질서의 중심은 승전국

 국제 연합은 '승전국의 살롱'

　제2차 세계대전은 이탈리아와 독일의 무조건 항복과 일본의 포츠담 선언 수락으로 종결되었다. 이후 제1차 세계대전에 이어 제2차 세계대전에서도 국토의 대부분이 전쟁터로 변하지 않고도 승전국이 된 미국이 황폐해진 유럽을 대신해 패권을 쥐었다.

　샌프란시스코 회의에 의해서 전후의 국제기구로 국제 연합이 설립되었지만, 전쟁의 종결은 '승전국이 주도하는 세계 질서'의 시작을 의미하는 것이나 마찬가지였다.

　'국제 연합'은 영어로 'United Nations(UN)'라고 표기한다. 이는 세계대전에 참전한 '연합국'을 의미하는 것으로, 제2차 세계대전에 승리한 연합국의 명칭을 그대로 사용한 것이기도 하다.

　그래서 전승국 측의 5대국인 미국, 소련, 영국, 프랑스, 중국(당시에는 '중화민국')은 안전 보장 이사회의 상임 이사국이 되어 거부권이라는 강력한 권한을 누렸지만, 패전국인 일본은 전후 11년간, 이탈리아는 10년간, 독일은 28년간이나 UN에 가입할 수 없었다.

　UN은 평화 유지를 위해 '명분보다는 실리'를 취했다. 국제 연맹이 히틀러와 무솔리니의 군사 행동을 막지 못했다는 점을 반성하며 국제 연맹의 '만장일치 조항 때문에 결정하는 데 시간이 걸리는 점', '군사력을 보유하지 않는 점'의 두 가지 사항을 개선했다. 구체적으로는 '안전 보장 이사회의 11개국(나중에는 15개국)에서 결정이 내려지면 그것이 UN의 결정이다(실제로는 상임 이사국 5개국의 합의만 있으면 결의된 것으로 본다)', '군사 제재에 UN군을 파견할 수 있다'라고 명시해서 의사 결정을 신속하게 하는 동시에 군사력도 갖추도록 했다.

 ## 제2차 세계대전의 종결은 '냉전의 시작'

제2차 세계대전을 치르는 동안 미국과 소련은 협력관계를 구축했다.

그러나 공통의 적인 파시즘 진영을 무너뜨리고 나자 자본주의 국가인 미국과 사회주의 국가인 소련의 정치적 차이가 선명하게 부각되었다.

미국이 원자폭탄을 투하하고 나서 4년이 지났을 때, 소련도 핵무기 보유를 선언했다. 두 강대국은 핵무기의 가공할 위력 때문에 피차 직접적으로 전쟁을 감행하지는 못하고 으르렁대기만 하는 냉전(차가운 전쟁)을 시작했다. 그리고 아군을 늘리고자 경쟁적으로 영향력을 키워나갔다.

 ## 유럽을 끌어들이려 한 미국

먼저 움직인 쪽은 미국이었다. 소련이 유럽 국가들을 사회주의 진영으로 끌어들이자 미국은 유럽 각국에 소련의 영향력이 미치는 것을 저지하기 위해 봉쇄 정책을 펴기 시작했다. 마셜 계획에 따라서 경제 원조를 행하여 돈으로 유럽 각국을 미국 진영으로 끌어오겠다는 속셈이었다.

이에 대항해 소련은 코민포름(국제 공산당 정보기관)을 결성하여 미국의 계획에 넘어가지 않도록 동유럽 공산당의 결속을 다졌다. 그렇게 미국과 소련의 '힘겨루기'가 시작되었다.

그림 10-1 마셜 계획을 둘러싼 대립

미국의 물량,
냉전 제1차전을 제압하다

 사회주의 바다 속 '외딴섬'이 된 서베를린

미국과 소련의 제1차전은 패전으로 연합군의 점령하에 있었던 독일에서 펼쳐졌다. 전후 독일 영토는 넷으로 나뉘어 미국, 영국, 프랑스, 소련 4개국이 점령했다. 수도 베를린 역시 4개국이 분할 점령했다.

미국, 영국, 프랑스가 점령한 지역은 자본주의인 미국 측, 소련이 점령한 지역은 사회주의인 소련 측으로 구분되었다.

그러다 보니 베를린의 서쪽 지역(서베를린)은 소련 측 점령지 속에 외로이 동떨어진 '외딴섬' 같은 형상이 되었다.

먼저 공세를 취한 것은 미국 측이었다. 체코슬로바키아를 사회주의화한 소련이 다음으로 노리는 나라가 독일이라고 생각한 미국 측은 소련의 영향이 독일 전역에 미치기 전에 점령 지역인 서독과 서베를린에 새로운 통화를 발행했다('통화 개혁'). 미국 달러 화를 기축통화로 한 새 통화는 가치가 급등해 동쪽 통화와는 가치의 차이가 크게 벌어졌다.

미국 측 속셈에 분노한 소련은 베를린 봉쇄를 감행했다. 동쪽 점령지 안의 외딴섬인 서베를린으로 통하는 철도와 도로를 차단하고, 동독에서 송전하던 전기도 끊어버린 것이다. 서베를린에는 200만 명이나 되는 시민이 거주하고 있었다. 철도, 도로, 전기 공급이 끊어지자 서베를린은 당장 물자 부족 상태에 빠졌고, 무엇보다도 식량을 걱정해야 했다.

 물량공세가 미국을 승리로 이끌다

소련의 첫 번째 노림수는 이 같은 '보급로 차단' 작전으로 미국 측의 통화 개

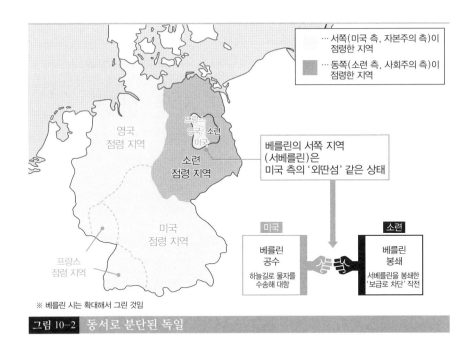

그림 10-2 동서로 분단된 독일

혁을 중단시키는 것이었다. 그리고 힘들어하는 서베를린 시민들이 사회주의 혁명을 일으키고, 이에 미국이 고생하다가 서베를린을 포기하는 시나리오까지 생각하고 있었다.

그러나 미국은 전 세계를 깜짝 놀라게 하는 한 수를 보여주었다. 하늘길을 이용해 200만 명이 먹고 쓸 물자를 전달해서 그들을 배고픔으로부터 구제한 것이다. 수송기가 쉬지 않고 서베를린 공항에 착륙해 물자를 공급한 결과, 베를린 시민은 약 1년 동안 무사히 지낼 수 있었다(베를린 공수). 압도적인 물량공세 앞에 소련의 의도는 산산이 조각났고 국제적인 비난까지 쏟아졌다. 그 결과 소련은 봉쇄를 해제할 수밖에 없었으며 '미국과 소련의 힘겨루기'는 미국의 승리로 끝났다.

베를린 봉쇄 이후 독일의 분열은 불 보듯 뻔한 상황이 되었고, 서독과 동독은 완전히 별개의 나라로 분단되었다. 이후 미국 측은 NATO(북대서양 조약 기구)라는 군사 기구를, 소련 측은 코메콘(경제 상호 원조 회의)이라는 경제조직을 설립해 각 진영의 기반을 다졌다.

냉전 제2차전, 아시아에서 벌어진 '뜨거운 전쟁'

 ## 한반도 전역이 전쟁터로

'냉전'이라는 이름으로 부르지만, 이 기간에 아시아에서는 동서 진영의 군사 충돌을 동반한 '뜨거운 전쟁'이 종종 발생했다. 그 '뜨거운 전쟁' 중의 하나인 한국 전쟁은 베를린 봉쇄에 뒤이은 미국과 소련 대립의 제2차전이었다.

일본에 병합되었던 한반도는 제2차 세계대전이 끝난 후의 독일처럼 북쪽은 소련이, 남쪽은 미국이 분할 점령했다. 일본의 지배가 끝나고도 바로 독립할 수 없는 처지였다.

'하나의 조선'으로 독립하는 것은 불발에 그쳤고, 독일이 동서로 분리 독립한 것처럼 한반도도 남북으로 갈라져 독립하게 되었다.

일단 남측이 미국의 지원하에 이승만을 대통령으로 추대해 대한민국(남한)을 건국하자, 북측은 소련의 지원을 받아 김일성을 주석으로 한 조선 민주주의 인민 공화국(북한)을 건국했다. 양측은 건국 직후부터 서로를 굴복시키려고 첨예하게 대립했다.

그러던 어느 날 북한이 남한을 침공했다. 남한은 갑자기 국경을 넘어온 북한군에게 생각하지도 못한 공격을 당하고 부산 부근까지 후퇴할 수밖에 없었다. 이때 미국이 등장했다. 소련이 불참 중이었던 UN 안전 보장 이사회에서 미군 중심의 UN군 파견을 결정하고 한국을 돕기 위해 참전한 것이었다.

미군의 화력이 더해진 한국군은 형세를 단숨에 역전시켜 북한군을 중국 국경까지 물리치는 데 성공한다. 북한은 소련과 중화인민공화국에 협력을 요청하지만, 유럽에 주력하고 싶었던 소련은 눈에 띄는 지원을 하지 않았다. 중화인민공화국 역시 미국과의 전면 대결을 피하고자 국가 차원이 아니라 지원병

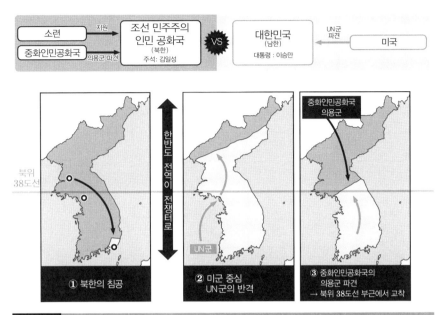

그림 10-3 일진일퇴의 공방을 거듭한 한국 전쟁

으로 구성된 '의용군'을 보냈다. 그러나 말이 '의용군'이지 80만 명이나 되는 대규모 병력이었다. 한국군은 다시 밀리기 시작했고, 결국 전쟁 전 양국의 국경이었던 북위 38도선에서 교착, 휴전을 맞았다(지금도 '휴전' 중이며 전쟁이 종결된 것은 아니다).

한국 전쟁은 병사 100만 명, 민간인 300만 명의 사상자가 나왔을 만큼 참혹한 전쟁이었다. 한반도 전역이 전쟁터로 변했기 때문에 일가족이 남과 북으로 뿔뿔이 흩어지는 비극도 곳곳에서 이어졌다.

결국 한국 전쟁은 승자도, 패자도 없이 정전으로 마무리되었지만, 냉전이 '뜨거운 전쟁'으로 확대되면서 미국과 소련의 긴장은 한층 도를 더했다.

미국 측은 전쟁 중에 일본과는 미일 안전 보장 조약을, 오스트레일리아 및 뉴질랜드와는 ANZUS(동남 아시아 조약 기구)를 맺고, 정전 후에도 동남 아시아 각국과 SEATO(태평양 안전 보장 조약)라는 군사 동맹을 결성했다. 소련 측도 군사 동맹인 바르샤바 조약 기구를 결성했다.

세계의 구조를 바꾼 스탈린의 죽음

 동서 긴장을 완화한 스탈린의 죽음

지금까지 살펴본 미국과 소련의 힘겨루기 양상을 정리한 그림이 아래에 나와 있다. 양국 간의 긴장이 점차 고조되었음을 알 수 있다. 그런데 여기서 의외의 사건이 양국의 긴장을 완화시켰다.

그 사건은 소련의 지도자 스탈린의 죽음이었다.

미국과 소련의 대립을 주도한 '선봉장' 스탈린이 한국 전쟁이 한창일 때 사망함으로써 대립이 완화되었고, 세계가 급속히 '평화 공존' 노선으로 방향을 틀었던 것

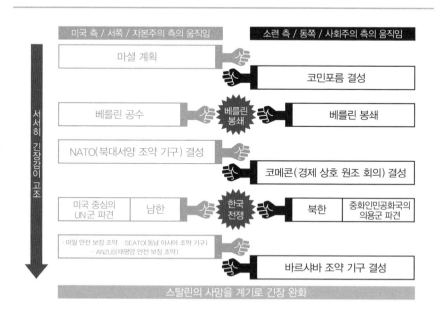

그림 10-4　'경제적 유대'에서 군사 동맹으로 악화된 미국과 소련 관계

이다. 단 한 사람의 죽음으로 인해 역사가 크게 움직이는 상황을 보면, 스탈린의 존재가 얼마나 컸는지 알 수 있다.

스위스 제네바에서는 미국, 영국, 프랑스, 소련의 정상이 모여 4개국 정상회담을 열었다. 스탈린 사후에 소련의 지도자가 된 **흐루쇼프**는 공산당 대회에서 스탈린의 방식을 비판하고 미국과의 평화 공존을 주장했다. 그리하여 미국과 소련 양국은 크게 가까워졌으며 해빙 무드라고 불리는 긴장 완화 분위기가 조성되었다.

'베를린 장벽' 구축

미국과 소련이 돌연 가까워지자 여러 나라들이 당혹감을 느끼며 다양한 움직임을 보였다.

중화인민공화국은 소련과 동맹관계에 있었기 때문에 미국에 맞서 한국 전쟁에 의용군을 파견했던 터였다. 그런데 이제 와서 소련이 기존의 태도를 뒤엎으니 이에 화가 난 중국과 소련 사이에 대립이 발생했다.

또한 소련의 압박이 느슨해진 헝가리와 폴란드에서는 반(反)소련 폭동이 일어났고, 독일에서는 동독에서 서베를린을 경유하여 서독으로 망명하는 사례가 잇따랐다.

소련은 놀라울 만큼 미국과 가까워졌지만, 진영 내 다른 국가들의 자유를 용납하지 않고 반소련 폭동을 진압했다. 게다가 동독은 서베를린으로 탈출하는 흐름을 막기 위해 베를린 장벽을 건설했다.

미국 측에도 변화가 생겼다. 미국에만 의존할 수 없다고 판단한 서유럽 각국이 프랑스와 서독을 중심으로 협력관계를 모색한 것이다. 그리하여 유럽 국가들은 EEC(유럽 경제 공동체) 등을 결성했다.

또한 인도의 네루, 중국의 저우언라이, 인도네시아의 수카르노 등의 주도하에 미국과 소련 그 어느 쪽에도 의존하지 않는 제3의 세력을 구축하려는 시도가 아시아 및 아프리카 국가를 중심으로 나타났다.

'해빙 무드' 뒤에 찾아온
핵전쟁의 위기

 한발 앞서 미사일 기술을 획득한 소련

'해빙 무드'를 맞아 한때는 평화를 추구하는 것처럼 보이던 미국과 소련 양국의 분위기가 갑자기 바뀌었고 전면적인 핵전쟁의 위기가 세계를 덮쳤다. '평화 공존'에서 '핵전쟁의 위기'로 커다란 변화가 일어난 것이다. 그 이유는 소련이 그동안 비밀리에 개발해오던 인공위성 스푸트니크 호가 발사에 성공했다는 소식이 지구촌 곳곳을 강타했기 때문이다.

인공위성을 로켓에 실어 쏘아올릴 수 있다는 것은 중량이 있는 탄약이나 핵탄두를 실어 발사하는 미사일 기술을 개발했다는 의미이기도 했다.

우주 공간까지 핵탄두를 쏘아올려 적의 대륙에 떨어뜨리면 '대륙간 탄도 미사일' ICBM이 된다. 여태까지만 해도 핵무기 개발과 폭격기 수에서 미국에 뒤지던 소련이 '안전한 장소에서 언제든지 대륙 너머의 미국을 타격할 수 있는' 우월한 위치를 선점한 것이었다.

미국도 당장 로켓 실험에 돌입했지만, 소련에 맞서 개발한 뱅가드 로켓은 대실패로 끝나 자존심에 상처를 입고 말았다. 소련은 미사일 개발을 대대적으로 선전했고 미국은 크게 동요했다(스푸트니크 충격).

미사일 기술 측면에서 소련에게 추월당했다는 생각은 '언제 어디서나 목표물이 될 수 있고, 도망갈 수 없다'는 공포심을 미국 국민에게 심어주었다.

 핵전쟁의 위기에 세계가 떨었다

이런 가운데 미국이 제집 앞마당처럼 여기던 카리브 해의 섬나라 쿠바에서 변화가 일어났다. 혁명가 피델 카스트로와 체 게바라가 주도한 쿠바 혁명이 일어나 미국에 대해 종속적인 관계였던 쿠바가 하루아침에 소련 쪽으로 돌아선 것이다. 미국의 품 안에 있던 쿠바가 소련을 향해 등을 돌려버리자 미국은 단숨에 위기감에 휩싸였다.

취임 직후의 케네디 대통령은 소련이 쿠바에 미사일 기지를 건설 중이라는 소식을 듣고 쿠바를 해상 봉쇄했다. 미사일 반입을 위해 쿠바로 향하는 소련 선박이 쿠바에 입항하지 못하도록 전투태세를 취한 것이다. 양측의 해군이 대치한 상황에서 자칫하면 전면적인 핵전쟁에 돌입할 수도 있는 상황이 펼쳐졌다. 이 사태를 쿠바 위기라고 부른다. 미국과 소련 양국이 서로 핵무기를 보유하고, 사용까지 한다면 결국에는 인류가 멸종할 것이라는 긴장감 속에서 미국의 케네디와 소련의 흐루쇼프는 물밑 협상을 거듭했다. 마침내 미국이 쿠바를 공격하지 않는 대신(쿠바가 소련 측에 편입된다는 점은 승인), 소련이 미사일 기지를 철수하는 것으로 위기를 넘길 수 있었다.

 ## 본격적인 긴장 완화

미국과 소련 양국은 전면적인 핵전쟁 위기에 직면한 후에야 핵무기 사용이 상대를 파멸시킬 뿐만 아니라 보복 공격을 통해 자기 자신까지도 파멸로 이끈다는 사실을 깨닫게 되었다. 부분적 핵실험 금지 조약과 핵확산 방지 조약이 체결되었고, 전략 무기 감축 협정이 시작되는 등 세계는 본격적으로 냉전 종결을 향해 움직이기 시작했다. 이런 상황을 데탕트(프랑스어로 '긴장 완화')라고 한다.

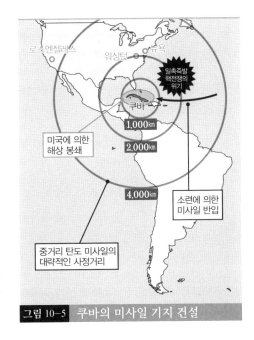

로스엔젤레스 워싱턴 뉴욕

일촉즉발
핵전쟁의
위기

쿠바

1,000km

미국에 의한
해상 봉쇄

2,000km

소련에 의한
미사일 반입

4,000km

중거리 탄도 미사일의
대략적인 사정거리

그림 10-5 **쿠바의 미사일 기지 건설**

냉전의 종결을 이끈 '텔레비전의 힘'

 초강대국 미국을 뒤흔든 게릴라

데탕트의 움직임 속에서 미국과 소련 양국의 국제적인 지위가 동시에 추락하고, 냉전 구조가 결정적으로 무너지는 계기가 되는 사건이 일어난다. 바로 '베트남 전쟁'과 '프라하의 봄'이다.

전후 베트남은 프랑스로부터 독립하기를 원했지만, 프랑스는 허용하지 않았다. 이에 **호찌민**을 중심으로 한 베트남 민주 공화국이 소련의 지원을 받아 독립을 선언하고, 프랑스와 싸워 베트남 북부에서 독립을 쟁취하는 데 성공한다. 그러나 여기에 미국이 끼어들어 베트남 민주 공화국을 무너뜨리기 위해 베트남 전쟁을 일으켰다.

미국은 독립한 베트남이 소련의 영향을 받아 사회주의 진영에 가담하면, 마찬가지로 프랑스로부터 독립한 라오스나 캄보디아, 영국으로부터 독립한 미얀마, 인도까지 연쇄적으로 사회주의 국가가 될 것이라고 판단해 베트남 민주 공화국을 철저히 무너뜨리고자 했다. 실제 전투에서 미국은 압도적인 물량을 쏟아부은 반면, 북베트남은 밀림에 숨어 덫을 놓았고 그늘에 숨어 공격하는 철저한 게릴라전을 전개했다.

미군은 그에 맞서 지속적인 대규모 공중 폭격을 가했고, 베트남 측이 게릴라전을 펼치지 못하도록 맹독성 다이옥신을 포함한 '고엽제'를 살포하여 밀림의 초목을 말려 죽이는 작전을 썼다.

이런 진흙탕 싸움을 끝낸 요인 중의 하나가 '텔레비전의 보급'이었다. 베트남 전쟁은 텔레비전으로 전 세계에 전쟁 상황이 보도된 최초의 전쟁이었다. 게릴라전으로 인해 지쳐가고 사상자가 늘어가는 미군의 모습, 압도적 물량으로 북베트남을 폭격하는 미군의 모습, 살기 위해 우왕좌왕 도망치는 베트남 시민의 모습이 보도될 때마다 '미국의 행태는 과연 "정의"인가?'라는 의문의 목소리가 전 세계에서 터져 나왔다. 이런 텔레비전 보도의 힘이 미국에 대한 비난 여론을 형성했고 세계적인 반전(反戰) 운동으로 이어졌다.

성과가 나지 않는 전쟁을 계속하다 보니 미국의 재정 적자가 점점 불어났다. 결국 미국은 베트남에서 철수했다. 독립을 이룬 베트남은 '베트남 사회주의 공화국'이라는 국호로 사회주의 국가의 길을 걷기 시작했다.

베트남의 이웃 국가인 캄보디아에서도 반미 세력과 친미 세력의 분쟁이 일었다. 미국이 베트남 전쟁에 패배하고 인도차이나 반도에서 손을 떼자 캄보디아의 친미 세력은 급속히 힘을 잃었다. 실권은 중국의 지원을 받은 폴 포트가 이끄는 반미 세력인 크메르루주에게 옮겨갔다. 폴 포트는 강제 공산화 과정에서 200만 명의 사망자를 내는 학살을 자행했다.

 ## 프라하의 봄

소련도 국제적으로 비난을 받는 처지에 놓였다. 흐루쇼프의 후임이 된 브레즈네프는 미국 측에는 데탕트(긴장 완화)에 부응하는 자세를 보여주었지만, 동유럽 국가들의 독자 노선 요구에 대해서는 고삐를 늦추지 않고 단호한 태도를 보였다. 때마침 체코슬로바키아에서 제1서기 둡체크 등에 의한 민주화 운동(프라하의 봄)이 일어났지만, 소련은 바르샤바 조약 기구에 가입한 5개국의 공동 출병을 통해 무력으로 프라하의 봄을 진압했다. 텔레비전을 통해서 시위하는 시민들을 향해 탱크의 포를 들이대는 소련군의 모습이 전 세계로 보도되자 미국의 사례와 마찬가지로 '소련의 행태는 과연 "정의"인가?'라는 의문이 각 지역에서 터져 나왔다.

베트남 전쟁과 프라하의 봄은 텔레비전과 저널리즘의 힘을 세상에 알리는 하나의 계기가 되었고, 미국과 소련 양국에는 국제 여론을 무시해서는 안 된다는 점을 절실히 느끼게 한 사건이었다. 이때를 기점으로 냉전은 급속히 종식을 향하게 되었다.

베트남 전쟁의 실패는 미국의 세계적 영향력을 크게 감소시켰다.

미국 국내에서는 공민권 운동이라는 인종차별철폐 운동이 반전 운동과 결합하여 큰 흐름을 이루었다. **킹 목사** 등이 끈질긴 운동을 전개한 덕분에 공민권법이 제정되어 법률상 인종차별이 철폐되었다. 또 베트남 전쟁의 비용 지출이 증가해 미국이 보유한 금의 가치가 상대적으로 감소하자 **닉슨** 대통령은 달러와 금의 교환 정지를 선언했다.

그때까지 미국이 세계 경제를 견인할 수 있었던 것은 미국이 자랑하는 '막대한' 금 지급 능력 덕분이었다. 미국 달러가 금과 교환 가능한 절대적인 가치를 인정받았기 때문이다.

그러나 닉슨 대통령의 교환 금지 선언이 나온 뒤로는 미국 달러가 다른 통화에 대한 '상대적인' 가치를 가지는 변동환율제로 바뀌게 되었고, 미국의 절대성도 흔들리게 되었다.

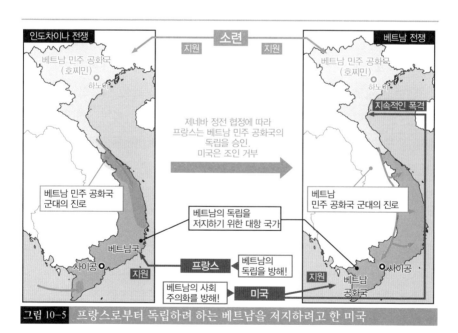

그림 10-5 **프랑스로부터 독립하려 하는 베트남을 저지하려고 한 미국**

소련을 무너뜨린
체르노빌 사고

 몰타 회담과 냉전 종식

그후 아프가니스탄을 둘러싼 대립이며 미국 레이건 대통령의 군비 확장으로 인한 대립 등 '신냉전'이라고 불리는 상황도 있었지만, 전체적으로 미국과 소련 양국의 국제적 영향력은 점차 줄어들었다.

특히 소련의 체르노빌 원자력 발전소 사고의 경우, 방사능 수치가 급상승한 주변 국가들의 지적으로 인해 사고 발생 사실이 드러나게 되면서 당초 사고를 은폐하려고 했던 소련에 대한 국제적 비난이 들끓었다.

개혁(페레스트로이카)을 추진하던 당시 소련의 서기장 **고르바초프**는 사고 이후 정보 공개(글라스노스트)를 강화했다.

체르노빌 원자력 발전소 사고로 인해 국가 위신이 바닥에 떨어진 소련은 더 이상 냉전을 운용할 수 없었다. 결국 고르바초프는 몰타 섬에서 열린 미국 대통령 부시와의 회담에 응한 뒤, 공동으로 냉전 종식 선언을 발표했다.

소련의 영향력이 줄어들자 그 세력권 내에 있던 동유럽 국가들도 차츰 소련의 의도를 벗어난 행동을 했다. 베를린 장벽이 무너지고 독일이 통일되자 헝가리, 불가리아, 체코슬로바키아, 루마니아 등에서도 차례로 혁명, 쿠데타 등 정치적인 움직임이 일어났다. 공산당 독재 체제가 무너지고 시장경제와 민주주의 국가로 이행하게 된 것이다.

 소련의 붕괴

이런 지도력의 저하로 소련은 '사회주의' 간판을 내려야 할지 여부를 두고 흔들리기 시작했다. 고르바초프 대통령이 시장경제를 단계적으로 도입하는 개혁에 착수하자 공산당 간부들은 '소련이 사회주의 간판을 내린다는 것은 자신들의 권력을 빼앗긴다는 의미'라며 쿠데타를 일으켜서 고르바초프를 연금했다.

러시아 공화국 대통령인 **옐친**이라는 인물은 이 쿠데타를 진압한 공으로 권력을 잡고 러시아 공화국이라는 이름으로 소련으로부터 독립을 선언했다. 연금 상태에서 구출된 고르바초프는 소련 공산당을 해체하고 대통령을 사임했다. 그렇게 소련은 완전히 해체되었다.

 경제 위기에서 탈출해 '자원 대국'으로

냉전 종식 후, 구소련 국가들은 CIS(독립 국가 연합)라는 조직으로 재편되었지만, 이 공동체의 연계는 느슨한 형태였다.

CIS의 주축인 러시아는 옐친 대통령의 주도하에 자본주의 체제로 급속히 방향을 틀었다. 급속한 개혁을 통한 혼란이 따르는 가운데, 러시아 경제는 침체를 겪으며 한때 파산 직전까지 갔다. 그러나 **푸틴** 정권이 들어서고 나서 석유와 천연가스, 희소 금속 등의 자원을 수출해 경제는 호전되었고 세계적 영향력 또한 강화되었다.

 '유일한' 초강대국 미국

냉전 종식기에 소련이 무너지면서(미국의 영향력이 커졌다기보다 소련이 사라졌기 때문에) 미국은 유일한 초강대국으로 남게 되었다. 경제적으로나 정치적으로나 세계에서 가장 큰 힘을 가지게 된 미국은 걸프 전쟁에서는 쿠웨이트를 침공한 이라크에 공격을 가했고, 유고슬라비아의 코소보 분쟁 때에는 NATO군의 공습을 주도하는 등 다양한 분쟁에 개입했다.

이런 움직임 속에서 미국은 초강대국이면서도 '문명 간의 대화가 필요하다!'는 성향과 '강한 미국을 과시하면서 힘의 정책으로 상대를 눌러야 한다!'는 성향 사이를 오가면서 오바마 정권에서 트럼프 정권으로 이행하여 현재에 이르고 있다.

전후의 황폐한 땅에서 일어나 통일을 모색하다

 독자적 행보를 모색 중인 서유럽

아시아, 아프리카 등에 식민지를 여러 군데 보유하고 세계를 주도해온 서유럽 국가들은 제1차 세계대전에 이어 제2차 세계대전 때에도 국토 전역이 전쟁터로 변한 탓에 국토가 황폐해지고 국제적인 위상도 낮아지는 경험을 겪었다.

이런 상황에서 서유럽 국가들은 미국에 의존하게 되었다. 마셜 계획을 수용하고, NATO에 가입하는 등 서방 국가의 일원으로서 미국과 함께 보조를 맞춘 것이었다.

전후 부흥의 길을 걷기 시작한 프랑스와 서독 등의 서유럽 국가들은 유럽 경제의 부흥을 위해서는 유럽의 안정이 필요하고, 특히 오랜 경쟁 구도를 형성해온 프랑스와 독일이 대립하지 말고 경제적으로 협력해야 한다고 생각했다.

그리하여 ECSC(유럽 석탄 철강 공동체)와 EEC(유럽 경제 공동체), EURATOM(유럽 원자력 공동체)을 결성해 시장을 하나로 묶어나갔다.

프랑스와 서독을 중심으로 한 이 움직임에 대해 영국은 EEC에 참가하기를 거부하고 '한발 물러선 입장'을 취했다. 영국은 유럽의 통합보다 미국이나 구 식민지 국가들과의 관계를 중시하는 경향이 있었다. 무엇보다 프랑스, 독일 무리에 '뒤늦게' 끼어드는 것은 영국의 자존심이 허락하지 않는다고 생각했을 것이다.

영국은 '영국병'이라고 불리는 경제 침체에 직면한 후에야 방침을 바꾸어 EEC에 가입을 신청했다. 그러나 이번에는 프랑스의 드골 대통령이 거부해 가입할 수 없었다.

EC, EU의 발족

프랑스의 드골 대통령은 ECSC, EEC, EURATOM이 통합되어 EC(유럽 공동체)가 성립되고도 유럽의 독자성을 중시해 미국과의 결속이 강한 영국을 이 흐름에 가담시키려고 하지 않았다. 드골이 사망한 후에야 영국은 겨우 EC에 가입할 수 있었고, 유럽 통합의 흐름에 참여했다. EC는 마스트리흐트 조약을 통해 EU(유럽 연합)로 확대, 발전되어 동유럽 국가들도 참가하는 형태로 가입국의 수를 늘렸다.

경제적인 통합도 이루어져 단일 통화인 유로를 도입했다. 그러나 동유럽 국가들이 EU에 가입하면서 오늘날에는 동유럽 국가에서 '돈을 벌기 위해 타지로 나온' 사람들이 영국, 프랑스, 독일 등지로 유입되어 현지인의 일자리를 빼앗는 현상도 나타나고 있다. 이런 이유로 영국은 이민 정책의 차이 등을 들어 EU 탈퇴를 의결했다.

 '철의 장막' 안으로 들어간 동유럽

한편 전후 동유럽에서는 소련이 나치스 독일을 축출하고 나서부터 각국에 공산당 정권이 수립되었다. 그들은 점차 소련의 위성국으로 편입되는 과정을 거치게 되었다.

동유럽 각국이 소련 공산당의 지배에 복종하는 상황을 본 영국의 **처칠**은 '소련이 유럽에 철의 장막을 드리우고 있다'고 비난한 바 있다. 소련은 코민포름(각국 공산당의 정보기관)과 코메콘(경제 기구), 바르샤바 조약 기구(군사 기구)를 결성해 결속을 다졌다. 그러나 동유럽에서 유일하게 소련의 군사력에 의존하지 않고 자력으로 나치스 독일의 지배를 물리친 유고슬라비아는 소련과는 다른 형태의 사회주의를 모색했고, 미국의 마셜 계획을 수용하려고 했다. 그리하여 유고슬라비아는 소련과 대립했고, 결국 소련에 의해 코민포름에서 제명되었다. 그후 유고슬라비아 외의 동유럽 국가들은 소련의 지배를 받는 소련의 위성국이 되었다.

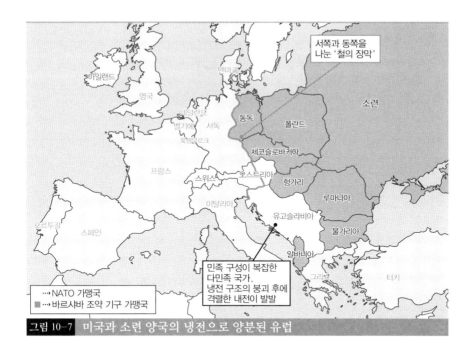

서쪽과 동쪽을 나눈 '철의 장막'

소련

동독

폴란드

체코슬로바키아

오스트리아

헝가리

루마니아

유고슬라비아

불가리아

알바니아

민족 구성이 복잡한
다민족 국가.
냉전 구조의 붕괴 후에
격렬한 내전이 발발

그리스

터키

아일랜드

영국

네덜란드

덴마크

벨기에

서독

룩셈부르크

프랑스

스위스

이탈리아

포르투갈

스페인

┄► NATO 가맹국
■ ┄► 바르샤바 조약 기구 가맹국

그림 10-7 미국과 소련 양국의 냉전으로 양분된 유럽

 소련 붕괴 후 급진전한 민주화

억압적인 정책에는 반발이 따르는 법이다. 동유럽의 민중은 소련의 지도력이 약해질 때마다 소련의 영향력에서 벗어나기 위해서 폭동을 일으켰고 매번 진압을 당했다. 이런 상황에서 '수장 격'인 소련이 무너지고 냉전이 종식되자 폴란드, 헝가리, 루마니아, 불가리아 등 동유럽 국가들에서는 민주화가 급속히 진행되었다. 그들은 독재자와 공산당을 차례로 타도한 뒤 사회주의를 버렸다.

주변 국가에 이 같은 민주화의 물결이 일자, 독자적인 사회주의 노선을 택했던 유고슬라비아도 민주화로 방향을 전환했다. 그러나 유고슬라비아는 5개 민족, 4개 언어, 3개 종교가 모인 복잡한 다민족 국가였다. 민주화를 추진하면 할수록 서로 다른 민족과 종교의 주장들이 충돌했고 갈등이 표출되었다. 유고슬라비아의 '맹주'인 세르비아와 크로아티아, 슬로베니아 사이에 일어난 내전은 보스니아로도 번졌고, 내전을 거친 끝에 유고슬라비아는 분열되었다.

종교 갈등에서 비롯된
'세계의 숙제'

 영국의 '일구이언'에서 시작된 종교 간 갈등

전후 중동 지역에서 종교 간의 갈등 때문에 발생한 일련의 분쟁을 팔레스타인 문제라고 한다. 이 분쟁의 발단은 제1차 세계대전 중에 **영국이 유대교도(유대인)**와 이슬람교도(아랍인)를 상대로 '참전만 해주면 오스만 제국이 지배 중인 팔레스타인 땅에 나라를 세우게 해주겠다'는 약속을 한 것이었다. 팔레스타인 땅의 중심지인 예루살렘은 유대인과 아랍인 모두에게 성지이기 때문에 그들에게는 그곳에 국가를 건설하는 것보다 더 큰 소원은 없었다. 그러나 팔레스타인 땅은 처음부터 하나밖에 없었고 분쟁이 일어나는 것은 당연했다.

 유대인 편에 선 미국

제2차 세계대전 후, UN은 팔레스타인의 영유권을 강하게 주장하는 유대인과 아랍인을 중재한 바 있다. 그리고 UN은 '인구 면에서는 약 3분의 1인 유대인에게 팔레스타인의 약 60퍼센트에 해당하는 땅을 준다'는, 유대인에게 유리한 안을 제시했다(팔레스타인 분할안).

이와 같은 불평등한 안이 UN에서 나온 이유는 바로 UN을 이끄는 실세가 미국이기 때문이다. 미국의 경제, 문화와 깊은 관련이 있는 유대인은 미국에게 무시할 수 없는 중요한 존재였다(미국 중앙은행인 FRB 전 의장인 버냉키와 영화감독 스필버그도 유대계이다).

UN의 분할안에 따라 유대인 지역에 유대인 국가인 이스라엘이 건국되자, 아랍인과 주변 아랍 국가들은 팔레스타인 분할안에 불복하고 이제 막 건국된 이스라엘에 공격을 가했다(제1차 중동 전쟁).

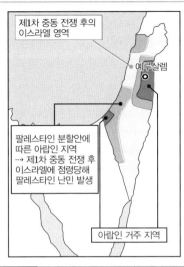

제1차 중동 전쟁 후의
이스라엘 영역

예루살렘

팔레스타인 분할안에
따른 아랍인 지역
⋯ 제1차 중동 전쟁 후
이스라엘에 점령당해
팔레스타인 난민 발생

아랍인 거주 지역

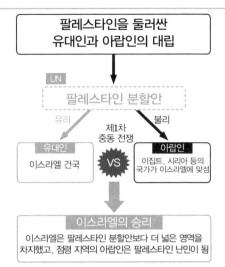

**팔레스타인을 둘러싼
유대인과 아랍인의 대립**

UN

팔레스타인 분할안

유리   불리
제1차
중동 전쟁

유대인   아랍인
이스라엘 건국   VS   이집트, 시리아 등의
국가가 이스라엘에 맞섬

이스라엘의 승리
이스라엘은 팔레스타인 분할안보다 더 넓은 영역을
차지했고, 점령 지역의 아랍인은 팔레스타인 난민이 됨

그림 10-8   유대인과 아랍인의 대립으로 제1차 중동 전쟁 발발

결과는 이스라엘의 승리였다. 이스라엘은 팔레스타인 분할안이 나왔을 때
보다 더 많은 영역을 확보했다. 그에 반해 전쟁에 패해 땅을 잃은 아랍인들은
약 100만 명의 팔레스타인 난민이 되어 주변 국가로 유입되었다.

 민족 대립을 이용한 영국에 국제적인 비난이 쏟아지다

두 번째 중동 전쟁의 발단은 이집트에서 시작되었다. 이집트의 대통령 나세
르가 영국 소유였던 수에즈 운하의 국유화를 선언한 것이다. 그러자 수에즈
운하를 넘겨주기 싫었던 영국이 제1차 중동 전쟁에서 이집트와 싸운 이스라엘을 부
추기고, 프랑스까지 끌어들여 전쟁을 일으켰다(제2차 중동 전쟁). 승리는 영국, 프
랑스와 이스라엘 측에 돌아갔지만, '영국이 자국의 이해관계를 위해 민족 간
대립을 이용해 전쟁을 일으켰다'는 사실에 국제적 비난이 쇄도했다. 최종적으
로는 영국이 수에즈 운하에서 손을 뗐으니, 이집트의 승리로 끝난 전쟁이라고
해도 무방할 것이다.

제2차 중동 전쟁 후에는 이스라엘로부터 팔레스타인을 탈환하고 팔레스타
인 난민을 귀환시키겠다는 목표로 팔레스타인 해방 기구(PLO)가 설립되었다.

제10장

현
대
세
계

PLO는 이스라엘을 상대로 무력 투쟁을 벌였다.

PLO의 게릴라 활동 때문에 골머리를 앓던 이스라엘은 '아랍 측의 입을 다물게 할' "시위 행동"이라며 갑자기 이집트, 시리아, 요르단을 공격해 팔레스타인과 시나이 반도 전역을 점령했다(제3차 중동 전쟁). 불과 6일 만에 이스라엘 측에 패배한 아랍인은 팔레스타인을 완전히 잃고 새로운 팔레스타인 난민이되어 떠돌게 되었다.

전 세계를 볼모로 삼은 '석유 전략'

제3차 중동 전쟁의 패배로 잃어버린 광활한 영토를 되찾기 위해서, 이번에는 아랍 측이 전쟁을 일으켰다(제4차 중동 전쟁). 그때까지 세 번의 전쟁을 치르면서 군사적으로 이스라엘에 크게 뒤졌던 아랍 측은 '최후의 카드'를 내밀었다. 산유국이 많은 아랍 측이 OAPEC(아랍 석유 수출국 기구)을 결성하여 석유 수출을 제한한 것이다. 원유 가격을 치솟게 하여 세계적으로 '석유 파동'을 일으킨 다음, 팔레스타인 아랍인들의 권리 회복과 잃어버린 영토 회복을 호소하는 '석유 전략'이었다. 석유를 "볼모"로 삼아 싸운 결과, 미국이 조정 역할을 맡았고 아랍 측은 시나이 반도의 가자 지구, 요르단 강 서안 지구를 되찾는 데 성공했다.

전 세계의 '숙제'로 남은 팔레스타인 문제

이 정도로 전쟁을 반복하다 보니 이 문제는 이제 대화로는 좀처럼 풀기 어려운 숙제가 되었다. 화평을 위해 '이집트-이스라엘 평화 조약'을 체결했지만, 이집트 대통령 사다트가 같은 아랍인에게 암살되었다. '오슬로 협정' 때에는 이스라엘의 총리 라빈이 같은 유대인에게 암살당했다.

두 사건 모두 같은 편을 표적으로 삼은 암살인 점을 미루어볼 때, 이 문제가 얼마나 복잡한지 알 수 있다. 이외에도 이스라엘을 일관되게 지원해온 미국에 대한 이슬람의 반발도 격렬해서 과격파의 테러가 미국을 비롯한 동맹국에서 빈번히 발생하고 있다.

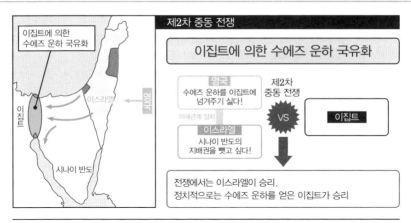

제2차 중동 전쟁

이집트에 의한
수에즈 운하 국유화

이집트에 의한 수에즈 운하 국유화

영국
수에즈 운하를 이집트에
넘겨주기 싫다!

이해관계 일치

이스라엘
시나이 반도의
지배권을 뺏고 싶다!

제2차
중동 전쟁
VS

이집트

전쟁에서는 이스라엘이 승리.
정치적으로는 수에즈 운하를 얻은 이집트가 승리

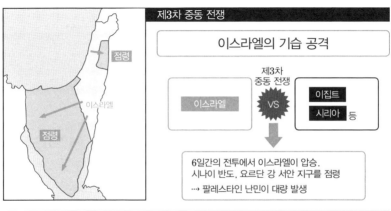

제3차 중동 전쟁

점령

점령

이스라엘의 기습 공격

제3차
중동 전쟁
이스라엘 VS 이집트
시리아 등

6일간의 전투에서 이스라엘이 압승.
시나이 반도, 요르단 강 서안 지구를 점령
··· 팔레스타인 난민이 대량 발생

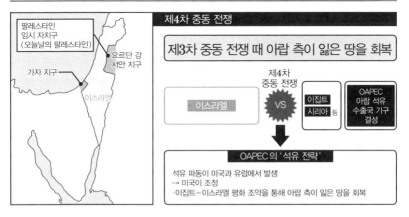

제4차 중동 전쟁

팔레스타인
임시 자치구
(오늘날의 팔레스타인)

가자 지구

요르단 강
서안 지구

제3차 중동 전쟁 때 아랍 측이 잃은 땅을 회복

제4차
중동 전쟁
이스라엘 VS 이집트
시리아 등

OAPEC
아랍 석유
수출국 기구
결성

OAPEC의 '석유 전략'

석유 파동이 미국과 유럽에서 발생
··· 미국이 조정
·이집트-이스라엘 평화 조약을 통해 아랍 측이 잃은 땅을 회복

그림 10-9 일진일퇴의 공방을 반복한 제2차~제4차 중동 전쟁

제10장

현대 세계

이루지 못한 간디의 염원과 인도의 분열

 종교 대립이 인도와 파키스탄을 갈라놓다

남아시아와 동남 아시아 국가들 대부분은 유럽 국가의 지배를 받았다. 세계 대전을 치르느라 본국이 어려운 상황에 처하자, 이들 나라 대부분은 전후에 활발한 독립 운동을 전개했다.

영국의 식민지였던 버마(미얀마)와 말레이시아, 싱가포르는 영국이 독립을 용인했기 때문에 전쟁을 하지 않고도 독립이 가능했던 반면, 네덜란드령이었던 인도네시아와 프랑스령이었던 베트남은 본국이 독립을 용인하지 않아 독립 전쟁을 거쳐야 했다.

영국의 식민지였던 인도는 독립 전쟁을 치르지 않고 세계대전 후에 독립이 인정된 나라이다. 그러나 인도는 영국이 독립 운동을 막기 위해 획책한 '힌두 교와 이슬람교 간의 분열 작전'으로 말미암아 힌두교도가 많은 인도 연방과 이슬람교도가 많은 파키스탄으로 분리 독립하게 되었다. 종교 간 융합을 부르짖 었던 간디의 바람이 실현되지 못한 것이다.

이후 간디는 힌두교도와 이슬람교도의 융합을 위해 노력했지만, 인도가 독립을 이룬 지 반년 뒤에 자신과 같은 힌두교도에게 암살되고 말았다. 팔레스타인 문제와 마찬가지로 '적과 손잡으려 한 사람이 아군의 손에 살해당한' 사례이다.

 카슈미르 문제와 파키스탄의 분열

독립 후의 인도와 파키스탄은 미처 국경을 결정하지 못한 북부 카슈미르 지방을 어느 쪽 영토로 정할 것인지를 두고 치열하게 대립했다. 지금도 이 문제

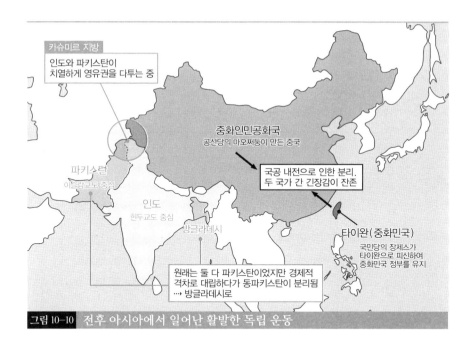

카슈미르 지방
인도와 파키스탄이
치열하게 영유권을 다투는 중

중화인민공화국
공산당의 마오쩌둥이 만든 중국

국공 내전으로 인한 분리.
두 국가 간 긴장감이 잔존

파키스탄
이슬람교도 중심

인도
힌두교도 중심

방글라데시

타이완(중화민국)
국민당의 장제스가
타이완으로 피신하여
중화민국 정부를 유지

원래는 둘 다 파키스탄이었지만 경제적
격차로 대립하다가 동파키스탄이 분리됨
⋯〉 방글라데시로

그림 10-10   전후 아시아에서 일어난 활발한 독립 운동

는 해결되지 않은 채 남아 있다. 분쟁 중인 양측이 모두 핵무기 보유국이어서
세계적으로 위험성이 큰 현안으로 꼽힌다.

또한 독립 직후의 파키스탄은 오늘날의 파키스탄과 방글라데시가 합쳐진
형태였다. 지리상으로 동서가 멀리 떨어진 두 지역은 경제적 격차의 극복이
쉽지 않았고, 그로 인한 대립으로 인해서 오늘날과 같이 두 나라로 갈라지
게 되었다.

 독립이 초래한 '불안정'

남아시아와 동남 아시아처럼 대부분의 국가가 유럽의 식민지였던 아프리카
도 1960년 아프리카의 해를 전후해 독립을 이루었다.

그러나 독립 전쟁으로 큰 희생을 치른 나라, 유럽 국가들이 퇴장하는 과정
에서 오히려 정치적, 경제적으로 불안정해진 나라들도 많다. 콩고 동란이나
르완다 내전, 소말리아 내전 등이 이런 예에 속한다.

제10장
현대
세계

공산당과 국민당의 대립, 중국을 둘로 나누다

 중국과 타이완으로 갈라선 지금도 대립 중

'국민당'과 '공산당'의 양대 세력은 세계대전 중 일본에 맞서기 위해 일시적으로 '제2차 국공 합작'이라는 이름으로 손을 잡았다. 그러나 전쟁이 끝나고 **공통의 적**인 일본이 패전국으로 전락하는 순간 국공 합작은 결렬되었고 내전이 재개되었다.

국공 내전의 승자는 공산당이었다. 공산당은 **마오쩌둥**을 주석, **저우언라이**를 총리로 하는 중화인민공화국을 세우고 중소 우호동맹 상호원조 조약을 체결해 냉전 구도 속에서 '소련 측'에 설 것임을 보여주었다.

패배한 국민당은 타이완으로 피신해 국민정부를 유지했다. 이로써 '공산당'은 중국 본토에, '국민당'은 타이완에 정부를 만들어 서로가 '정통 중국 정부'임을 주장하는 형국이 펼쳐졌다.

 슬로건에 그친 대약진 운동

마오쩌둥의 공산당이 지배하는 중화인민공화국에서는 정부가 주도하는 계획경제가 시작되었다. 사회주의를 부르짖는 공산당 정권이었으므로, 지주나 자본가의 토지와 자산을 몰수해 농민에게 분배하고 국가의 계획하에 경제를 움직였다.

국가가 주도한 계획으로는 5개년 계획, 대약진 운동 같은 개혁 정책을 들 수 있다. 그러나 중공업 중심의 급격한 개혁으로 인해 국민들은 피폐해졌고, 생산한 철강의 대부분은 조악했다. 농촌에서는 '식량 증산에 성공했다'는 보고를 올리기 위해 농민들에게서 식량을 몰수해 국고로 바쳤다. 이 때문에 굶어 죽는 사망자들이 많이 생겨났고, 그 불만은 마오쩌둥에게 향했다.

'대약진 운동'에 실패한 것에 대한 비판이 자신에게 쏟아지자 마오쩌둥은 적반하장으로 프롤레타리아 문화 대혁명에 나서라는 지시를 내렸다.

마오쩌둥에 충성을 다짐하는 학생들로 '홍위병'을 조직하고, 자신을 거스르는 세력과 지식인을 '사회주의의 적'으로 몰아 철저히 탄압하는 대중 운동을 전개한 것이다. 문화 대혁명 기간에 폭력 및 자살로 인한 사망자 수는 적게 잡아도 수백만 명에 달할 것으로 추산된다. 중국 사회는 점점 대혼란 속으로 빠져들었다.

 중국과 타이완, 누가 정식 정부인가?

문화 대혁명 시기에 중국에는 외교적으로 커다란 변화가 있었다. 소련과 중국의 대립이 심각해지면서 국경 지역에서 군사 충돌이 벌어진 것이다. 소련의 반대편에 선 미국은 이를 교묘하게 이용했다. 베트남 전쟁에 중국이 개입하지 못하게 하기 위해 갑자기 타이완(중화민국) 대신 중국(중화인민공화국)을 정식적인 중국 정부로 인정한 것이다.

미국은 UN의 대표권을 중화인민공화국에 주었고 그다음 해에는 닉슨 대통령의 방중도 성사되었다. 타이완과 긴밀한 관계를 유지하던 일본은 충격을 받았지만, 미국을 따라 중화인민공화국을 유일한 정부로 인정했다.

 경제는 자유, 정치는 일당 독재

마오쩌둥이 사망하자 문화 대혁명도 끝이 났다. 차기 최고 실력자 자리에 오른 덩샤오핑은 '개혁 개방'을 추진해 시장경제를 도입했다. 자유로운 시장 원리를 도입하고 외국 자본을 끌어오는 등 사회주의를 버리고 자본주의로 변화함으로써 중국 경제는 급속한 발전을 이루었다.

민중은 '경제가 자유로워졌으니 정치에서도 자유를 달라'며 톈안먼 광장에 모였지만, 중국 정부는 이를 진압했다(톈안먼 사건). 지금도 '경제는 자유이지만, 정치는 일당 독재'라는 입장을 유지하며 후진타오, 시진핑으로 정권을 이어가고 있다.

앞으로는 단순 지식을 중심으로 맞고 틀림을 판정하는 기존의 입시와는 달리 사고력과 표현력 등의 다양한 힘을 추구하는 문제가 늘어날 것이다. 대학 입시는 '지식의 유무를 묻는 장'에서 '스스로 생각하고 표현하는 장'으로 변화하게 되어 있다.

그러나 생각하고 표현하려면 역사의 흐름을 미리 알고 있어야 한다. 역사의 '뼈대'를 재빨리 파악하는 것이 입시에서 남과 자신을 차별화하는 한걸음이다.

이 책은 세밀한 어구나 연호를 망라한 "종래의" 참고서가 아니라 '이해하기 쉽고' '이야기'에 특화된 '새로운 참고서'를 목표로 쓰였다.

이 책을 통해 역사를 보는 관점과 생각하는 방식을 얻고 나면 그것이 분명 여러분의 사고력, 표현력으로도 이어져서 평생 '잊어버리지 않고' 활용할 수 있는 교양이 될 것이라고 믿는다.

고등학생뿐만 아니라 사회인들에게도 세계사는 '다시 배울' 필요가 있는 중요한 교양이다.

세상은 시시각각 글로벌화되고 있다. 지구촌은 이 책의 제5장에 나온 대항해 시대보다 더 하나로 이어져 있다. 이제는 일본인, 미국인, 중국인을 명확히 구분할 수 없다. 그저 하나의 '세계인'으로서 서로에게 영향을 주고받는 시대가 되었으니 말이다.

그런 시대를 사는 우리가 세계사에서 얻는 식견은 세상을 살아가는 데 '든든한 무기'가 될 것이다.

마지막으로 사이타마 현립 사카도 고등학교, 후쿠오카 현립 다자이후 고등학교, 후쿠오카 현립 가호히가시 고등학교, 후쿠오카 현 공립 고가쿄세칸 고등학교의 제자들에게 깊은 감사의 마음을 전한다.

이 책의 '뼈대'는 너희들과 수업하는 도중에 잡은 것이다. 얘들아, 고맙다.

2018년 7월

야마사키 게이치

338

권말 부록

· 문화사
· 세계사 연표

제1장 / 고대 그리스 문화

유럽 문화의 '뿌리'가 된 밝고 합리적인 '인간 중심' 문화

문학	
호메로스	『일리아스』
헤시오도스	『신통기(神統記)』
사포	여성 시인
아이스킬로스	『아가멤논』
소포클레스	『오이디푸스 왕』
아리스토파네스	『여자의 평화』

역사	
헤로도토스	페르시아 전쟁사
투키디데스	펠로폰네소스 전쟁사

조각	
페이디아스	아테나 여신상

철학, 자연 철학	
탈레스	만물의 근원은 '물'
피타고라스	만물의 근원은 '숫자'
헤라클레이토스	만물의 근원은 '불'
데모크리토스	만물의 근원은 '원자'
프로타고라스	소피스트의 대표 인물
소크라테스	진리의 절대성 주장
플라톤	이데아론 제시
아리스토텔레스	모든 학문의 아버지

건축
파르테논 신전

 제1장 / 헬레니즘 문화

거대한 알렉산드로스 제국이 동서 문화의 융합을 낳다

철학, 자연 과학	
에피쿠로스	에피쿠로스 학파의 시조
제논	스토아 학파의 창시자
에라토스테네스	지구의 둘레를 계측
아리스타르코스	태양중심설
아르키메데스	부력과 지렛대의 원리

조각
밀로의 비너스
라오콘

제1장 / 로마 문화

실용적 분야에서 우수한 문화를 남기다

문학	
키케로	『국가론』
호라티우스	『서정시집』
베르길리우스	『아이네이스』

철학	
세네카	스토아 학파 『행복론』
에픽테토스	스토아 학파 『어록』
마르쿠스 아우렐리우스	스토아 학파 『명상록』

신학	
아우구스티누스	『신의 나라』

역사, 지리	
카이사르	『갈리아 전쟁기』
리비우스	『로마 건국사』
플루타르코스	『영웅전』
타키투스	『게르마니아』

자연과학	
플리니우스	『박물지』
프톨레마이오스	천동설

건축
콜로세움
판테온

 제1장 / 중세 유럽 문화

여러 국가와 민족에 통일성을 부여한 기독교 기반의 문화

신학	
앨퀸	카롤링거 르네상스의 중심인물
안셀무스	실재론
아벨라르	유명론
로저 베이컨	자연과학
토마스 아퀴나스	『신학 대전』
오컴의 윌리엄	유명론

기사도 이야기
아더 왕 전설

민족 서사시
니벨룽겐의 노래

건축	
비잔틴 양식	성 소피아 성당
로마네스크 양식	피사 대성당
고딕 양식	쾰른 대성당

제2장 / 이슬람 문화

여러 지역의 문화를 이슬람교가 융합하다

신학	
가잘리	신학과 신비주의의 융합

역사	
라시드웃딘 파둘라	『집사(集史)』
이븐 할둔	『역사 서설』

의학	
이븐 시나	『의학 전범』
이븐 루시드	『의학 개론』

지리학	
이븐 바투타	『삼대륙 주유기』

수학	
알 콰리즈미	대수학

문학	
천일야화	설화의 집대성
오마르 하이얌	『루바이야트』

건축
알함브라 궁전

 제3장 / 굽타 왕조 문화

인도 고전 문화의 전성기

문학	
	『마하바라타』
	『라마야나』
칼리다사	『샤쿤탈라』

석굴 사원
아잔타 석굴 사원
엘로라 석굴 사원

 제3장 / 인도 이슬람 문화

힌두교 문화에 이슬람교 문화가 융합하다

건축
타지마할

회화
무굴 회화

제4장 / 전한, 후한의 문화

유교 중심의 중국 고전 문화

유학	
동중서	유학의 관학화
정현	훈고학

역사	
사마천	『사기』
반고	『한서』

발명	
채륜	제지법 개량

종교	
태평도	황건적의 난을 일으킴
오두미도	도교의 원류가 됨

 제4장 / 육조 문화

남북조 시대의 '남조' 문화, 강남의 높은 생산력을 바탕으로 한 귀족 문화

시	
도연명	"귀거래사"

서	
왕희지	"난정서"

문	
소명태자	『문선(文選)』

회화	
고개지	"여사잠도"

 제4장 / 당의 문화

국제 감각이 풍부한 귀족 문화

시	
이백	시선(詩仙)
왕유	자연시인
두보	시성(詩聖)
백거이	"장한가"

유학	
공영달	『오경정의』

서	
안진경	

제4장 / 송의 문화

과거 출신 관료들이 주도한 열정적인 문화

유학	
주돈이	주자학의 기초
주희	주자학의 집대성
육구연	양명학의 원류

역사	
사마광	『자치통감』

회화	
휘종 황제	원체화의 대표
미불	문인화의 대표

문학	
구양수	당송 8대가 중 한 사람
소식	『적벽부』

송 대의 3대 발명
활자 인쇄
나침반
화약

공예	
경덕진	청자, 백자의 산지

 제4장 / 원의 문화

과거 출신 관료의 지위는 떨어지고 서민 문화가 발달하다

역	
곽수경	수시력(授時曆)

문학	
원곡(元曲)	"서상기", "비파기"

서와 화
조맹부

제4장 / 명의 문화

관료들은 비밀 경찰 때문에 떨었지만 서민들은 편안한 삶을 누리다

편찬 사업	
영락제	『사서대전』, 『오경대전』

유학	
왕양명	양명학을 창시

실학	
이시진	『본초강목』
송응성	『천공개물』
서광계	『농정전서』

서민 문학	
나관중	『삼국지연의』
나관중, 시내암	『수호전』
『서유기』	
『금병매』	

예수회 선교사의 활동	
마테오 리치	『기하원본』

제4장 / 청의 문화

뛰어난 황제 밑에서 대규모 편찬 사업을 진행하다

편찬 사업	
강희제	『강희자전』
강희제, 옹정제	『고금도서집성』
건륭제	『사고전서』

유학	
고염무, 전대흔	고증학
강유위	공양학

소설	
『홍루몽』	
『유림외사』	

예수회 선교사의 활동	
부베	"황여전람도"
페르비스트	대포 주조
카스틸리오네	원명원 설계

제5장 / 르네상스

'신' 중심에서 '인간' 중심으로! 문화의 대전환

이탈리아 / 문학	
단테	『신곡』
페트라르카	『서정시집』
보카치오	『데카메론』

이탈리아 / 미술	
조토	르네상스 회화의 선구자
보티첼리	"봄"
레오나르도 다빈치	"최후의 만찬"
미켈란젤로	"최후의 심판"
라파엘로	성모자 상
브루넬레스키	피렌체 대성당 거대 돔 건축
브라만테	성 베드로 대성당

이탈리아 / 사상	
마키아벨리	군주론

이탈리아 / 자연과학	
갈릴레이	지동설 주장

영국 / 문학	
초서	『캔터베리 이야기』
셰익스피어	『햄릿』
토머스 모어	『유토피아』

프랑스 / 문학	
라블레	『가르강튀아 이야기』
몽테뉴	『수상록』

네덜란드 / 사상	
에라스뮈스	『우신 예찬』

네덜란드 / 미술	
반 에이크 형제	유화 기법 발명
브뤼헐	농민화

독일 / 발명	
구텐베르크	활판 인쇄술

독일 / 미술	
뒤러	"네 명의 사도"

제5장-제6장 / 17, 18세기 유럽 문화

절대왕정에서 시민의 시대로, 신의 시대에서 과학의 시대로

철학	
프랜시스 베이컨	경험론
데카르트	『방법 서설』 합리론
파스칼	『팡세』
칸트	『순수 이성 비판』 관념론

계몽 사상	
볼테르	『철학 서간』
디드로	『백과전서』

자연과학	
뉴턴	만유인력
린네	식물의 분류를 정리
하비	혈액 순환 이론
라부아지에	질량 보존의 법칙

문학	
몰리에르	고전 희극
디포	『로빈슨 크루소』
밀턴	『실낙원』
스위프트	『걸리버 여행기』

건축
베르사유 궁전
상수시 궁

정치 사상	
보쉬에	왕권신수설
흐로티위스	『전쟁과 평화의 법』
홉스	『리바이어던』
몽테스키외	『법의 정신』
로크	『시민정부론』
루소	『사회계약론』

경제 사상	
콜베르	중상주의
애덤 스미스	고전파 경제학

음악	
바흐	음악의 아버지
헨델	'수상 음악'
하이든	교향악의 아버지
모차르트	"피가로의 결혼"

미술	
엘 그레코	톨레도에서 활약
벨라스케스	"라스 메니나스 (시녀들)"
루벤스	플랑드르파
렘브란트	"야간 순찰"
바토	로코코 회화의 창시자

제6장 / 19세기 유럽 문화

다양해진 문화와 진일보한 과학 기술

철학	
헤겔	변증법 철학
뱅상	공리주의
콩트	실증주의 철학
니체	'초인' 사상

자연과학	
마이어	에너지 보존 법칙
퀴리 부부	라듐 발견
멘델	유전의 법칙
뢴트겐	X선 발견
다윈	진화론 『종의 기원』
노벨	다이너마이트

고전주의	
문학 : 괴테	『파우스트』
회화 : 앵그르	"샘"

낭만주의	
문학 : 위고	『레 미제라블』
문학 : 하이네	『노래의 책』
문학 : 바이런	낭만주의 시인의 대표
회화 : 들라크루아	"민중을 이끄는 자유의 여신"

경제 사상	
맬서스	『인구론』
리스트	역사학파 경제학

사회주의 사상	
오언	노동 조건의 개선
프루동	무정부주의
마르크스	『자본론』
엥겔스	『공상에서 과학으로』

발명	
라이트 형제	비행기
에디슨	전등, 축음기 등

사실주의	
문학 : 스탕달	『적과 흑』
문학 : 발자크	『인간희극』

자연주의	
문학 : 도스토옙스키	『죄와 벌』
회화 : 밀레	"이삭 줍는 사람들"

인상파	
모네	"인상 : 해돋이"

후기 인상파	
고흐	"해바라기"

제9장 / 문학 혁명

유교를 비판하고 구어문을 제창한 문학 운동

잡지	
천두슈	『신청년』

소설	
루쉰	『광인일기』, 『아Q정전』

  제7장, 제10장 / 20세기 문화

미디어 발달에 따른 대중문화, 과학의 비약적 발전

철학	
사르트르	실존 철학
야스퍼스	실존 철학
듀이	프래그머티즘

문학	
로맹 롤랑	『장 크리스토프』
버나드 쇼	극작가
카프카	『변신』
토마스 만	『마의 산』
헤밍웨이	『무기여 잘 있거라』
스타인벡	『분노의 포도』

건축	
가우디	사그라다 파밀리아

경제학	
케인스	근대 경제학을 확립
막스 베버	『프로테스탄티즘의 윤리와 자본주의 정신』

심리학	
프로이트	정신분석학

자연과학	
아인슈타인	상대성 이론

미술	
마티스	야수파
피카소	"게르니카"
달리	"삶은 콩으로 만든 부드러운 구조물(내란의 예감)"

연대	사건	참조 페이지
1만 년 전	지구가 온난화 오늘날 인류 생활양식의 원형이 탄생	서장 33쪽
기원전 5000년경	양사오 문화 성립 황하 유역에 밭농사 중심의 문화가 탄생	제4장 134쪽
기원전 3000년경	에게 문명의 탄생 크레타 섬을 중심으로 문명이 탄생	제1장 38쪽
기원전 2700년경	수메르 도시 국가 탄생, 이집트 고왕국 시작 오리엔트에 고대 문명이 잇달아 탄생	제2장 86쪽, 88쪽
기원전 2600년경	인더스 문명에서 도시 문명이 번성 하라파, 모헨조다로에 고도의 문명이 발생	제3장 118쪽
기원전 770년	춘추 시대 시작 주 왕조가 이민족의 공격을 받음. 승자가 '존왕양이'를 주장	제4장 137쪽
기원전 586년	바빌론 유수 헤브라이인들이 신 바빌로니아 왕국으로 끌려가 노예가 됨	제2장 92쪽
기원전 500년경	불교 성립 고타마 싯다르타가 보리수 아래에서 해탈	제3장 121쪽
기원전 500년	페르시아 전쟁 개시 아케메네스 왕조의 다리우스 1세가 그리스를 침공	제1장 43쪽, 제2장 94쪽
기원전 403년	전국 시대 시작 진(晉) 나라가 한, 위, 조로 3분열. 하극상 풍조 가속화	제4장 137쪽
기원전 334년	알렉산드로스의 동방 원정 시작 알렉산드로스가 아케메네스 왕조를 정복하기 위해 원정을 시작	제1장 45쪽, 제2장 94쪽
기원전 221년	시황제의 중국 통일 '최초로' 중국을 통일하고 '최초로' 통일 사업을 펼침	제4장 141쪽
기원전 218년	제2차 포에니 전쟁 카르타고의 장군 한니발의 전술에 말려든 로마가 멸망의 위기에 직면	제1장 48쪽
기원전 202년	전한 성립 유방이 항우와의 전투에서 이기고 전한 왕조를 건국	제4장 144쪽

※ 여러 지역 및 국가가 관련된, 역사 속 중요한 전환점이 된 사건을 모았다.

연대	사건	참조 페이지
기원전 27년	로마 제국 시작 옥타비아누스가 원수정을 시작하며 로마의 초대 황제가 됨	제1장 52쪽
96–180년	5현제 통치 기간 로마 역사상 최대 영토를 확보한 황금기 도래	제1장 53쪽
220년	삼국 시대 시작 후한 왕조가 멸망하고, '삼국지'의 시대로 돌입	제4장 149쪽
313년	밀라노 칙령 콘스탄티누스 황제가 기독교를 공인	제1장 54쪽
375년	게르만족의 대이동 훈족에 밀려 게르만족이 각지로 흩어짐	제1장 58쪽
395년	로마 제국의 동서 분열 테오도시우스 황제 사망 후, 로마가 분열하여 제국의 시대가 끝남	제1장 55쪽
476년	서로마 제국 멸망 게르만족 이동의 혼란 속에서 서로마 제국이 멸망함	제1장 58쪽
581년	수 왕조 성립 오랜 분열기를 끝내고 수나라가 중국을 하나로 통일	제4장 153쪽
618년	당 왕조 성립 '수나라 덕분에' 장수할 수 있었던 당 왕조 시작	제4장 156쪽
622년	헤지라 무함마드의 거점 이동. 이슬람의 '원년'이 됨	제2장 97쪽
732년	투르-푸아티에 전투 기독교 세계와 이슬람 세계의 첫 격돌	제1장 60쪽, 제2장 101쪽
751년	탈라스 전투 이슬람 세계가 중국의 당 왕조에 승리. 제지법이 전 세계로 퍼짐	제2장 102쪽, 제4장 160쪽
800년	카롤루스 대제의 대관식 가톨릭과 프랑크 왕국이 가까워짐. 서로마 제국의 부활 선언	제1장 61쪽
843년, 870년	베르됭 조약, 메르센 조약 프랑크 왕국이 분열해 오늘날의 프랑스, 독일, 이탈리아의 기반 생성	제1장 61쪽

연대	사건	참조 페이지
907년	당 멸망 300년 가까이 이어진 당나라는 절도사의 성장으로 인해서 멸망	제4장 161쪽
962년	오토 1세 대관식 '이름만 그럴듯한' 신성 로마 제국 성립	제1장 61쪽
1004년	전연의 맹약 송 왕조가 돈으로 요나라와의 평화를 삼	제4장 163쪽
1066년	노르만 왕조 성립 오늘날 영국 왕가의 뿌리가 탄생	제1장 63쪽
1077년	카노사의 굴욕 신성 로마 제국의 황제가 로마 교황의 권위 앞에 굴복함	제1장 69쪽
1096년	제1차 십자군 기독교와 이슬람교의 종교 전쟁 시작	제1장 72쪽, 제2장 106쪽
1126년	정강의 변 황제가 예술에 빠진 송 왕조를 금 나라가 단숨에 무너뜨림	제4장 164쪽
1189년	제3차 십자군 리처드 1세와 살라딘이 사투를 벌임	제1장 77쪽
1215년	마그나 카르타 한심한 존 왕에게 귀족들이 내민 '대헌장'	제4장 167쪽
1241년	발슈타트 전투 유럽에도 '시체의 산'을 만든 몽골 군	제4장 167쪽
1271년	원 건국 쿠빌라이 칸이 거대한 몽골 왕국의 맹주에 등극	제1장 75쪽
1303년	아나니 사건 프랑스 왕이 로마 교황을 굴복시켜 교황의 권위가 추락	제1장 79쪽
1339년	백년 전쟁 시작 중세 세계의 결승전. 영국과 프랑스가 격돌	제1장 48쪽
1368년	명 건국 몽골족을 밀어내고 주원장이 한족의 나라를 부활시킴	제4장 170쪽

※ 여러 지역 및 국가가 관련된, 역사 속 중요한 전환점이 된 사건을 모았다.

연대	사건	참조 페이지
1402년	앙카라 전투 오스만 제국이 '잔인한 군사 천재' 티무르 앞에 패배	제2장 112쪽
1405년	정화의 항해 영락제의 명으로 거대 선단을 이끌고 아프리카에 도달함	제4장 172쪽
1453년	콘스탄티노플 함락. 백년 전쟁 종결 오스만 제국의 황금기가 시작되고 중세는 종말에 접어듦	제1장 65쪽, 제1장 80쪽, 제2장 113쪽
1492년	레콩키스타 완성. 콜럼버스의 신대륙 도달 서쪽 바다로 향한 스페인	제1장 81쪽, 제2장 111쪽, 제3장 183쪽
1517년	95개조 논제 루터가 던진 의문이 유럽을 뒤흔듦	제5장 188쪽
1534년	수장법 발포 '영국 기독교'는 헨리 8세가 이혼하기 위해서 탄생	제5장 190쪽
1555년	아우크스부르크 화의 로마 황제가 루터파와 타협	제5장 189쪽
1564년	지즈야 폐지 종교 융화를 꾀한 아크바르 덕분에 무굴 제국이 발전	제3장 129쪽
1588년	아르마다 해전 '무적'을 가리기 위한 전투에서 엘리자베스가 승리	제5장 196쪽
1598년	낭트 칙령 앙리 4세의 균형 감각이 프랑스의 분열을 막음	제5장 200쪽
1616년	후금 건국 누르하치가 훗날 들어설 청 왕조의 토대를 마련	제4장 175쪽
1648년	베스트팔렌 조약 30년 전쟁이 신성 로마 제국을 무너뜨림	제5장 203쪽
1689년	네르친스크 조약 표트르 1세와 강희제가 국경을 정함	제4장 177쪽, 제5장 207쪽
1701년	스페인 왕위 계승 전쟁 '태양왕'의 억지 행보에 프랑스가 사양길에 들어섬	제5장 201쪽

부록

세계사 연표

연대	사건	참조 페이지
1740년	오스트리아 왕위 계승 전쟁 프리드리히 2세와 마리아 테레지아가 첫 격돌	제5장 204쪽
1773년	보스턴 차 사건 보스턴 항이 홍차 빛깔로 물듦. 미국의 독립 전쟁 시작	제6장 217- 218쪽
1783년	파리 조약 '초강대국' 미합중국 탄생	제6장 218쪽
1789년	프랑스 혁명 발발 바스티유 감옥 습격을 기점으로 혁명의 불길이 타오름	제6장 220쪽
1804년	나폴레옹 황제 취임 민중이 선택한 독재자가 세계사 첫 등장	제6장 225쪽
1814년	빈 회의 나폴레옹 전쟁의 전후 처리로 각국이 옥신각신	제6장 228쪽
1831년	이집트-터키 전쟁 오스만 제국의 '군사 최고 실력자'가 오스만 제국 이탈을 시도	제8장 279쪽
1840년	아편 전쟁 아편 밀수를 무기로 휘두른 영국에 청 왕조가 완패	제9장 295쪽
1848년	2월 혁명 왕정에 대한 민중의 반란이 '각국 국민'에게 지대한 영향을 끼침	제6장 231쪽
1853년	크림 전쟁 러시아의 남하를 영국, 프랑스 최강 콤비가 저지	제6장 238쪽, 제8장 280쪽
1861년	남북 전쟁 무역과 노예에 관한 정책의 차이로 인해 미국이 '둘'로 갈라짐	제6장 242쪽
1870년	프로이센-프랑스 전쟁 비스마르크가 나폴레옹 3세에 대해 '완승'	제6장 233쪽, 236쪽
1877년	인도 제국 성립 빅토리아 여왕이 인도의 황제로 군림	제7장 249쪽, 제8장 286쪽
1899년	남아프리카 전쟁 영국의 무리한 세력 확장은 국력 약화를 초래	제7장 249쪽

연대	사건	참조 페이지
1908년	**청년 튀르크 혁명** '청년 튀르크'가 전제 군주에게 헌법 부활을 요구	제8장 281쪽
1911년	**신해혁명** 쑨원의 영향력에 타격을 입은 청 왕조가 마침내 멸망	제9장 302쪽
1914년	**제1차 세계대전** 열강의 이해관계가 충돌해 '총력전'이 벌어짐	제7장 260쪽
1917년	**러시아 혁명** 2월, 10월 두 번의 혁명으로 최초의 사회주의 국가 성립	제7장 261쪽
1919년	**파리 강화 회의, 베르사유 조약** 새로운 세계 질서는 '짧은 평화'로 끝남	제7장 263쪽
1922년	**터키 혁명** 무스타파 케말이 새로운 터키 공화국의 초대 대통령에 취임	제8장 284쪽
1929년	**세계 공황** 세계가 불안에 휩싸임	제7장 267쪽
1930년	**소금 행진** 간디의 비폭력, 불복종 운동이 정점에 달함	제8장 289쪽
1939년	**제2차 세계대전** 히틀러와 스탈린이 폴란드를 둘로 분할함	제7장 273쪽
1945년	**제2차 세계대전 종결** 제2차 세계대전이 끝난 뒤 냉전 시작	제7장 274쪽, 제10장 310쪽
1947년	**팔레스타인 분할안** 유대인들의 염원은 이루어졌으나, 새로운 전쟁이 시작됨	제10장 328쪽
1950년	**한국 전쟁** 냉전 중의 '뜨거운 전쟁'이 한반도에서 발발	제10장 314쪽
1965년	**베트남 전쟁** 게릴라와 텔레비전이 미국을 주저앉힘	제10장 320쪽
1991년	**소련 해체** 사회주의 국가의 이상이 소련의 붕괴로 깨짐	제10장 324쪽